人民币汇率制度改革研究
基于制度变迁视角

Analysis on Foreign Exchange Rate Regime Reform:
from the Perspective of Institutional Change

李艳丽 著

中国社会科学出版社

图书在版编目（CIP）数据

人民币汇率制度改革研究：基于制度变迁视角/李艳丽著．—北京：中国社会科学出版社，2018.10

ISBN 978 - 7 - 5203 - 3184 - 5

Ⅰ.①人… Ⅱ.①李… Ⅲ.①人民币汇率—货币制度—经济体制改革—研究 Ⅳ.①F832.63

中国版本图书馆 CIP 数据核字（2018）第 214965 号

出 版 人	赵剑英
责任编辑	卢小生
责任校对	周晓东
责任印制	王　超
出　　版	中国社会科学出版社
社　　址	北京鼓楼西大街甲 158 号
邮　　编	100720
网　　址	http：//www.csspw.cn
发 行 部	010 - 84083685
门 市 部	010 - 84029450
经　　销	新华书店及其他书店
印　　刷	北京明恒达印务有限公司
装　　订	廊坊市广阳区广增装订厂
版　　次	2018 年 10 月第 1 版
印　　次	2018 年 10 月第 1 次印刷
开　　本	710×1000　1/16
印　　张	17.5
插　　页	2
字　　数	283 千字
定　　价	76.00 元

凡购买中国社会科学出版社图书，如有质量问题请与本社营销中心联系调换
电话：010 - 84083683
版权所有　侵权必究

前　言

　　汇率制度自其最初形成到现在已经有 100 多年的历史，其间，各国的汇率制度经历了曲折的变化。在 19 世纪末到 20 世纪初期的国际金本位制下，各主要资本主义国家的货币在市场机制作用下自发形成了典型的固定汇率制度，但是，第一次世界大战的爆发致使该种汇率制度遭到严重破坏，各国相继放弃金本位制，汇率脱离黄金平价，处于剧烈波动状态。第一次世界大战结束以后，世界范围内形成了三个货币集团，集团内部实行固定汇率制度，而货币集团之间以及非货币集团国家的汇率以浮动为主。第二次世界大战结束以后，布雷顿森林体系确立了以黄金—美元为基础的可调整的固定汇率制度，这种固定汇率制度是在国际货币基金组织的监控和各国政策的合作中形成的，一直延续到 1973 年。1973 年布雷顿森林体系崩溃，国际货币制度呈现无政府主义，1976 年的牙买加会议正式确立或者说允许各国自主选择汇率制度，从而形成了实际上的以浮动汇率制度为主的各种汇率制度混合在一起的局面，这种局面一直延续至今。

　　从不同国家来看，尤其是 1973 年以后，许多国家的汇率制度经历了更复杂的变化，发展中国家表现更甚，而且不同国家的发展趋势与方向有较大差异。欧洲货币体系内的成员国仍然实行区域内的固定汇率制度，对外联合浮动，并致力于区域内货币的一体化，1993 年成立了欧洲联盟，并于 1999 年在欧盟内使用共同货币——欧元。在拉美地区，阿根廷在过去近 40 年里曾多次改变汇率制度，1976 年改固定汇率制度为自由浮动汇率制度，1979 年开始实行预先公布贬值速度的爬行盯住汇率制度，1985 年实行管理浮动和自由浮动并存的双重汇率制度，1991 年则改为货币局制度，但到了 2002 年被迫退出货币局制度，又开始实行浮动汇率制度。在东欧地区，匈牙利、保加利亚、罗马尼亚等国纷纷加入欧盟，在加入欧盟后，这些国家有义务选择在适当的时候加入欧洲汇率机制（ERM Ⅱ），并在加入 ERM Ⅱ 至少两年及各项经济指标满足《马斯特里赫特条约》趋同标准的情形下正式采用欧元。波兰用了10年的时间，尝试了几乎所有的汇率制度形式：从单一盯住美元到盯住一篮子货币汇率制度，从盯住一篮子货币汇率制度到爬行盯住一篮子货币汇率制度，再到爬行盯住加区间浮动汇率制度，最后实现了完全自由浮动汇率制度。

人民币汇率制度自从新中国成立以来同样经历着不断变化。1973年以后，人民币采用盯住货币篮子汇率制度，根据货币篮子平均汇率的变动情况来确定汇率；1981—1984年实行双重汇率制度；1985—1993年恢复单一汇率制度并对汇率进行多次调整；1994年以后，实行管理浮动汇率制度，但是1997年后演变成实际的盯住美元制度；2005年后改为参考篮子货币的管理浮动汇率制度。

在国际以及各国汇率制度的变化中，产生了对汇率制度选择的理论研究，究竟什么样的汇率制度是最优的？这个争论迄今没有定论。综合不同理论观点和各国实践，弗兰克尔（Frankel，1999）的"没有任何一种汇率制度对任何一个国家在任何时候都合适"被广为引用。是的，看看汇率制度演变的历史，我们无法确定哪一种汇率制度是最好的，而汇率制度的变迁则几乎成为一种常态。那么，为什么会发生汇率制度的变迁？是什么驱动着汇率制度的变迁呢？这种汇率制度的变迁是否有着某种规律或者趋势？具体对中国而言，又是什么决定或制约着人民币汇率制度的变迁？人民币汇率制度将如何变化？在汇率制度的变迁成为常态的经济背景下，对于这个问题的回答无疑是有理论和实践意义的。

本书将利用新制度经济学制度变迁理论来分析汇率制度的变迁，建立一个汇率制度变迁的分析框架，并且在分析人民币汇率制度变迁历史的基础上，结合影响汇率制度的基本因素在可预见的将来的变化趋势，分析人民币汇率制度的变迁方向与变迁路径。具体来说，本书认为，影响和约束人民币汇率制度变迁的最主要因素是中国的产权制度与货币兑换性的变化，而在可预见的未来，人民币的可兑换性的发展方向必然是实现货币自由兑换，而中国的产权制度也将进一步完善。因此，本书将着重对人民币可兑换条件约束下不同汇率制度的均衡性进行分析，提出货币可兑换条件下人民币中间汇率制度与固定汇率制度是非均衡选择。同时分析了在产权制度日趋完善的条件下，出于微观产权主体利益考虑的不同汇率制度的均衡性。

具体来说，本书各章的主要内容安排如下：

第一章建立汇率制度变迁的理论分析框架。本章运用新制度经济学关于产权与制度变迁基本理论，分析产权安排对汇率制度及其变化的影响和约束。然后对汇率制度变迁的实质进行了界定，提出了汇率制度均衡与非均衡的概念，并分析了汇率制度变迁的形成机制。

第二章介绍人民币汇率制度变迁的历程，分析人民币汇率制度变迁的基本动因。首先运用第一章建立的分析框架对人民币汇率制度的历史进行了分析，阐述了制度环境的变化，尤其是中国的产权制度变化和货币可兑换性的变化对人民币汇率制度历史变迁的作用。然后分析约束人民币汇率制度变迁的影响因素未来变化的趋势，提出在可预见的未来，中国的产权制度会进一步趋于完善，微观产权主体的利益将得到进一步保护，而且人民币将实现完全可兑换。最后对现行人民币汇率制度的均衡性进行了初步分析。

第三章至第七章运用第一章提出的分析框架，结合第二章分析的影响人民币汇率制度变迁的因素的变化趋势，对不同汇率制度的均衡性与非均衡性进行了分析，目的在于探寻在可预见的制度环境变化趋势下均衡的人民币汇率制度。

具体而言，第三章从投机冲击和货币危机角度分析货币可兑换条件下中间汇率制度的非均衡性。本章首先分析在货币可兑换条件下实行中间汇率制度存在的金融不稳定性因素；然后阐述中间汇率制度下货币危机的发生机理以及在实践中的表现；最后分析在人民币中间汇率制度安排下已经存在的货币危机因素，以证明在人民币完全可兑换条件下中间汇率制度的非均衡性。

第四章从政府的货币政策自主性角度分析货币可兑换条件下人民币固定汇率制度的非均衡性。本章首先利用蒙代尔—弗莱明模型，总结和比较在资本自由流动条件下固定汇率制度和浮动汇率制度下货币政策的自主性及有效性。然后建立汇率制度、开放度与货币政策自主性的VAR模型，实证分析不同汇率制度安排对中国货币政策自主性的影响，发现随着中国开放度的提高，人民币汇率制度的灵活性越低，中国货币政策的自主性就越差。最后论述了货币政策自主性对于中国的重要性，说明了货币政策自主性约束下人民币固定汇率制度的非均衡性。

第五章结合在中国未来的产权制度发展中微观产权主体的利益会得到进一步明确和保护的条件约束，分析了微观产权主体福利视角下不同汇率制度安排的均衡性。本章总结和比较了传统开放宏观经济学和新开放宏观经济学框架下不同汇率制度的微观福利表现，并结合中国的国情，从中国的对外开放度和定价方式两个角度比较了不同人民币汇率制度的微观福利表现，论证了在微观产权力量逐渐强大的背景下人民币实行浮动汇率制的均衡性。

　　第六章从政府宏观经济绩效角度分析了人民币可兑换条件下不同汇率制的均衡性。本章首先总结了传统理论分析中不同汇率制度的宏观经济绩效表现，阐述了发展中国家汇率制度对经济绩效影响的特殊性。然后对不同汇率制度下中国的经济绩效表现进行了实证分析，分析表明，人民币汇率制度灵活性的变化对经济增长和通货膨胀的直接影响效应不显著，因此，从政府宏观经济绩效目标来看，不同汇率制度的均衡性表现没有显著差异。

　　第七章探讨了中国向浮动汇率制变迁的方式与路径选择。本章首先提出，虽然人民币实行浮动汇率是未来产权制度和货币可兑换约束下的均衡选择，但是，作为发展中国家，在目前实行浮动汇率制度还存在一系列的障碍；然后比较了国际上向浮动汇率制度变迁的成功和失败的案例，总结出成功转向浮动汇率制度需要具备的基本条件；在此基础上，针对中国的具体国情，对人民币实行浮动汇率的方式和路径选择提出了建议。

　　由于笔者的研究水平有限，在写作过程中难免存在错误和疏忽之处，欢迎各位读者不吝赐教。

目　录

第一章　汇率制度变迁：一个分析框架 …… 1

第一节　制度变迁 …… 1
一　制度和制度变迁的定义 …… 1
二　制度变迁的动因和机制 …… 2
三　制度变迁的特点 …… 5

第二节　汇率制度及其类型 …… 7
一　汇率制度及其内容 …… 7
二　汇率制度分类 …… 8
三　传统汇率制度选择理论 …… 13
四　产权制度对汇率制度选择的约束 …… 20

第三节　汇率制度变迁 …… 23
一　汇率制度变迁的概念 …… 23
二　汇率制度的均衡 …… 25
三　汇率制度的非均衡 …… 33

第二章　人民币汇率制度变迁历程和动因分析 …… 36

第一节　人民币汇率制度变迁的历史与背景 …… 36
一　1949—1978年计划经济时期人民币汇率制度 …… 36
二　1978—1994年经济转轨时期人民币汇率制度 …… 38
三　1994年以后市场经济体制下人民币汇率制度 …… 41

第二节　影响人民币汇率制度进一步变迁的动因 …… 49
一　中国产权制度的进一步完善 …… 49
二　人民币自由兑换的逐步实现 …… 51

第三节　人民币汇率制度走向：已有研究 …… 60

一　2005年人民币汇率制度改革之前的研究 …………………… 60
　　　二　当前的人民币汇率制度评价 …………………………………… 61
　　　三　人民币汇率制度的发展方向 …………………………………… 63
　第四节　现行人民币汇率制度分析 …………………………………… 65
　　　一　名义汇率制度 …………………………………………………… 65
　　　二　实际汇率制度：国际金融危机前 …………………………………… 66
　　　三　实际汇率制度：国际金融危机后的发展 ………………………… 80
　　　四　现行人民币汇率制度均衡性分析 …………………………………… 84

第三章　货币可兑换条件下人民币中间汇率制度的非均衡性 ……… 88
　第一节　货币可兑换条件下实行中间汇率制度
　　　　　存在的不稳定因素 …………………………………………… 88
　　　一　中间汇率制度下容易出现汇率水平持续错位 …………………… 89
　　　二　资本账户开放后可能导致外资过度流入和
　　　　　突然撤出 ……………………………………………………… 91
　　　三　中间汇率制度下单向货币投机的内生性 ………………………… 93
　　　四　中间汇率制度存在政策可信度问题 …………………………… 95
　　　五　中间汇率制度容易导致道德风险和金融脆弱问题 ……………… 96
　第二节　中间汇率制度下货币危机的发生机理与表现 ………………… 97
　　　一　单一盯住汇率制度下的货币危机 …………………………………… 98
　　　二　单一爬行盯住汇率制度下的货币危机 …………………………… 100
　　　三　汇率目标区制度下的货币危机 …………………………………… 103
　　　四　政府目标最优化政策下的货币危机 …………………………… 105
　　　五　中间汇率制度与货币危机的实证表现 …………………………… 107
　第三节　中间汇率制度下中国潜在的货币危机因素分析 …………… 111
　　　一　资本项目部分可兑换下人民币汇率水平的错位测算 …………… 111
　　　二　中国已经存在大量投机资金的跨境流动 ………………………… 121
　　　三　人民币汇率水平、汇率预期与投机资金
　　　　　规模关系的实证分析 …………………………………………… 126

第四章　货币可兑换约束下人民币固定汇率制度的非均衡性 ……… 131
　第一节　不同汇率制度下货币政策的有效性和自主性比较 ………… 131

一　货币可兑换条件下不同汇率制度的政策有效性分析 …… 131
　　二　政策自主性的比较与不可能三角理论 …………………… 134
　第二节　货币政策自主性视角下人民币
　　　　　固定汇率制度的非均衡性 …………………………………… 138
　　一　不同汇率制度下人民币货币政策自主性表现 …………… 138
　　二　人民币货币政策自主性、开放度与
　　　　汇率制度的 VAR 模型分析 ………………………………… 142
　　三　汇率制度与货币政策自主性：
　　　　不同开放度下的 STR 分析 ………………………………… 149
　第三节　货币可兑换条件下中国的选择：货币政策自主性 …… 154
　　一　中国不能放弃货币政策自主性和货币主权 …………… 154
　　二　实行货币联盟在中国不现实 …………………………… 155
　　三　固定汇率制度对中国的积极作用有限 ………………… 157

第五章　微观产权主体福利视角下的均衡人民币汇率制度 ………… 159
　第一节　不同汇率制度下的微观福利比较 ……………………… 159
　　一　传统分析框架下不同汇率制度的微观福利表现 ……… 159
　　二　新开放经济宏观经济学（NOEM）框架下汇率
　　　　制度的微观福利表现 ……………………………………… 162
　第二节　基于微观福利视角的均衡人民币汇率制度 …………… 165
　　一　不同汇率制度下人民币汇率制度的微观福利表现 …… 165
　　二　微观福利视角下人民币浮动汇率制度的均衡性 ……… 168

第六章　宏观经济绩效目标视角下的均衡人民币汇率制度 ………… 172
　第一节　不同汇率制度下的宏观经济绩效比较 ………………… 172
　　一　汇率制度与宏观经济绩效表现的传统理论分析 ……… 172
　　二　发展中国家汇率制度与经济绩效表现的特殊性 ……… 177
　　三　汇率制度与宏观经济绩效关系的实证表现 …………… 184
　第二节　基于宏观经济绩效目标的人民币均衡汇率制度 ……… 186
　　一　不同汇率制度下中国经济增长和通货膨胀的表现 …… 187
　　二　人民币汇率制度对宏观经济绩效影响的回归分析 …… 190
　　三　不同汇率制度下的宏观经济表现：

　　　　　基于 BP 回归分析 ………………………………………… 197
　　　四　政府经济绩效目标下人民币汇率制度的
　　　　　均衡性比较 ……………………………………………… 202

第七章　中国向浮动汇率制度变迁的方式与路径选择 ………… 205

第一节　固定汇率制度的退出战略研究 ………………………… 205
　　　一　退出时机的研究 ……………………………………… 205
　　　二　影响固定汇率制度退出平稳性的因素 ……………… 208
　　　三　平稳的退出路径研究 ………………………………… 210

第二节　发展中国家实行浮动汇率制度存在的约束 ………… 211
　　　一　货币缺乏公信力，普遍存在"原罪"现象 ………… 212
　　　二　金融市场不完善，缺乏必要的汇率风险保值手段 … 214
　　　三　微观经济体执行汇率定价权的产权基础不完善 …… 216

第三节　向浮动汇率制度变迁的路径和条件：国际经验 …… 217
　　　一　智利——主动进行汇率制度变迁的典型 …………… 217
　　　二　以色列——渐进汇率制度变迁的代表 ……………… 219
　　　三　波兰——转轨经济体汇率制度成功变迁的典型 …… 222
　　　四　泰国和阿根廷——危机中的汇率制度变迁 ………… 224
　　　五　成功向浮动汇率制转型需要具备的条件 …………… 226

第四节　中国向浮动汇率制度变迁的方式选择 ………………… 230
　　　一　汇率制度变迁的不同方式 …………………………… 230
　　　二　人民币汇率制度变迁方式的选择 …………………… 232

第五节　中国向浮动汇率制度变迁的路径安排 ………………… 235
　　　一　进一步完善中国的基础产权制度 …………………… 235
　　　二　加强人民币汇率浮动配套条件的建设 ……………… 241
　　　三　渐进实现人民币自由浮动 …………………………… 247

参考文献 ……………………………………………………………… 250

后　记 ………………………………………………………………… 270

第一章 汇率制度变迁：一个分析框架

第一节 制度变迁

一 制度和制度变迁的定义

（一）制度

对于制度，不同的经济学流派和学者对其赋予的含义并不一致。例如，康芒斯把制度解释为"集体行动控制个体行动"，"它们指出个人能做不能做，必须这样或必须不这样做，可以做或不可以做的事，由集体行动使其实现"。① 诺斯指出："制度是为人类设计的，构造着政治、经济和社会关系的一系列约束。制度由非正式约束和正式的法规组成。"② 舒尔茨则将制度定义为管束人们行为的一系列规则；拉坦对制度也有类似的定义。

尽管对制度定义的描述不同，但是可以看出，制度的内涵有以下特点：习惯性、确定性、普遍性、符号性和禁止性。在经济发展过程中，制度对经济增长具有很大的影响，制度有助于降低交易成本，可以提供人们关于行动的信息，从而可以使经济活动中的行为和过程更易理解及可预见，促进经济主体之间进行合作和交易，制度还能为个人的选择提供激励功能，并约束机会主义行为，减少外部性。

张五常曾经指出，制度安排具有两种意义：①产权制度的结构与本质；②从一种已经存在的产权结构衍生出来的合约和组织上的安排。从后一种意义看，其他制度安排的选择在根本上是受产权制度安排制约

---

① 康芒斯：《制度经济学》，商务印书馆1962年版。
② 诺斯：《经济史中的结构与变迁》，上海三联书店、上海人民出版社1994年版。

的。产权制度是划分、界定、保护产权的规则或者说是制度化的产权关系。对于经济主体来说，产权制度是经济制度中的根本，它规制着经济主体的利益范围和明晰度，产权制度是否缺损直接关系到能否保护经济主体的自主领域，达到减少或者消除外部性的作用。如果没有产权制度，产权的交易就难以进行，即产权制度的供给是人们进行交易、优化资源配置的前提。

（二）制度变迁的定义

新制度经济学将制度视为内生变量，它会随着技术、经济增长等外生变量的变化而变化，因此，从时间上看，制度就表现为一个动态的变迁过程。诺斯（1981）指出，"变迁"是制度创立、变更及随着时间的变化而被打破的一个过程。拉坦把制度变迁定义为：第一，一种特定组织的行为的变化；第二，这一组织与其环境之间相互关系的变化；第三，在一种特定的组织环境中支配行为与相互关系的规则的变化。林毅夫指出，制度变迁是人们在制度不均衡时追求潜在获利机会的自发变迁与国家在追求租金最大化和产出最大化目标下，通过政策法令实施强制性变迁的过程。

制度变迁从形式上看是制度的替代、转换与交易过程，而从实质上看则是制度从均衡到不均衡、再实现新的均衡的过程，是一种效率更高的制度对另一种制度的替代过程。对于制度变迁的作用，诺斯和托马斯在对西方世界的兴起分析中提出，制度变迁比技术变迁更为优先和根本，西方世界兴起的原因就在于有效率的组织通过创立制度安排和财产权，将外部性内部化。[①]

二 制度变迁的动因和机制

（一）制度变迁的动因

为什么会发生制度变迁呢？制度变迁从实质上看是制度从均衡到不均衡、再实现新的均衡的过程。对于制度的均衡，舒尔茨（1968）从制度作为一种具有经济价值的服务的提供者角度指出："当这些制度所提供的服务与其他服务所显示的报酬率相等时，关于这些制度的每一种

[①] 诺斯、托马斯：《西方世界的兴起》，华夏出版社1999年版，第2—13页。

经济服务就达到均衡。"① 张曙光（1992）认为，所谓制度均衡，就是人们对既定制度安排和制度结构的一种满足状态或满意状态，因而无意也无力改变现行制度。黄少安（2004）认为，当一种制度的供给与需求，也就是对某种制度性服务的供给和需求相等时，该项制度就处于均衡状态。这三种解释其实从三个不同层面解释了制度的均衡。舒尔茨的解释是从经济主体效益最大化角度说明制度的均衡，张曙光的解释则是从经济主体的利益冲突角度而言的博弈均衡，黄少安的解释说明制度的均衡还是一种制度供给与需求之间的均衡。当其中任何一种均衡被打破时，原有的制度就会出现不均衡，制度就可能发生变迁，但是，要实现制度新的均衡，则必须实现以上三方面的均衡。

制度之所以发生变迁，是因为原有的制度安排出现了不均衡，而制度出现不均衡的原因主要有以下两个方面：

1. 制度环境发生了变化

戴维斯和诺斯（1970）界定了制度环境的概念，认为制度环境是一系列用来建立生产、交换和分配基础的政治、社会和法律基本规则。一定时期形成的均衡制度必然对应着一定的政治、经济和法律等条件，布洛姆利（1996）指出："当经济和社会条件发生变化时，现存的制度结构就会变得不相适宜。为对新的条件做出反应，社会成员就会尽力修正制度安排。"这些基础规则主要包括支配选举的规则、支配产权的规则和支配合约的规则，对于某种特定的制度变迁而言，总有一些其他的基础规则是既定的和外生的，世界是运动、变化和发展的，这要求人们对规则进行调整以适应自身发展的需要。

在经济制度中，产权制度是一项最基础的规则，其他制度安排的选择在根本上是受产权制度安排制约的，显然，产权制度的变化必然会产生其他经济制度变化的动因。产权制度的变化会影响市场产权主体身份的变化、利益的范围以及产权主体寻求利益最大化的动机和行动力量。

2. 产权主体利益最大化的努力

制度环境的变化只是外因，制度变迁最终的行动要依靠实际的产权主体或经济集团、组织采取行动，而产权主体或利益集团采取行动的根

---

① Schultz, T. T., "Institutions and the Rising Economic Value of Man", *American Journal of Agricultural Economics*, Vol. 50, Dec. 1968, pp. 1113–1122.

本动因来自产权主体自身的利益或效益最大化追求。无论是国家还是个人、社团都希望有一种规则能够降低自身的成本和摩擦，谋取更高的效益。德姆塞茨（1967）从外部性角度讨论了产权的变迁过程，认为如果内部化的收益超过了内部化的成本，产权就会出现外部性内部化，从而导致产权制度的变迁。拉坦（1978）指出，制度变迁本身也是一种资源使用性的活动，制度变迁可能是由对与经济增长相联系的更为有效的制度绩效的需求所引致的。

(二) 制度变迁的机制

戴维斯和诺斯针对制度变迁提出了制度创新理论，认为在已有的制度结构下，如果制度环境发生变化，导致经济主体的利益格局发生变化，如果预期的净收益超过预期的成本，一项制度安排就会被创新。[①] 形成对新的制度的需求，是因为在现有的制度安排下，有些利润是无法获得的，这类收益被称为"外部利润"。新的制度可能会从以下几方面增加产权主体的收益：①在现有的技术和市场规模下，新制度可以实现规模经济；②新制度能够在一定程度上实现外部性内在化；③新制度可以克服对风险的厌恶；④新制度可以克服市场的不完善。而确立新制度的成本包括规划设计和实施的费用、清除旧制度的费用和消除变革阻力的费用。新制度的形成只有在以下两种情况下才会发生：一是创新改变了潜在利益；二是创新成本的降低使制度的变迁变得合算。

产权主体利益最大化的努力既来源于形成制度需求的利益集团，也可能来自制度供给的提供者。不同的产权主体利益需求会有差异，相同或相似的产权利益主体会形成利益集团，不同的利益集团之间、制度的需求者与供给者者之间会存在利益冲突，利益冲突的矛盾、协调直到最终的均衡过程，就形成了制度变迁的过程。最终均衡制度的选择"依赖于各自的收益和成本以及受影响的团体的相对的市场与非市场的权力"（戴维斯、诺斯，1979）。

奥尔森（1965，1982）强调了不同利益集团之间的冲突对形成制度结构的重要性。在一个稳定的社会中，随着时间的推移会出现越来越多的利益集团，制度是否变迁则取决于利益集团之间的较量，强大的利

[①] 戴维斯、诺斯：《制度变迁的理论：概念与原因》，载《财产权利和制度变迁》，上海三联书店1996年版，第266—294页。

益集团会成功地控制运作规则。利贝卡普（1989）同样从分配冲突的角度分析了制度的形成和变化，指出，面对共同财产的损失、价格、技术和偏好等发生的变化，制度未必能做出及时有效的调整，而制度的变迁是一个政治过程，它是由个人之间的讨价还价以及个人与官僚、政客之间的游说和政治协商决定的。

对于不同利益集团在制度变迁中的作用机制，博弈论被大量用于对制度变迁的分析。戴维斯和诺斯（1979）指出，制度变迁是由制度环境的变化导致经济主体或行动团体之间利益格局发生变化，通过相互博弈所达成的新的制度安排。杨（1996）将进化博弈论引入制度变迁分析，指出，在多重均衡中惯例对于协调人们预期的功能。格雷夫（2001）将重复博弈论运用到制度变迁分析，引入了制度增强、制度侵蚀和准参数的概念以解释内生的制度变迁。青木昌彦（2001）提出了主观博弈模型，认为制度变迁的过程是主观博弈模型不断被修改、完善和最终共同收敛于共同的表征系统的过程。

三　制度变迁的特点

（一）国家在制度变迁中的重要作用

在现实中，制度的制定和维护离不开国家的作用。市场的产权利益主体既包括个人，也包括合作组织，还包括代表国家利益的政府，谁来决定制度的创新呢？由于制度安排的形式可以是纯粹自愿的，也可以是完全由政府控制的，或者是两者的折中，因此，各个利益集团都可能在不同的制度安排和变迁中占据主导地位。不过，对于涉及多数人甚至所有经济主体的制度安排是需要组织成本的，而且成本会随人数的增加而增加。给定同样数量的参与者，在政府安排下的组织成本一般都会低于资源安排下的组织成本，因为政府具有强制力，所以，政府制定的强制性规则可能实现一个由任何资源的谈判都不可能实现的制度安排，这样可能会产生极高的收益。不过，这也暗含了政府强制性制度下的额外成本，不管参与者的利益受到多大损害，他必须受制于政府强制力而不能退出。

诺斯（1981）指出，由于是国家界定产权结构，从而国家理论是根本性的。由于国家是许多重要制度的供给者，国家的介入必然给制度的变迁和效果带来影响。而国家的介入对制度变迁和经济发展的影响则可能产生"诺斯悖论"现象：国家的目标函数具有双重性，一方面要通过界定基本规则使统治者的租金最大化，另一方面又要降低交易费用使产出最大化，而这双重目标之间存在冲突，所以，通过国家建立起来的产权体系很可能使经济远离它的生产可能性边界，由于国家的存在将可能造成无效率的产权。但是，巴泽尔（1992）对此有不同意见，认为国家的存在从长期是有利于经济发展的，他认为，在统治者和选民之间的长期博弈中会产生经济的增长和法制。奥尔森（1993）则完全否定了国家在制度提供和经济发展中的作用，认为国家的出现只是用常驻匪帮代替了流窜匪帮。

（二）制度变迁中存在时滞和路径依赖问题

1. 时滞问题

制度变迁的过程既是有关经济利益集团认识和实现其外部利润的过程，也是不同利益集团之间的博弈过程。因此，制度变迁尤其是涉及利益主体众多的制度变迁不可能在短期实现。一般来说，制度从原有的均衡到不均衡、再到新的均衡的形成，要经历原有制度的僵滞阶段、制度创新阶段和均衡形成阶段。从认知制度变迁的必要性到组织制度变迁，再到启动制度变迁之间有一个过程，这个过程就是制度变迁的时滞。

根据诺斯的分析，制度变迁中的时滞包括四个部分：①认知和组织时滞，即从辨识外部利润到组织初次行动集团所需要的时间；②发明时滞，如果外部利润很难内部化，或者成本极高，就需要时间发明一种新的技术或制度安排形式；③菜单选择时滞，是指搜寻已知的可替换的制度安排菜单，并且从中选定一个能够满足初次行动团体利润最大化的安排所需要的时间；④启动时滞，指在可选择的最佳安排和开始旨在获取外部利润的实际经营之间存在的时滞。

2. 路径依赖问题

路径依赖最早由戴维（1985）提出，用于解释技术选择中的路径依赖问题，当一种技术由于偶然因素被选定，那么随后的技术选择便被锁定在一定的路径上，而这条路径未必是最佳的。路径依赖强调了这样的经济现象：在一定的条件下，经济往往可能存在多种均衡而非单一均衡，而最终经济系统走向哪一个均衡很可能取决于传统经济学以外的一些偶然的、微小的时间和因素，也就是说，经济发展"敏感依赖于初始条件"。

诺斯（1990）指出，制度变迁也存在路径依赖问题，一旦制度安排进入某一路径（无论是"好"的还是"坏"的）就可能对这种路径产生依赖，某一路径的既定方向会在以后发展中得到自我强化。这种自我强化机制包括制度的规模效应、学习效应、协作与惯性效应和适应性预期效应。所以，"人们过去做出的选择决定了他们现在可能的选择"，沿着既定的路径，经济和政治制度的变迁可能进入良性循环的轨道，迅速优化；也可能顺着原来的错误路径往下滑。而且由于制度的变迁存在交易费用，制度可能还会被锁定在某种无效率的状态之下。路径依赖的存在，说明制度的变迁必然受到历史的制约，而变迁的过程将可能是渐进的、缓慢的。

第二节 汇率制度及其类型

一 汇率制度及其内容

汇率制度是一种重要的经济制度，是指各国货币当局对本国汇率水平的确定、汇率变动方式等问题所做的一系列安排或规定。[①] 对于汇率制度应该包含的核心内容，国内教科书一般认为，有两个方面：一是汇率的确定原则，即是否受平价的约束（市场形成的平价或官方公布的平价）；二是是否存在汇率波动幅度的限制。袁鹰（2001）、刘海虹（2001）等认为，汇率制度应该包括汇率的元数、汇率变动的灵活性、汇率水平的确定机制和本币的可兑换性四个方面。

笔者认为，汇率制度是一国对汇率的形成和变化所做的一系列规定和安排，它不仅包括汇率基础平价的规定和汇率波动幅度的规定，还应包括汇率的形成机制。而汇率的元数从根本上是属于汇率的形成机制问题，只有在官方汇率的形成机制中，才可能存在复汇率问题。至于货币的可兑换性，它只是汇率制度选择的一个重要前提和基础，而不是汇率制度本身的内容。本书认为，汇率制度包含以下两项主要内容：

（1）外汇的定价权或汇率水平的形成机制确定。即汇率水平是由

[①] 在国际货币体系中，汇率制度不仅包括一国对汇率问题所做的安排，还包括国际上不同货币之间汇率的安排。我们所指的汇率制度主要是指一个国家（地区）对汇率制度的安排。

政府来制定，还是由市场来确定，或者是由政府和市场来并行确定。汇率水平的形成机制问题归根结底是外汇的定价权在不同经济主体之间的安排问题，官方公布的汇率机制意味着外汇的定价权集中于政府；市场汇率形成机制意味着外汇的定价权掌握在微观经济主体手中。当然，也存在两种情形的混合，外汇的定价权由政府和微观主体共同行使。

（2）市场是否存在一个基础的汇率平价或汇率中心，这个平价是否稳定、是否存在汇率波动幅度和波动方式的限制。

在汇率制度的两项重要内容中，外汇的定价权的确定是其基础和核心，第二项内容则是其形式上的表现，或者说汇率制度实际上是以外汇的定价权的分配为核心而衍生出来的关于汇率水平和汇率稳定性的制度。不同的外汇定价权安排，形成的汇率水平和汇率稳定性的表现会不一样。在现行的纸币本位下，固定汇率只可能存在于官方汇率条件下，而由市场形成的汇率往往不存在人为的汇率波动幅度和波动方式的约束。在政府掌握定价权的情况下，一定存在中心汇率，官方公布的汇率即是市场的汇率基础，不管什么形式的官方汇率，市场所实际使用的汇率一定是围绕官方公布的汇率这个核心。当然，在市场汇率条件下，同样可能存在平价或中心汇率，典型的是19世纪后期到第一次世界大战爆发前的国际金本位制时期①，当时各国货币的汇率定价权并不集中于官方，而是在市场上自由形成的，但是，客观上当时的汇率存在一个稳定的中心汇率——金平价。在官方掌握外汇定价权的情况下，官方公布的汇率即是中心汇率，但是，中心汇率的稳定性也不一样。在传统的盯住汇率下，官方取定的中心汇率往往保持较长时间的稳定，而在爬行盯住或汇率目标区中，也存在官方公布的中心汇率，但是，这个中心汇率会进行比较频繁的调整。

二　汇率制度分类

（一）现有汇率制度分类方法

不同国家在不同时期可能采取不同的汇率制度，要了解不同汇率制度的特点和汇率制度的变迁过程，需要先将汇率制度分类。出于汇率制

---

① 由于当前各国普遍实行的是纸币本位，在本书中，除非特别说明，只针对现行纸币本位下的汇率制度进行分析。

度管理和研究的需要，国际货币基金组织（IMF）和很多学者从不同的角度根据不同的方法对汇率制度做了不同的分类。

汇率制度根据内容可以分为固定汇率制度和浮动汇率制度两种基本类型，截至20世纪五六十年代，对于汇率制度选择和汇率制度理论的争议基本只针对这两种基本的汇率制度类型。到20世纪70年代布雷顿森林体系崩溃以后，由于IMF允许会员国自主选择汇率制度，各个国家或地区结合自身经济特点和需要对汇率制度有多种多样的更具体安排，因此对汇率制度的划分更复杂了。

目前，对汇率制度的划分有两种不同的依据：一种是根据名义汇率制度，即一国官方对外公开承诺的汇率制度来划分；另一种是根据实际汇率制度，即一国汇率的实际表现和官方的实际操作来对汇率制度进行划分。IMF公布的各会员国的汇率制度在1999年以前完全是根据各国的申报来确定的，是一种名义汇率制度的划分；1999年以后，IMF开始根据各国实际的汇率制度进行分类。而学术研究领域使用的汇率制度分类，在1997年以前基本都是使用名义汇率制度分类，戈什、古尔德、奥斯特里和沃尔夫（Ghosh, Gulde, Ostry and Wolf, 1997）指出了名义汇率制度分类与实际汇率制度分类的区别，尽管他们没能构建实际汇率制度分类的具体方法，但是，他们为其他学者提供了一个很好的研究思路，并开创了对实际汇率制度进行分类的一个新研究领域。Levy – Yeyati – Sturznegger（2001，2005）以及莱因哈特和罗戈夫（Reinhart and Rogoff, 2002）采用实际分类方法进行研究，他们分别提出了实际汇率制度的LYS分类法和RR分类法，被广泛使用。

1999年以后，IMF采用实际汇率制度分类方法，将成员国汇率制度分类为八大类。根据汇率制度的灵活性从小到大排序，八类汇率制度分别是：无独立法定货币汇率制度、货币局制度、其他传统的固定盯住汇率制度、水平区间盯住汇率制度、爬行盯住汇率制度、爬行区间汇率制度、不事先宣布路径的有管理的浮动汇率制度和独立浮动汇率制度。各类型汇率制度的特点见表1-1。由于IMF新分类方法划分结果的公布仅限于1999年以后，为了便于对1999年以前各国汇率制度的类型进行一致性分析，巴布拉和奥特克－罗布（Bubula and Otker – Robe, 2002）根据IMF在1999年使用的新分类法对所有成员国1990年以后的汇率制度进行了重新分类。

表 1-1　　　　　　　IMF 1999 年后划分汇率制度类型

汇率制度类型	特点
无独立法定货币汇率制度	一国采用另一国货币作为唯一法定货币，或者隶属于某一货币联盟，共同使用同一法定货币
货币局制度	货币发行当局根据法定承诺，按照固定汇率来承兑指定的外币，并通过对货币发行权的限制来保证履行法定承兑义务
其他传统的固定盯住汇率制度	国家将其货币以一个固定的汇率盯住（官方或者实际）某一种主要外币或者盯住某"一篮子"外币，汇率围绕着中心汇率上下波动，波动幅度不超过1%
水平区间盯住汇率制度	汇率被保持在官方或者实际的固定汇率带内波动，其汇率围绕中心汇率上下波动，波动幅度为1%
爬行盯住汇率制度	汇率按照固定的、预先宣布的比率做较小的定期调整或依据所选取的定量指标的变化做定期调整
爬行区间汇率制度	汇率围绕着中心汇率在一定幅度内上下浮动，同时中心汇率按照固定的、预先宣布的比率做定期调整或根据所选取的定量指标的变化做定期调整
不事先宣布路径的有管理的浮动汇率制度	货币当局通过在外汇市场上积极干预来影响汇率的变动，但不事先宣布对汇率的干预方式
独立浮动汇率制度	汇率基本上由市场决定，偶尔的外汇干预旨在缓和汇率变动、防止汇率过度波动，而不是为汇率建立一个基准水平

2009 年国际货币基金组织对汇率制度进行了重新划分，具体分为四大类，包括 10 种类目（见表 1-2）。各汇率制度特点说明如下：

表 1-2　　　　　　　2009 年 IMF 汇率制度分类

硬盯住	无独立法定货币的汇率制度		货币局制度			
软盯住	传统的固定盯住汇率制度	平行盯住汇率制度	稳定制度	爬行盯住制度	类似爬行制度
浮动汇率	浮动汇率制度	自由浮动制度				
其他安排	其他管理制度					

资料来源：IMF, *Annual Report on Exchange Arrangements and Exchange Restrictions*, 2014。

Levy – Yeyati – Sturznegger（2001，2005）使用的 LSY 分类方法，采用聚类分析手段，通过观察三个宏观经济变量——汇率变动率、汇率变动的标准差和外汇储备变动率的特点，将汇率制度分为五类：浮动汇率制度、肮脏浮动汇率制度、爬行盯住汇率制度、固定汇率制度和其他汇率制度。

莱因哈特和罗戈夫（2002）提出的 RR 分类方法有三个特点：第一，区分了是否存在平行市场或者双重汇率，汇率制度存在则只分析市场决定的汇率。第二，检验官方公布的汇率制度是否通过市场检验，通过则该国汇率制度即为公布的汇率制度；如果没有通过，则通过市场汇率来判断其汇率制度类型。第三，将年均通货膨胀率超过 40% 的国家，划分为自由落体汇率制度；对于超过 50% 的国家，划分为恶性浮动汇率制。以半个世纪以来 IMF 成员国年度历史汇率的有关数据为基础，莱因哈特和罗戈夫将汇率制度分为五个大类 14 个小类，具体见表 1 – 3。

表 1 – 3　　　　　　RR 汇率制度分类

汇率制度	细类	大类
无独立法定货币汇率制度	1	1
事先安排的固定汇率汇率制度或货币局制度	2	1
事先安排的水平区间汇率制度（≤ ±2%）	3	1
实际盯住汇率制度	4	1
预先宣布的爬行盯住汇率制度	5	2
预先宣布的爬行区间汇率制度（≤ ±2%）	6	2
实际爬行盯住汇率制度	7	2
实际爬行区间汇率制度（≤ ±2%）	8	2
预先宣布的爬行区间汇率制度（≥ ±2%）	9	2
实际爬行区间汇率制度（≤ ±5%）	10	3
移动区间汇率制度（≤ ±2%）	11	3
管理浮动汇率制度	12	3
自由浮动汇率制度	13	4
自由落体汇率制度	14	5

资料来源：Carmen M. Reinhart, Kenneth S. Rogoff, *The Modern History of Exchange Rate Arrangements: a Reinterpretation*, *NBER Working Paper* No. 8963, June, 2002。

以上对汇率制度的分类各有各的优点和缺点。例如，IMF 的分类使用的信息比较全面和权威，既有定量的信息也有定性的信息，而且包括所有成员国的数据并及时更新，但是在使用的时候需要加入主观判断。LYS 分类法使用了国际储备变化的信息，而且不需要主观判断，但是数据非常有限，而且汇率和储备的变化往往可能并不是因为干预引起的。RR 分类法考虑到了平行市场的情况，而且使用的是月度数据，同样不需要加入主观的判断，但是具有和 LYS 方法类似的缺陷，汇率的波动可能不是因为干预引起的，很多国家在一些时期无法进行归类。

（二）本书使用的汇率制度分类

本书主要根据各国的实际汇率制度将汇率制度划分为三大类，即两类严格的两极汇率制度和一类中间汇率制度。其中，两极汇率制度又包括严格固定的汇率制度和浮动汇率制度。任何一种具体的汇率制度安排都可以归入以上三种类型中，IMF 对汇率制度的分类以及 LYS 方法和 RR 方法对汇率制度的分类和本书使用的三类汇率制度划分之间的关系见表 1-4。①

表 1-4　三类汇率制度与 IMF、LYS、RR 汇率制度分类的对应关系

固定汇率制度	中间汇率制度	浮动汇率制度
IMF 分类：无独立法定货币汇率制度、货币局制度	IMF 分类：其他传统的固定盯住汇率制度、水平区间内盯住汇率制、爬行盯住汇率制度、爬行区间汇率制度	IMF 分类：不事先宣布路径的有管理的浮动汇率制度、独立浮动汇率制度
LYS 分类：固定汇率制度	LYS 分类：爬行盯住汇率制度、其他无法分类的汇率制度	LYS 分类：浮动汇率制度、肮脏浮动汇率制度
RR 分类*：1、2	RR 分类：3、4、5、6、7、8、9、10、11	RR 分类：12、13、14

注：*RR 分类使用表 1-1 中第二栏对汇率制度较细的小类划分所赋予的数字。

三种汇率制度之间的区别不仅表现在传统的汇率水平的稳定程度

---

① 除非特别说明，本书采用的是 IMF 对汇率制度的分类。

上，更重要的是体现在不同汇率制度下汇率的定价权的安排上。从形式来看，固定汇率制度下，本币汇率对某种外汇完全固定不变，或者和其他相关经济体使用同样的货币，而这种货币兑其他货币汇率保持自由浮动；从定价权来看，固定汇率制度下，本国放弃了对货币的定价权，汇率的定价由法律或者其他国家掌握或几个国家或地区一起掌握。中间汇率制度形式上表现为本币对另一种货币或篮子货币有一个中心汇率，汇率波动允许在一定的范围内，而无论是中心汇率还是汇率的波动幅度都可以调整；从定价权安排来看，汇率的定价权表面上由本国政府掌握，但市场微观主体也享有一定的定价权，实际的定价能力取决于政府和享有定价权的国内外微观主体之间的博弈。浮动汇率制度形式上表现为本币汇率不存在中心平价，可以随市场供求而自由变化；定价权安排上表现为由市场各微观主体掌握，政府只能通过市场手段对汇率的供求进行节解，汇率的定价能力取决于市场上各微观主体的供求和竞争。

需要说明的是，本书将管理浮动汇率制度划分为浮动汇率制度大类而非中间汇率制度。首先是因为在管理浮动汇率制度下，外汇的定价权主要掌握在市场微观经济主体手中，从而是以市场形成机制为主的汇率制度，而本书认为，这一点应该是浮动汇率制度最本质的特征。其次是因为管理浮动汇率制度和自由浮动汇率制度之间很难确定清晰的界限，目前没有一个经济体对本国的外汇市场没有干预，只是程度不同而已，但是，两者之间干预程度的区别并没有一个界限。而且实行管理浮动汇率制度的经济体在某些时期很可能减少对市场的干预，从而变为自由浮动汇率制度而不需要有任何申明，同样，一些所谓实行自由浮动汇率制度的国家也可以自主地增加对市场的干预。

三 传统汇率制度选择理论

汇率制度的选择理论始于20世纪五六十年代的固定汇率制度与浮动汇率制度的优劣之争，以蒙代尔为代表的学者推崇固定汇率制度，而以弗里德曼为代表的学者则认为浮动汇率制度是更好的选择。布雷顿森林体系结束后，各个国家可以自主选择自己的汇率制度，对不同国家来说，最重要的是根据自己的经济特点来选择不同的汇率制度。七八十年代的汇率制度理论侧重于分析面临不同的经济冲击时，有不同的经济结构的经济体应该如何选择它们的汇率制度。80年代以后，随着国际金融一体化的迅速发展和许多国家放开对资本项目的管制，国际游资对各国货币汇率带来了极大的冲击甚至引发货币危机，尤其是许多发展中国家和新兴市场经济国家。因此，20世纪90年代以及21世纪以后的汇率制度理论主要针对国际资本高度流动条件下货币危机的防范和新兴经济体的汇率制度选择。

（一）经济结构与汇率制度选择

1976年以后，IMF允许各个会员国自主地选择自己的汇率制度。显然，针对不同汇率制度的特点，结合自身的经济结构与面临的经济问题来选择汇率制度是非常重要的。以最适度货币区理论为代表，大量的汇率制度选择理论侧重于分析面临不同的经济冲击时，有不同的经济结构的经济体应该如何选择它们的汇率制度。

蒙代尔（Mundell，1961）首先提出了最适度货币区理论，该理论不再单一地强调固定汇率制度和浮动汇率制度的优劣，而明确指出，在名义工资和价格黏性条件下，不同的国家或地区适合使用不同的汇率制度安排。对于生产要素能够自由流动的国家或地区，适宜建立最适度货币区，在货币区内实行固定汇率制度或使用单一货币；对于要素不能自由流动的区域或国家之间，实行浮动汇率可以避免经济出现大的波动。麦金农（McKinnon，1963）认为，对于贸易品相对非贸易品比重大即开放度高的经济体，使用浮动汇率并不能有效地同时解决外部平衡和内部物价稳定问题，为了实现外部平衡的货币贬值会对国内物价稳定带来冲击，因此，使用固定汇率制度是合适的。而对于非贸易品比重占较大比例的低开放度的经济体，最优的安排是将国内货币的价值盯住非贸易品，而让汇率浮动来改善贸易收支。1969年，彼得·凯农（Peter Kenen）提出，以低程度的产品多样化作为形成一个最优货币区的标准，当外国对进口品需求发生变化，产品多样化程度越高的国家，某种产品出口需求的下降不会对国内就业带来大的冲击，该国就越能抵御外部冲击对经济总产出水平的影响，汇率波动对经济的稳定作用微不足道。相反，在产品结构单一的国家，如果国外的需求下降，该国就必须通过较大幅度的汇率贬值，才能恢复原来的就业水平。因而，在产品多样化程度高的国家之间更适合实行固定汇率制度，组成共同货币区。

20世纪70年代以后，最适度货币区理论又得到了充分发展。1973年，英格拉姆（Ingram）提出，以金融市场高度一体化作为确定最优货币区的标准。1971年，哈伯勒和弗莱明（Harberler and Fleming）分别提出以通货膨胀的相似性作为确定最优货币区的标准。托尔和威利特（Tower and Willett, 1970）提出，以政策相似性作为最适度货币区标准；明茨和科恩（Mintz and Cohen, 1993）提出，以政治一体化为最适度货币区标准。20世纪90年代以后，许多经济学家结合欧盟经济货币一体化进程，又提出了加入最适度货币区的国别标准（Tavlas, 1993）、联盟标准（Eichengreen, 1997）等。

在最适度货币区理论的基础上，赫勒（Heller, 1978）提出了汇率制度选择的经济论，明确指出，一国汇率制度的选择取决于一系列经济结构变量，包括经济规模、开放度、进出口贸易的商品和地区结构、相对通货膨胀率等。爱德华兹（Edwards, 1996; 1999）从政治经济学角度出发，认为经济增长率等宏观经济变量可以体现政府的野心以及国家政治的稳定性，而这些会在选择汇率制度的时候被考虑。艾曾曼和豪斯曼（Aizenman and Hausmann, 2001）分析了金融市场相对于全球市场分割的经济体的汇率制度选择问题。分析表明，汇率制度的选择与金融结构有关，如果对金融市场的依赖性越高，国内市场与国际市场的分割性越大，就越适合使用固定汇率制度。波伊尔森（Poirson, 2001）使用93个国家1990—1998年的数据，区分了名义汇率制度与实际汇率制度的差异，总结了各种影响汇率制度选择的经济和政治结构变量。结果显示，经济规模、通货膨胀、资本流动性、生产多样化、储备的充足性、外部冲击的脆弱性对汇率制度选择的影响很重要。阿吉翁等（Aghion et al., 2008）研究了国家金融市场的不完全程度与汇率制度的选择，得出结论认为，对于金融市场发展相对不完善的国家，固定汇率制度显得更为适合。奥斯特里等（2012）认为，由于新兴市场国家对于汇率波动的承受能力不强，因此，实行有管理的浮动汇率制度更有利于国家的金融稳定。

（二）经济冲击与汇率制度选择

经济冲击与汇率制度的选择集中在当研究面临不同的冲击时，为实现宏观经济稳定的最优汇率制度选择。宏观经济稳定主要体现在两个方面：经济增长稳定与通货膨胀稳定。费希尔（Fisher, 1977）以消费稳定为目标，从外部冲击来源角度分析了两种汇率制度的选择，认为如果外部冲击是实际冲击时，实行固定汇率消费的方差要小；如果外部冲击是货币性时，实行浮动汇率有更稳定的消费。Yoshitomi 和 Shirai

(2000)研究发现，如果经济冲击来自名义因素，那么就应该选择固定汇率制度；如果经济冲击来自实际因素，那么就应该选择更加灵活的汇率制度。Turnovsky（1976）的研究表明，固定汇率制度和浮动汇率制度下面临各种随机冲击时产出的相对稳定性取决于冲击的根源。从短期看，如果冲击源于外贸或国外价格波动，浮动汇率制度下产出更稳定；如果冲击来自国内货币因素，固定汇率制度下产出更稳定。弗兰克尔和艾曾曼（1982）将研究重点放在实际消费冲击最小化上，但其分析的不是两种汇率制度的比较，而是固定汇率制度和浮动汇率制度的不同混合问题。德弗罗和恩格尔（Devereux and Engel，1998）充分考虑了价格黏性，以消费者效用最大化为目标，用一个两国动态模型分析了不完全竞争的生产者采用不同货币定价时，浮动汇率制度和固定汇率制度的福利比较。

对于不同汇率制度下的通货膨胀稳定表现，弗勒德（Flood，1979）比较了资本流动条件下，面临基本的经济扰动时固定汇率制度和浮动汇率制度下的价格稳定。发现国内货币冲击和实际波动的上升会增加浮动汇率制度下的损失，但是，在固定汇率制度下无影响。国外货币和实际冲击波动在两种汇率制度下对损失函数的影响不明确。艾曾曼（1983）以价格稳定为目标，分析了汇率制度与贸易政策中的关税和配额政策的相互作用。Melvin（1985）以价格稳定为目标，建立了一个开放经济的宏观模型，结果表明，国内货币冲击越大，越倾向于盯住汇率制度；外国价格冲击越大，越倾向于浮动汇率制度。埃肯格林和梅林（Eichengreen and Masson，1998）研究了汇率制度选择与经济冲击的关系、国外的经济冲击对于国内经济稳定的影响，认为开放程度越高的国家越应该选择浮动汇率制度，从而吸收外来的经济冲击对于己国的经济稳定的不利影响。萨林等（Salin et al.，2010）的研究显示：如果引入名义工资刚性，受到生产力冲击和外部的利率冲击的经济体更适合使用中间汇率制度，而受到需求冲击和外部的价格冲击的经济体更适合浮动汇率制度。

（三）汇率制度与货币危机

20世纪70年代以后，国际金融领域发生了数次影响较大的货币危机，正如费希尔（2001）所言："1994年以来每一次与国际资本市场相关的危机都或多或少与固定汇率制度有关。"因此，汇率制度与货币之间的关系成为货币危机理论和汇率制度选择理论的共同研究重点。货币危机理论大致可以分为三代，克鲁格曼（1979）把萨伦特和亨德森（Salant and Henderson, 1978）关于黄金冲击和黄金价格的分析应用到固定汇率制度的投机冲击，创建了第一代货币危机模型理论的基础模型。第一代货币危机模型认为，一国的内部均衡和外部均衡存在矛盾，实行固定汇率制度的国家为了维持外部均衡必须持有大量的外汇储备，而政府为了维持国内预算赤字的平衡而必然导致信贷的过度扩张。信贷的不断扩张会促使资金流出的增加，给本币带来贬值压力，货币当局为维持本币汇率必须进行干预，致使本国外汇储备下降。由于本国外汇储备有限，投资者出于规避资本损失（或是投机）的考虑，会向该国货币发起投机冲击，货币危机就此爆发。康诺莉和泰勒（Connolly and Taylor, 1984）、多恩布什（Dornbush, 1987）等后来将这个基本模型扩展到了对爬行盯住的冲击。

第一代货币危机理论不能解释那些经济基本面表现良好的经济体爆发货币危机的原因，典型的如1992年的欧洲货币体系危机。第二代货币危机理论正是从经济基本面没有出现持续恶化这一角度来解释货币危机爆发的可能性，其主要代表人物有奥布斯特菲尔德（Obstfeld, 1994；1996）、梅森（1994，1995）和埃肯格林（1995）等。与第一代货币危机理论比较，第二代货币危机理论有以下特点：第一，在该理论中，政府是主动的行为主体，最大化其目标函数，汇率制度的放弃是中央银行在"维持"和"放弃"之间权衡之后做出的选择，不一定是储备耗尽之后的结果。第二，强调了预期在危机中的关键作用，认为与不同的预期相对应，经济中存在不同的多种均衡结果。即使政府没有采取与固定汇率制度相抵触的扩张性财政货币政策，似乎固定汇率制度可以维持下去，但由于市场预期能够促使政府主动地或被动地实行扩张性政策，最终也会促使固定汇率制度崩溃。换句话说，货币危机预期具有自我实现的特征。克鲁格曼（1998）是第三代货币危机模型的代表，他认为，亚洲金融危机爆发的根本原因在于这些国家的金融过度、金融体系的脆弱性以及裙带亲缘政治，汇率制度的崩溃只是这些国家金融危机的一个表现而已，而不是其根本原因。

巴布拉和奥特克·罗布（Bubula and Otker Robe, 2003）估算了汇率制度对于货币危机爆发的敏感性评价机制的恰当性，发现在开放的国际资本大环境下,中间汇率制度的国家危机爆发的倾向更大。Esaka (2010) 的研究表明,浮动汇率制度比中间汇率制度更容易产生货币危机,而中间汇率制度比固定汇率制度更容易产生货币危机。Ghosh 等 (2015) 的研究表明,在中间汇率制度下,货币危机更容易发生,宏观经济以及金融市场更加脆弱,但是,其中包含的管理浮动汇率却风险较低,受到货币危机的影响较小。

(四) 汇率制度与金融脆弱性

由于 20 世纪 90 年代的货币危机主要爆发在实行传统可调整盯住汇率制度的国家,这使经济学家对金融市场一体化背景下固定汇率制度可维持性提出了质疑。埃肯格森和罗斯 (1998) 提出,实行固定汇率制度会不利于中央银行最后贷款人地位的实现,因为大量的信贷增加会葬送盯住汇率的可信度。这种最后贷款人地位的削弱可能会导致银行挤兑和金融恐慌。Chang 和 Velasco (1998) 也提出,浮动汇率制度有助于防止银行体系出现自我实现的危机,在固定汇率制度下,如果储户对固定汇率的可维持性出现怀疑,就可能挤兑银行以换取外汇,引发银行危机和货币危机。埃肯格林和豪斯曼 (1999) 指出,浮动汇率制度下由于有外汇风险的存在,有助于限制一国过度借贷行为。而固定汇率制度会给那些寻求外汇借款的人潜在的担保,从而产生道德风险问题,引起资金大量流入本国,增加本国面对外部冲击的脆弱性。Chang 和 Velasco (2000) 进一步比较了在不同汇率制度下的货币政策、汇率危机和金融脆弱性问题。结果显示,固定汇率制度下可以实现社会福利最大化,但是,易于爆发货币危机和银行危机;浮动汇率制度下不仅可以实现福利最大化,在汇率和信贷政策适当设计的情况下还可以消除银行挤兑。Domac 和 Peria (2003) 通过对汇率制度和银行危机的联系进行分析,发现在发展中国家实行固定汇率制度可以降低银行危机爆发的可能性,不过,一旦危机爆发,固定汇率制度下的实际损失会更大。克莱因和香博 (Klein and Shambaugh, 2013) 的研究进行实证分析,发现与固定汇率制度相比,浮动汇率制度有助于本国免受外部冲击的影响,同时有利于增强货币政策的独立性。

"中间制度消失论" 和 "两极论" 也是在新兴市场国家不断爆发货币危机的背景下产生的。虽然传统的汇率制度理论分析大都针对纯粹的固定汇率制度和浮动汇率制度,但实际上很多国家实行的汇率制度是介乎两者之间的中间汇率制度安排。许多分析认为，这种中间汇率制度安排具有脆弱性。奥布斯菲尔德和罗戈夫（1995）提出，在资本市场一体化背景下固定汇率制度只是一种妄想，同时指出，相对灵活的盯住汇率制度如汇率目标区，在遭受投机冲击时虽然可以延迟货币危机爆发的时间，但是不可能避免危机。萨默斯（Summers，2000）在分析一国应该如何预防国际金融危机的时候也指出，对于资本市场开放的经济体要选择合适的汇率制度，应该抛弃可调整的盯住汇率制度，而转向实行两极的自由浮动汇率制度或硬固定汇率制度。费希尔（2001）用 1991—1999 年发达国家和新兴经济体汇率制度的选择及变化，验证了中间汇率制度呈现空洞化的观点。萨利文（Sullivan，2001）也对于中间汇率制度进行了研究，发现虽然中间汇率制度既可以使汇率较为固定，也能使货币政策有效。但是，随着资本账户的进一步开放，大量的私人部门的资产涌入市场，这两个目标之间的矛盾会被激化。不过，对"中间汇率制度消失论"存在极大的争议，弗伦克尔（Frenkel，1999）指出，对于许多国家来说，使用中间汇率制度比两极汇率制度更合适。

虽然"中间汇率制度消失论"强调固定汇率制度的脆弱性，而倾向于转向浮动汇率制度。卡尔沃和莱因哈特（Calvo and Reinhart，2000）却提出了"害怕浮动论"，在许多实行了浮动汇率制度的国家并没有允许他们的汇率自由地浮动，而是利用利率等手段对其进行干预。不仅是发展中国家，即使许多发达国家的货币政策都会对汇率度的变化有反应。引起害怕浮动的因素有许多方面，卡尔沃和莱因哈特认为，最基础的原因在于那些声称实行浮动汇率的国家信誉的缺失。其他害怕浮动的原因还包括汇率的变化对通货膨胀的传递较高，而实际汇率的变化对一国的财富、资源分配、贸易条件都会带来不利影响。Levy-Yeyati 和 Sturzenegger（2007）的研究表明，布雷顿森林体系以来，实施固定汇率制度的国家所占的比重并没有太大的变化，各国的政府依旧频繁地进行外汇市场的干预来抑制汇率的波动，这也可以证明"害怕浮动论"。既然在国际资本市场一体化趋势下实行固定汇率制度面临货币冲击的风险，同时在很多国家又存在害怕浮动的现象，那么对于新兴市场经济国家，采用何种汇率制度是合适的呢？豪斯曼（1999）首次提出了"原罪"的概念，认为发展中国家普遍存在原罪：这些国家无可能用本国货币进行国际借贷，甚至在本国市场也不能用本币进行长期借贷。这使新兴市场国家不论采用何种汇率制度都会存在金融不稳定的问题。豪斯曼、帕尼扎和斯坦（Hausmann,Panizza and Stein,2001）进一步指出，货币错配现象或原罪是很多发展中国家不愿意本国汇率浮动的最重要原因。豪斯曼（1999）提出，对于新兴市场国家最好的选择是放弃本国货币而直接使用美元这样的国际货币，或者使用超国家的货币如欧元。

四 产权制度对汇率制度选择的约束

汇率制度是一种特殊的经济制度，既然其他制度安排的选择在根本上是受产权制度安排制约的，那么汇率制度就是从已经存在的产权结构基础上衍生出来的一种关于外汇汇率的制度。

汇率制度的核心是确定外汇的定价权问题，而定价权是产权权能的一项具体表现。对于产权的外延，张五常（1969）认为，产权包括资源的使用权、转让权以及收入的享用权。江春（1996）综合国内外观点，认为"产权是指资源的所有者对资源拥有的所有权、使用权、收益权以及处置权等一组权利的组合"。产权具体包括多少内容、什么内容并不是固定的，它会随着时间的变化以及相伴随技术、需求、市场的变化而发生变化。黄少安（2004）曾经说过，"迄今为止的产权理论，还没有确定产权到底有哪些，有多少具体的权项"。特别地，在商品经济条件下，对经济物品的定价权也属于产权权能的一项具体内容。既然汇率制度的核心是确定外汇的定价权问题，而定价权是产权权能的一项具体表现，显然汇率制度会从根本上受到一国产权制度的约束和影响。

（一）外汇定价权的安排直接受到货币可兑换性规定的约束，而后者的实质是一种产权安排

货币可兑换性，指的是本币是否可以无限制地兑换成其他货币，或直接向第三者办理支付，货币兑换的安排对汇率制度的选择有直接的约束作用。而货币可兑换性的规定的实质也是一种产权安排：

首先，从形式上看，货币可兑换性表现为对本国货币的支配权的一种安排，无论是对本币兑换成外币的限制，还是本币对外直接支付的限制，都是对本币的使用和支配权的一种限制。对货币的可兑换规定可以根据产权主体分为个人可兑换和企业可兑换、居民可兑换和非居民可兑换；还可以根据对可兑换的程度分为完全自由兑换、部分可兑换和完全不能兑换。

其次，从货币兑换背后的经济内容来看，货币兑换性的规定又是对

其他经济资源在国际范围内的支配权的安排的表现。货币作为一种金融资产，也是对其他经济资源的权能在时间上重新配置而产生的一种新经济资源，它代表对实际经济资源的求偿权，货币对外可兑换和可支付实际上代表着本国资源的产权对外的交换和转移，"货币自由兑换的实质是实现产权在国际的自由交易"（江春，2003）。

根据货币的可兑换性涉及的经济资源的交换，可以把货币可兑换性划分为经常账户下的可兑换和资本项目下的可兑换。经常项目可兑换的实质是允许经常账户涉及的实体经济资源，包括商品、劳务、生产要素等，对外自由交换，这是对实体经济资源的转让权、支配权、使用权在对外经济中的一种安排。而资本项目可兑换，夸克和埃文斯（Quirk and Evans，1999）将其定义为取消对跨国界资本交易的控制、征税和补贴。管涛（2001）认为，资本项目可兑换就是避免对跨国界的资本交易及与之相关的支付和转移的限制，避免实行歧视性的货币安排，避免对跨国资本交易征税或补贴。资本项目可兑换的实质是对金融资产在国际的派生、转让和支配权的一种安排。

（二）外汇定价权的安排还受对外汇资产的产权安排的约束

汇率制度的核心是确定外汇的定价权，定价权产生于不同经济物品的交换活动中，表现为产权主体能够对经济物品报出自己所希望接受或付出的交换价格，并且能够在对方接受的条件下履行自己的报价。[①] 定价权产生于对经济物品的转让或处置权实施过程中，因而直接受制于经济物品的转让和处置权，如果产权主体对经济物品没有转让和处置权，就不可能享有对物品的定价权。因此，汇率制度会受到外汇的所有权、占有权以及处置权和转让权等安排的约束。

汇率的市场形成机制指的是汇率根据外汇市场上外汇供求关系及其变化和竞争最终形成，其中外汇的定价权由市场微观主体掌握。显然，微观主体要获得外汇的定价权，必须具有相应的产权制度支持。首先，经济主体必须具有对外汇的一定经济权能，从事外汇交易的当事人必须至少拥有对该外汇资产的使用权和支配权并完全承担对应经济权利的利

---

① 在市场结构分析中也有定价权的概念，这时的定价权指的是定价的能力，即通过市场竞争，某个厂商或者消费者是否具有对特定商品的价格的影响力，以及影响力的大小。我们所说的定价权主要指的是定价权利，定价权利的享有是获取市场定价能力的基本条件和必要条件。

益和损失。否则,交易双方就不可能根据效用最大化来对外汇定价,就不可能充分发挥外汇资源的经济效益,那么市场定价机制的目的就不可能实现。其次,本币必须是能够兑换外汇的,至少是有条件可兑换的。如果本币不能和外汇进行自由兑换,汇率水平的高低与微观经济主体之间就没有直接的经济利益关系,也不具有形成市场汇率的微观基础。另外,通过市场微观主体确定汇率水平还要求本币和外汇资产的产权主体必须是多元化的,这也是市场机制存在的基本前提。如果外汇产权主体是单一的或高度集中的,实际上,外汇市场是垄断的,就不可能也没有必要形成反映真正供求关系的均衡价格,资源也就难以实现最优配置。

对于产权单一或者集中,本币不能自由兑换以及各经济主体之间产权界定不清晰的经济情形,不可能真正由市场形成汇率,即使从表面上让某些微观市场主体决定汇率,形成的汇率水平肯定不能反映真正的市场供求。在这种情况下,由政府掌握汇率定价权是较好的选择,虽然官方汇率同样不可能真正反映汇率的均衡水平,不能达到自由市场上的帕累托最优,但是,政府在公布汇率时会最大限度地考虑各方经济主体的利益和宏观经济利益。

那么,在微观产权主体多元化存在,而且产权界定清晰,货币可以自由兑换的情况下,汇率定价权是否可能集中于政府呢?现实表明,这是有可能的,典型的如香港特别行政区的联系汇率制,是产权多元化和自由兑换与官方汇率共存的反映。但是,在产权多元化、产权界定清晰以及货币可自由兑换的条件下,要维持官定汇率却是不容易的。[①] 汇率的定价权的配置不仅是一个权利分配的问题,还要受到定价能力的约束,一般来说,维持官定汇率水平要求本币的发行必须有不少于百分之百的储备保证(黄金、外汇等),而且本国(地区)的经济运行健康,财政货币纪律得到严格的遵守。

(三)汇率水平确定和汇率波动幅度限制也受制于产权制度安排

中心汇率的存在与否以及汇率水平不仅取决于汇率定价权的安排,也受基础产权安排制约。在纸币本位下,如果允许货币的自由兑换,并由微观经济主体掌握汇率定价权,由此形成的汇率不会存在中心汇率的约束。而即使在政府掌握汇率定价权的条件下,官方公布的汇率水平的

---

① 我们将在第二章详细论述这个问题。

高低，中心汇率是否调整、如何调整，最终将取决于本国（地区）不同产权利益主体之间的博弈。如果在本国经济中，出口利益集团在博弈中占据优势，那么官方公布的汇率就会主要反映出口商的利益要求，例如"出口换汇成本"，如果是进口集团占据优势，则官方汇率可能就是参考"进口换汇成本"。如果是政府自身追求的利益占据主导地位，比如国际收支平衡、通货膨胀或者社会稳定，官方公布的汇率则主要是一种为了实现某种政策目标的政策工具。①

另外，在纸币本位下，如果微观经济主体掌握了汇率定价权，由此机制形成的汇率不会存在汇率波动的限制。只有在官方掌握汇率定价权的基础上才可能也必然存在着汇率波幅的限制，否则官方汇率的中心地位也就没有了意义。另外，在允许汇率自由波动的背景下，对于市场经济主体必然带来外汇风险，汇率允许波动的幅度越大，经济主体面临的风险就越大。如果要允许本币对外汇率有较大幅度的变化，微观主体首先应该具有对风险的敏感性，既能充分利用汇率变动给自己带来经济利益，又能想方设法规避风险带来的损失。这要求各经济主体是产权明晰的主体，对于风险带来的利益和损失都要有明确的承担者，只有这样，才可能使汇率的变化充分反映资源的收益和成本，提高外汇资源效益，并避免出现大的金融风险。

第三节　汇率制度变迁

一　汇率制度变迁的概念

笔者在此引入汇率制度变迁的定义，站在制度变迁的视角来分析汇率制度的选择和变化。汇率制度的变迁是指改变旧的汇率制度并实行一种新的汇率制度的过程。在汇率制度的变迁理论研究中，有很多关于汇率制度退出的研究，这些研究主要针对从传统的盯住汇率制度或汇率区间的退出，汇率制度的退出只是汇率制度变迁或转换中的一个步骤，完整的汇率制度变迁不仅包括从旧汇率制度的退出，还包括成功建立一种新的汇率制度。

---

① 详见本章第三节分析。

对于特定的国家或地区，某一种特定的汇率制度只可能存在于特定的环境和时期，从而有着自己的生命周期。当产权制度基础和经济条件发生变化时，原有的汇率制度就可能出现诸多不合理或低效率的地方，从而产生对原有的汇率制度进行变革的需求，在一定的力量推动下，在适当的时机就会利用新的汇率制度代替原有的汇率制度。在世界经济发展不算太长的历史中，各个国家和地区的汇率制度的变迁是常态。从国际货币体系的发展来看，从国际金本位制到当前的牙买加体系，不同货币体系下的汇率制度经历了几次大的变化，变化过程见表1-5。

表1-5　　　　　　　　国际汇率制度的变迁

历史时期	国际货币体系	汇率制度
1880—1913年	国际金本位制	固定汇率制度
1914—1918年	混乱的货币体系	浮动汇率制度
1919—1925年	国际金汇兑本位制	固定汇率制度
1925—1944年	混乱的货币体系	浮动汇率制度
1944—1973年	布雷顿森林体系	可调整的盯住汇率制度（中间汇率制度）
1973年至今	牙买加体系	以浮动汇率制度为主的多种汇率制度并存

从不同的国别或地区来看，汇率制度的变迁更为频繁。沃尔夫（2001）根据IMF公布的汇率制度对1975—1999年汇率制度的变迁进行了统计（见表1-6），在观察期间，一共发生了310次汇率制度的转换。

表1-6　　　　　　　　1975—1999年汇率制度变迁

初始汇率制度	转为硬盯住汇率制度	转为盯住单一货币汇率制度	转为盯住篮子货币汇率制度	转为基于规则干预汇率制度	转为管理浮动汇率制度	转为自由浮动汇率制度	退出合计
硬盯住汇率制度	—	0	0	0	0	0	0
盯住单一货币汇率制度	14	—	53	20	34	26	147
盯住篮子货币汇率制度	0	11	—	6	27	20	64
基于规则干预汇率制度	11	3	6	—	11	12	43
管理浮动汇率制度	2	20	10	20	—	30	82

续表

初始汇率制度	转为硬盯住汇率制度	转为盯住单一货币汇率制度	转为盯住篮子货币汇率制度	转为基于规则干预汇率制度	转为管理浮动汇率制度	转为自由浮动汇率制度	退出合计
自由浮动汇率制度	3	5	2	9	35	—	54
进入合计	30	39	71	55	107	88	310

资料来源：Holger Wolf, GWU and NBER, *Exchange Rate Regime Choice and Consequences*, October, 2001. 网址：www.ifk-cfs.de/papers/Wolf.pdf。

如果在一定时期内，某种汇率制度与相应的制度基础和经济条件是相适应的，其实质是该种汇率制度使不同经济利益集团之间的利益分配达到了均衡。而当产权基础或者经济条件发生变化时，原有的汇率制度之所以产生变革的要求，其实质是因为不同经济利益集团之间的利益分配出现了不均衡。汇率制度变迁的实质就是汇率制度从均衡到不均衡，再实现新的均衡的过程。

二　汇率制度的均衡

在这里，笔者引入均衡汇率制度的概念。均衡制度是使经济利益在不同经济主体之间达到均衡配置，使各经济主体无意和无力对这种制度安排进行改变。那么均衡汇率制度就是这样一种汇率形成和汇率变化的安排，它使各相关经济利益集团不愿意或者不能够对汇率制度安排进行变革。而不同经济利益集团对于同一制度安排有自己的成本和效益分析，均衡汇率制度不一定使所有经济主体的收益成本之差即净收益达到最大，它的"选择依赖于各自的收益和成本以及受影响的团体的相对市场与非市场的权利"，在汇率制度中，这种权利即为本书所说的定价权。

（一）汇率制度变迁中的经济利益集团

均衡汇率制度取决于不同利益集团的收益和成本，以及各团体相对于市场和非市场的权力大小。我们先要了解哪些利益集团的收益成本会受到汇率制度的影响，假设同一集团内部的各经济主体的利益是一致的，不同利益集团之间至少存在某一方面的利益表现的不一致。当然，在不同的经济条件下，不同经济主体的收益和成本表现会不一样，在不同时期，某个经济主体可能属于不同的经济利益集团。我们假定经济条件一定，在既定的时间和空间背景下，一个经济主体只可能属于某个利益集团。这些受到汇率制度影响的利益集团主要包括四个。

1. 国家（政府）

一个国家或地区有总体的宏观经济利益，这个利益不是微观经济利益的简单加总，它会影响微观经济主体但不会直接进入微观经济主体的目标函数。国家通常是通过政府来制定政策措施以实现其经济目标，当然，政府作为一种人格化的具体人员和集团，也有它自身的利益，但总体来说，在一个民主法制化健全的国家，政府的利益主要体现国家的利益。国家的宏观经济目标一般表现为稳定的经济增长、低通货膨胀和国际收支的平衡，而政府的利益还要加上权力"寻租"利益。我们可以将政府的效用目标函数表示为：

$$U_g = U(y, \pi, bop, rent)$$
$$= \alpha_1 U(y) + \alpha_2 U(\pi) + \alpha_3 U(bop) + \alpha_4 U(rent) \qquad (1-1)$$

式中，y、π 分别表示实际产出、实际通货膨胀，bop 表示国际收支平衡，$rent$ 表示权力租金。α_1、α_2、α_3、α_4 分别表示各利益目标在目标函数中所占比重，且满足 $\alpha_1 + \alpha_2 + \alpha_3 + \alpha_4 = 0$，$1 \geq \alpha_1$、$\alpha_2$、$\alpha_3$、$\alpha_4 \geq 0$。在不同时期，政府赋予不同目标成分的权数会有差异，一般来说，如果实际经济指标的表现与目标相隔越远，政府会加大其在当期政策制定时赋予该经济指标的权数。对于权力"寻租"利益有所不同，它主要取决于一国的文化政治制度与产权制度，一国政府的权力集中度越高，法制越不健全，产权制度越不明晰，政府会赋予"寻租"利益较大的利益权数。

在汇率制度的选择和变迁中，政府目标函数中的各组成部分都会不同程度地受到汇率制度的影响，对于产出、通货膨胀和金融危机与不同汇率制度的关系，详见第四章和第五章分析。对于"寻租"利益和汇率制度的关系，特定的汇率制度下要取得"寻租"利益或利益最大化，有两个必要条件：第一个必要条件是拥有"寻租"机会。如果政府在汇率水平制定和变化中、在外汇管理中的权力越大，拥有的权力"寻租"机会就越大。而在既定的政治文化制度下，产权越集中、产权界定和保护越不清晰，政府越有可能控制外汇的使用和支配权，控制汇率的制定和变化。第二个必要条件是有租金的来源。政府自己并不从事生产交易活动，所以，"寻租"利益不可能是政府自己创造的，它必定来源于其他经济利益集团部分利益的让渡,而其他经济利益集团之所以愿意进行"寻租"交易,必定是因为该种汇率制度安排能给自己带来超额的利益。

2. 进出口利益集团

进出口利益集团代表着一国境内的所有受汇率影响的微观经济主体,包括进出口企业、银行、其他金融机构、对外投资者、各种类型的外资企业等,无论何种微观经济主体,汇率对其经济利益的影响主要体现在对对外收支的最终影响上。进出口企业是一国最基本的对外经济交易主体,受汇率和汇率制度的影响最为直接和典型,所以,笔者以进出口利益集团作为国内各微观经济主体的代表。汇率和汇率制度对进出口利益集团的影响主要体现在收入、成本和风险三方面,对收入和成本的影响与汇率形成机制以及汇率水平有关,对风险的影响与汇率的波动性有关。汇率水平对进口利益集团和出口利益集团的收入及成本的影响有差异,但是,汇率波动给双方都会带来风险。进出口利益集团的效用函数为:

$$
\begin{aligned}
Up &= \beta_1 U_{exp} + \beta_2 U_{imp} \\
&= \beta_1 U(income, risk) + \beta_2 U(cost, risk)
\end{aligned} \quad (1-2)
$$

式中,U_{exp}、U_{imp} 分别表示出口利益集团和进口集团的效用函数,$income$ 表示对外收入,$cost$ 表示外部成本,$risk$ 表示风险厌恶。β_1、β_2 表示在微观经济主体中出口集团和进口集团在经济中的权数。在价格给定条件下,对于出口集团,本币汇率水平越低,汇率越稳定,汇率制度带来的效用越高;对于进口集团则相反,本币汇率越高,汇率越稳定,效用越高。根据一价定律,当汇率水平等于出口边际成本时,出口集团实现均衡出口利润;当汇率水平等于进口边际成本时,进口集团获得均衡进口利润;当自由市场形成均衡汇率时,进出口集团都获得市场平均利润。如果在一定的汇率制度下,汇率水平低于(高于)出口(进口)商的成本,那么出口(进口)集团就可以获得超额利润,所以,在存在"寻租"机会的条件下,出口(进口)集团就可能通过"寻租"行为,让渡自己的部分超额利润,从而让政府建立起有利于自己的汇率制度。

对于进出口利益集团还有一点需要说明的是,一个国家的产权制度越完善,各经济主体之间产权的界定越清晰,产权的保护越有利,产权的激励约束机制越健全,集团的效用函数越清晰,利益集团的利益才可能得到有效主张和实现。

3. 其他国家和国际机构

因为汇率至少是双边货币的相对价格,一个国家或地区的汇率制度不仅会影响本国宏观经济、政府利益和微观经济主体利益,还会影响其他国家宏观和微观的经济利益。而且,由于一个国家的国际收入必然是其他国家的国际支出,本币汇率贬值必然意味着某种外国货币在升值,所以,在很多情况下,有利于本国宏观和微观经济利益的汇率制度安排会给其他国家带来利益的损害。其他国家的效用函数可表示为:

$$U_f = \delta_1 U_{fg} + \delta_2 U_{fp}$$
$$U_{fg} = v_1 U(Y^*) + v_1 U(BOP)$$
$$U_{fp} = \omega_1 U(income, risk) + \omega_2 U(cost, risk) \tag{1-3}$$

式中,U_{fg}、U_{fp} 分别表示国外政府和私人的效用。当然,从汇率制度角度看,其他国家的宏观和微观经济效用主要取决于该国的汇率制度,但是,在外向型经济中,不可避免地会受到他国汇率制度的影响。其他国家的政府效用和私人效用受本国汇率制度影响的内容和本国政府与私人效用基本相似,但是,受影响的广度和深度要小得多。一国汇率的形成机制、汇率水平和汇率波动都会从不同方面给其他国家带来影响,其中影响最大的是本国货币的汇率水平和汇率变化,本币升值(贬值)对其他国家的宏观和微观影响与对本国的对应经济领域刚好相反。在其他条件不变的条件下,本币贬值会增加本国产出,扩大国际收支顺差,增加出口集团收入并增加进口集团成本,但是,会使其他国家产出降低,国际收支逆差扩大,出口收入下降而进口成本下降。本币的汇率波动幅度同样会加大国外私人集团的风险。而且其他国家与本国的经济联系越密切,经济交易规模越大,本国货币在世界市场可接受性和流动性越大,本国汇率制度对其他国家经济影响也越大。

除其他国家外,对本国汇率制度选择和变迁起到重要作用的国际力量还有一些国际机构(包括国际协议),典型的如国际货币基金组织、世界贸易组织和经济合作与发展组织等。从制度经济学角度看,所有的国际机构和协议其实都是一种界定和协调国际利益的制度形式,这些国际机构是各国政治经济利益矛盾不断发展的产物,从汇率制度内容看,是各国汇率制度矛盾和协调发展的产物。虽然这些国际机构无论资金还是人员或者规定都是由不同成员国构成和参与运作的,但是,这些机构有独立于各个成员国自身的效用,这个效用可以用不同机构的组织章程和宗旨表示。各个成员国的汇率制度的规定和操作,可能与这些机构的宗旨相一致,也可能不一致,从而影响到国际机构的效用,使国际机构也是与一国汇率制度选择和变迁利益相关的一个经济体。

4. 国际投机者

最后一个受本国或地区汇率制度影响的经济利益集团是广大的国际投机者(个人和机构),这些投机者会利用各种机会和渠道,套取各种可能的商品在世界各地和不同时间存在的价差,包括套取汇率价差。本国汇率制度的选择和变迁给了投机者不同的机会和操作空间,因此,影响到投机者的效用函数为:

$$U_s = U(e^* - e, risk) \tag{1-4}$$

式中,e^*、e 分别表示对汇率的预期和汇率的实际水平,$risk$ 仍然表示汇率风险。只要预期汇率和市场实际汇率有差异,投机者就有获取投机利润的机会,但是,所有的投机都面临着风险,因为未来是不确定的。显然,对于投机者而言,最理想的投机状态是汇率差 $e^* - e$ 非常大,而风险即不确定性非常小。本国汇率的形成机制、汇率水平、汇率波动都直接影响到投机者的投机效用。一般而言,如果不存在汇率波动或者汇率绝对不允许波动,那么投机机会越小;如果现实汇率水平和预期汇率水平相差越大,投机利益越大而风险越小;如果汇率水平是由市场形成的,那么现实汇率和预期汇率的差会越小,而且不确定性会越大。

(二) 均衡汇率制度的形成

1. 均衡汇率制度的形成方式

同样的汇率制度安排对上述不同经济利益集团可能会有不同影响,在这些利益集团之间如何形成一种均衡的汇率制度呢?戴维斯和诺斯(1979)指出,"制度安排的形式,从纯粹资源的形式到完全由政府控制和经营的形式都有可能,在这两个极端之间存在广泛的半自愿半政府结构",而制度具体内容的选择"依赖于各自的收益和成本以及受影响的团体的相对市场与非市场的权力"。

从汇率制度的安排形式上,它不可能是个人的安排,也不可能在微观主体之间通过自愿协商的方式建立,因为汇率制度涉及的利益主体太多,自愿协商来建立汇率制度的成本太大以至于几乎不可能。对汇率制度选择而言,"给定同样数量的参与者,在政府安排下的组织成本可能要低于自愿安排的组织成本"(戴维斯和诺斯,1979),所以,各国汇率制度的最终选择权都集中于代表国家的政府手中。

本书讨论的是汇率制度内容的具体制度选择,它一方面取决于前述四大经济利益集团在特定汇率制度下的收益和成本,另一方面取决于各利益集团的定价权利。在不同的产权制度和经济条件下,各经济主体的定价权是不同的,这里,我们首先要了解,在一定时期各利益团体定价权既定的情况下,均衡汇率制度的形成机制或形成过程。

2. 均衡汇率制度的形成

各种经济利益集团通过不同方式来影响政府汇率制度的选择,最终本国政府在各种经济力量的综合作用下权衡,选择或修改本国汇率制度的安排。政府面临的经济利益的权衡可以简单地表示为:

$$U = \lambda_1 U_g + \lambda_2 U_p + \lambda_3 U_f + \lambda_4 U_s \quad \lambda_1 + \lambda_2 + \lambda_3 + \lambda_4 = 1① \quad (1-5)$$

在特定经济条件下,各经济利益集团的效用函数是既定的,所以,最终的总效用以及总效用决定的汇率制度安排取决于各集团的定价权,用系数 λ_1、λ_2、λ_3、λ_4 表示。定价权系数与本国的产权制度以及货币的可兑换性规定有着密切关系。

如果本国对外实行严格管制,本币在经常项目和资本项目下都不可兑换,而且国内产权高度集中,那么本国汇率制度不仅对其他国家影响很小,投机者也难有机会进入本国市场,而且对微观经济主体影响也有限。反过来,其他三大经济利益集团基本对汇率制度的选择没有太大的影响,政府在汇率制度供给时只需要考虑国家的利益。因此近似的有:

$$\lambda_1 + \lambda_2 + \lambda_3 + \lambda_4 = 1 \quad \lambda_1 = 1; \lambda_2, \lambda_3, \lambda_4 = 0 \quad (1-6)$$

如果本币在经常项目和资本项目下都不可兑换,但国内产权制度比较健全,本国汇率制度对其他国家影响很小,但对国内微观集团的利益开始有较大影响。这时汇率制度的选择主要受国内政府和进出口集团影响,有:

---

① 虽然 U_p、U_f、U_s 不是政府效用函数的直接构成,但是,由于其他利益集团会通过各种渠道影响政府,从而使政府不得不考虑其他集团的利益影响。我们可以把 U_g 视为政府的直接效用函数,而 U_p、U_f、U_s 则是政府的间接效用函数。

$$\lambda_1 + \lambda_2 + \lambda_3 + \lambda_4 = 1 \quad \lambda_1, \lambda_2 \neq 0; \lambda_3, \lambda_4 = 0 \qquad (1-7)$$

在国内产权制度比较健全，而且本币经常项目可兑换而资本项目不可兑换条件下，除投机者进入国内市场的可能性仍然较小外，国内进出口集团和其他国家经济利益集团都会直接受到本国汇率制度安排影响，因此也影响着汇率制度的选择和变化：

$$\lambda_1 + \lambda_2 + \lambda_3 + \lambda_4 = 1 \quad \lambda_1, \lambda_2, \lambda_3 \neq 0; \lambda_4 = 0 \qquad (1-8)$$

在本国货币自由兑换条件下，所有相关经济利益集团都会受本国汇率制度的影响，也会影响到本国汇率制度的安排：

$$\lambda_1 + \lambda_2 + \lambda_3 + \lambda_4 = 1 \quad \lambda_1, \lambda_2, \lambda_3, \lambda_4 \neq 0 \qquad (1-9)$$

3. 均衡汇率制度的形成机制

首先要明确的是，不管各利益集团之间的相对力量如何改变，汇率制度的选择和改变权一定在政府手中，或者说，政府是汇率制度的唯一供给者，所以，各利益主体的相对影响力在这里具体指的是对政府的相对影响力。政府在汇率制度决策中扮演特殊的角色，它既是唯一的制度供给者，同时又是制度的需求者。这种特殊性使得政府在制定汇率制度时不可避免地会主要从本政府的效用出发来进行选择，也就是说，从主观上说，政府显然对自己的影响力最大。在各利益集团对汇率制度的选择与偏好有不同取向时，政府的效用函数会起到决定性作用。

其他利益集团与政府这个汇率制度的供给方之间的利益关系和对政府的影响力表现如下：

（1）本国进出口利益集团的利益与本国政府的利益在很大程度上是一致的。一个国家的政府即便有自己的私利，也会不同程度地倾听和了解微观主体的经济利益需要，从而在政策制定时考虑本国微观经济的需要。而且政府的宏观经济目标与微观经济主体效用从根本上说也是一致的，经济的稳定增长、事业的控制、通货膨胀的稳定和国际收支的平衡最终都会影响微观主体的利益（income, cost, risk）。而政府的宏观经济效用目标（$y - y^*$, $\pi - \pi^*$, bop, rent）从根本上说也要受到进出口状况的影响。即使存在政府"寻租"利益，但这种利益的来源只可能是其他集团超额利润的一部分，而最主要的就是国内进出口集团在某种汇率安排下获得的超额利润。

当然，既然是两个不同的利益集团，进出口集团和政府的效用会存在不一致时，这主要表现为政府在自己的效用函数中是不会主动包含微观主体的利益需求，因为政府不可能了解或完全了解所有微观主体的需求。微观经济主体在进行汇率制度安排偏好排序时，也不会去考虑宏观层面的效用目标。有些时候，政府效用要求的汇率制度安排还会和微观主体效用矛盾，如为了国际收支的平衡，在逆差时候，政府希望鼓励出口，限制进口，顺差的时候又会限制出口，鼓励进口。进出口利益集团会通过各种渠道在汇率制度的安排中去影响政府。首先，集团会利用各种国家规定的正常渠道向政府提出自己的建议，例如，在政府中选出代表自己利益的官员。其次，当正规渠道无法实现目的时，会通过政府政治"寻租"渠道去实现自己的目标，只要"寻租"的收益大于成本，无论是政府官员还是微观经济主体都会设法利用"寻租"的渠道，去影响政府决策。

（2）国外政府和国际机构对本国政府的影响。因为国际机构不过是协调各个国家之间利益关系的一种制度选择和安排，包括在处理汇率安排关系上，所以，本书将国际机构纳入国外政府一起分析。如前所述，本国汇率制度安排尤其是汇率水平对本国及其他国家宏观和微观影响是相反的，这是各国之间汇率安排最大的冲突所在。但是，从长期利益角度考虑，本国和其他国家的利益又是相互依赖、相互一致的。这种矛盾统一的关系也反映在其他国家对本国汇率制度选择的影响方式上。

因为本国汇率安排可能损害其他国家宏观和微观经济利益，其他国家可能通过政府采取报复、威胁等单方面措施来对本国政府施加影响力，这是一种非合作政府间博弈，非合作博弈往往是两败俱伤。由于非合作性质的政府间博弈会带来双方的损失，各国政府会更多地选择合作解决途径，这种合作包括谈判、协议以及通过国际机构解决。

（3）国际投机者对本国政府的影响。各国政府在进行汇率制度以及其他政策决定时，不会考虑投机者的利益，各国政府一般都认为投机会给国家宏观利益带来危害。但是，正是由于投机可能给经济带来危害，政府在汇率制度选择时必须考虑对投机者的影响以及投机者会采取的行动。投机者不会通过选举、谈判和协商来要求政府满足自己的利益要求，而是从政府制定的一切措施中寻找可以利用的机会，通过市场交易的操作来获取价格变化以及制度变化带来的利润。投机者不会为了达成某种汇率制度而进行投机，对于任何制度，它们都可能寻找到可乘之机，从而获取利润。

三 汇率制度的非均衡

在特定时期，某种特定汇率制度安排对各经济利益主体的效用是既定的，各经济利益集团之间的相对权利和影响力也是既定的，因此，在相互作用中形成了最终的均衡汇率制度。这种汇率制度代表各集团的综合最大利益，所以，即使有经济主体的小部分利益没有充分实现，它们也没有能力改变现有的汇率制度。但是，在不同时期，或者对于不同的国家而言，特定的汇率制度对于不同经济利益集团的效用可能存在差异，各经济利益集团的定价权以及对汇率制度安排的影响力也就不同。当不同利益集团的相对影响力发生了变化时，或者原有汇率制度对于各利益集团的效用发生了变化，原有的汇率制度将不再均衡，部分利益集团将变得有意愿改变并且有能力改变原有的汇率制度安排。

（一）制度环境安排发生了变化

1. 货币可兑换性安排变化

一国国内的政治制度、其他经济制度以及自然条件的变化、技术变化等都可能使原有汇率制度的均衡性受到影响。在影响汇率制度安排的国内制度环境中，一个非常直接的因素是本国货币可兑换性安排，如果本国货币可兑换性安排出现了新的安排，必然直接影响到相关经济主体的利益，从而影响原有汇率制度的均衡性。

2. 国内产权制度变化

经济制度中最基础的是产权制度变化，本国产权制度从根本上决定了哪些经济利益集团会对本国汇率制度的选择和变化起作用，即在式（1-5）中的系数 λ_1、λ_2、λ_3、λ_4 哪些为0，哪些不为0，以及具体的影响力大小。产权制度变革，可能会促生新的影响本国汇率制度安排的利益集团，原有的汇率制度安排就很可能会出现不均衡，从而引发汇率制度变迁。产权制度变革，还可能影响原有利益集团的利益分配格局，产生新的利益最大化和对新的汇率制度的要求。

3. 国际制度环境变化

由于汇率制度是对外经济交易中的一种制度安排，这种制度安排必然影响国外经济利益集团，也因此受到国际上相关的政治、经济规则的约束。例如，国际货币体系变化，会直接影响到各国汇率制度安排；国际贸易和投资自由化协议和组织的产生也会对相关国家汇率制度产生直接的影响；其他国家的外贸、外汇制度变化也可能使本国原本均衡的汇率制度变得不均衡。

(二) 各利益集团的效用在原有汇率制度下发生了变化

即使国内产权基础没有变化，而且各利益集团的相对影响力也没有变化，但如果某些利益集团尤其是在本国汇率制度安排中有较大影响力的利益集团的经济效用在原来的汇率制度安排下出现了变化，原来的汇率制度也会出现不均衡，从而可能推动汇率制度变迁。出现这种情况，大多是因为国内外经济环境发生了变化，出现了一些有利的或不利的经济冲击，例如，技术进步、贸易条件变化或者财政赤字、国外需求冲击、价格冲击、石油危机、战争等。在这种情况下，本国原有的汇率制度会对不同经济利益集团的效用函数带来冲击，这使一国政府可能修改本国的汇率制度安排。例如，在亚洲金融危机期间，从其他国家和国际机构角度，中国对人民币实行稳定的汇率政策是符合他们利益需要的，所以，国际社会对当时人民币的稳定持赞赏和欢迎态度。但是，亚洲金融危机的影响退去后，欧美国家和国际机构从本国的贸易收支角度和就业角度利益考虑，对中国又提出了要求人民币升值和改变汇率形成机制的要求。

为什么在原有的制度安排下会出现效用的变化？戴维斯和诺斯 (1979) 指出："从理论上讲，有许多外部事情能导致利润的形成。在现有的经济安排状态给定的情况下，这些利润是无法获得的，我们将这类收益称为'外部利润'……限于四个方面：A 规模经济；B 外部性；C 风险；D 交易费用……如果一种安排创新成功地将这些利润内部化，那么总收入就会增加。"这个时候相关经济利益集团就会产生制度变迁的意愿，当然，仅有意愿是不够的，这种制度变迁的意愿最终是否能实现取决于不同集团的意愿和相对力量对比。

由于一般在一国汇率制度安排决策中本国政府的影响是最重要的的，所以，从政府效用角度的考虑而导致汇率制度出现不均衡，并最终出现汇率制度变迁的情形是最常见的。经济冲击与汇率制度的选择理论较充分地分析了经济条件出现变化时，从政府效用角度考虑的均衡汇率制度安排 (Friedman, 1953; Fisher, 1976; Turnovsky, 1976; Flood, 1979; Frenkel and Aizenman, 1982; Aizenman, 1983; Melvin, 1985; Wolf, 2001)。

综上所述，由于多方面原因，原有的均衡汇率制度在新的时期和条件下可能变得不再均衡,从而产生了汇率制度变迁的动力。各经济利益集团对汇率制度变迁的需求通过集团间相互作用和相互影响,最终根据各集团在汇率制度安排中的新的力量对比,通过如式(1-5)所示的过程形成新的均衡汇率制度,完成一次汇率制度的变迁。

第二章 人民币汇率制度变迁历程和动因分析

第一节 人民币汇率制度变迁的历史与背景

自从1949年中华人民共和国成立以来，人民币汇率制度的安排经历了若干阶段的变迁过程。根据第一章的分析，一国汇率制度的变迁主要有三种原因：①本国产权制度安排出现变化；②影响汇率制度安排的各利益集团的相对力量发生了变化；③有影响力的利益集团的利益在原有的汇率制度下发生了变化。对中国来说，人民币汇率制度变迁的过程同样反映的是在不同时期、产权制度基础和其他经济条件下发生了变化，人民币汇率制度安排从均衡到非均衡、再到新的均衡的变迁过程。我们结合人民币汇率制度变迁的历史以及相应的产权制度变化背景，将人民币汇率制度变迁划分为三个阶段。

一　1949—1978年计划经济时期人民币汇率制度

（一）汇率制度安排

在新中国成立初期的1949—1952年，人民币汇率主要根据当时国内外的相对物价水平来制定，并随着国内外相对物价的变动而不断进行调整。当时采取"奖励出口，兼顾进口，照顾侨汇"的方针，参照75%—80%的大宗出口商品加权的平均换汇成本，加上5%—15%的利润，同时考虑到侨眷的生活消费品指数来制定人民币汇率。1949—1950年，由于我国物价上涨很快，人民币兑美元的汇率由1949年1月18日的1美元等于80元旧人民币，贬到1950年3月13日的1美元等于42000元旧人民币。1950年以后，国内物价开始稳定，而且以美国为首的西方国家对中国实行了封锁禁运，根据物价的变化和进口的需要，人民币汇率开始上调，到1952年12月，人民币兑美元汇率升为1美元等于 26170 元旧人民币。

1953—1972 年，我国国民经济实行计划体制，物价受国家控制，且长期稳定，而西方工业国家的物价迅速上升，因此，对外贸易实行内部结算，官方汇率仅用于非贸易外汇结算，从此人民币汇率对进口不再起调节作用。人民币官方汇率坚持稳定的方针，在原定的汇率基础上，参照西方各国公布的汇率进行调整，逐渐同物价脱离。1955 年 3 月 1 日，中国进行首次币制改革，发行新人民币，新旧人民币折合比价为 1∶10000。自从使用新人民币后，一直到 1971 年年底，人民币兑美元汇率一直保持在 1 美元等于 2.4618 元人民币的水平。1971 年美元兑黄金兑换比率贬值以后，人民币相应把对美元汇率调为 1 美元等于 2.2673 元人民币。

1973—1978 年，由于 1973 年石油危机和美元危机，世界物价水平上涨，西方主要国家普遍实行浮动汇率制度，在制定人民币汇率的方法上，原则上采用盯住货币篮子汇率制度，根据货币篮子平均汇率的变动情况来确定汇率。

（二）制度环境分析

可以看出，在这一时期人民币汇率制度的安排分为三个阶段，每阶段的汇率制度安排有较大差异。在新中国成立初期，人民币汇率是一种比较灵活的汇率安排，市场化程度比较高。从 1953 年开始，人民币汇率是一种典型的官方公布的可调整固定汇率制度，外汇兑换严格执行官方公布的汇率，不允许有任何的波动和变化。但是，官方会根据国际经济环境的变化和国家战略计划的要求对汇率进行一些调整。这一时期人民币汇率制度安排的差异和变化也是与该时期中国的产权制度安排尤其是对货币的产权安排相适应的，是各产权主体的利益均衡要求所决定的。

新中国成立初期，百废待兴，国民经济处于恢复阶段，当时在汇率层面的利益格局是相当分散的。从产权和经济利益主体看，私营进出口商在对外贸易中占很大比重，国营经济羽翼未丰，所以，这两大利益集团的产权利益要求对当地人民币汇率安排起着相当重要的影响作用。从私营进出口商的角度看，出于营利的目的必然要求汇率能够刺激其进出口的积极性，能够根据进出口成本变化灵活变化；从侨汇角度看，为了保证侨眷的基本生活，也必然要求在汇率方面得到照顾；从政府角度看，私营进出口商的对外贸易和侨汇是当时外汇来源的主体，政府利益很大程度上和私营进出口商以及侨眷的利益是一致的。从外汇的产权规定看，当时外汇资金短缺，国家对外汇实行集中管理，所以，汇率的定价权主要掌握在政府手中，由中国人民银行公布，但是，要积极调动外贸和侨汇的积极性，所以，汇率又保持了一定的灵活性。这与当时处于国民经济恢复时期产权主体呈现分散化和多元化的产权结构特征是相适应的。

1953年开始，我国的产权制度和产权关系发生了根本性变化，中国开始实行高度集中的计划经济体制和单一的公有制。在对外经济领域，对外贸易由国营对外贸易公司专营，将出口部门和进口部门两大利益集团集于一身，汇率的高低对于进出口的利益没有明显影响。从外汇的产权看，自1953年起，外汇业务由中国银行统一经营，逐步形成了高度集中、计划控制的外汇管理体制。国家对外贸和外汇实行统一经营，用汇分口管理。外汇收支实行指令性计划管理，一切外汇收入必须售给国家，需用外汇按国家计划分配和批给。此时，汇率只是国家预算中的一种会计工具，外贸盈亏由国家财政统一核算，外贸企业和其他单位，不必关心人民币汇率和汇率的变动，因此，人民币汇率机制对贸易流量几乎没有任何调节功能。在这一时期，影响人民币汇率制度安排的利益团体比较单一，那就是政府，与这种单一的集中的产权结构相适应，汇率的定价权完全掌握在政府手中，汇率制度也仅仅体现国家的利益要求，官方公布的汇率仅仅在1973年主要西方国家实行浮动汇率制后，为了避免受西方工业国家汇率波动的影响，维护人民币汇率稳定，才进行了调整。

二 1978—1994年经济转轨时期人民币汇率制度

（一）汇率制度安排

1981—1984年，人民币实行贸易汇率和非贸易汇率并存的复汇率制。1981年，中国制定了一个贸易外汇内部结算价，按当时全国出口商品平均换汇成本加10%的利润计算，定为1美元合2.8元人民币，适用于进出口贸易的结算。同时继续公布官方汇率，1美元合1.5元人民币，沿用原来的"一篮子货币"计算和调整，用于非贸易外汇的结算。由于美国自1981年起采取赤字政策，实施紧缩通货和高利率、低税收政策，使美元不断升值，人民币兑美元官方汇率由1981年7月的

1.50元下调到1984年7月的2.30元。到1985年1月人民币恢复到单一汇率,但同时对原来的官方汇率做了较大幅度的调整,即从1984年7月的2.30元下调到1985年1月的2.80元。

1985—1990年,根据国内物价的变化,人民币多次大幅度调整官方汇率。由1985年1月1日的1美元合2.8元人民币,逐步调整至1990年11月17日的1美元合5.22元人民币。从1991年4月9日起,对官方汇率的调整由以前大幅度、一次性调整的方式转为逐步缓慢调整的方式,即实行有管理的浮动,在两年多的时间里,官方汇率数十次小幅度调低,但仍赶不上出口换汇成本和外汇调剂价的变化。至1993年年底,调至1美元合5.72元人民币,比1990年11月17日下调了9%。

另外,由于1981年中国政府允许开展外汇调剂业务,中国还存在官方汇率和外汇调剂市场汇率并存的状况。当时规定外汇调剂价格在官方汇率之上加10%,1988年3月放开汇率,由买卖双方根据外汇供求状况议定,中国人民银行适度进行市场干预。到1993年年底,放开外汇调剂市场汇率,让其随市场供求状况浮动。

(二) 制度环境分析

1. 产权制度变化

从1978年中共十一届三中全会以后,中国开始实行改革开放,中国经济的市场化程度开始提高。在对外经济领域,1979年,我国的外贸体制开始改革,微观经济主体开始具有了部分自主权,对外贸易由国营外贸部门独家经营变为多家经营,很多外贸企业只经营进口或者出口,此时汇率不仅影响进出口的利益和积极性,也在不同集团之间出现了利益冲突。在对外经济交易中,微观经济主体对实际资源的产权权能的扩大,必然要求对货币和外汇资源权能的相应增加,以及对汇率定价权的要求增加。原有的汇率制度安排在新的制度和经济环境下出现了不均衡,产生了制度变迁的需要。但是,不同的产权利益集团对人民币汇率的安排有不同意见,当时西方国家物价上涨较快,而我国物价却相对稳定,非贸易部门希望提高人民币汇价,借此提高旅游及其他非贸易外汇收入;贸易部门希望汇率变化能够符合自己的利益,尤其是出口集团,当时出口换汇成本远远高于人民币兑美元的汇率(1978年年底人民币兑美元汇率为1美元等于1.58元人民币,而出口换汇成本达到2.5元),他们希望人民币汇率贬值。各利益集团博弈的最终解决办法就是实行内部结算价和官方汇率并存的双重汇率。

虽然双重汇率在初期一定程度上有利于协调各利益集团的矛盾，但是，实施出现了一些问题，作为调节进出口贸易价格杠杆的汇率在执行中成为一种固定汇率，虽然出口商的出口成本在上升，但人民币内部结算价一直维持着 2.80 元的水平，内部结算价没有实现其初衷。同时，随着我国对外开放的逐步深入，中国和其他国家的经济联系日益密切，另一个重要的经济利益团体——外国和国际经济机构开始在人民币汇率制度安排中发挥作用，1980 年，我国恢复了在国际货币基金组织中的合法地位，按国际货币基金组织有关规定，会员国可以实行多种汇率，但必须尽量缩短向单一汇率过渡的时间。因此，到 1985 年 1 月，人民币取消了内部结算价，恢复到单一汇率。

2. 货币可兑换性规定的变化

由于对外贸企业部分产权的下放，微观主体对外汇和货币兑换权的权能相应增加，中国从 1979 年开始实行外汇留成办法。在外汇由国家集中管理、统一平衡、保证重点的同时，实行贸易和非贸易外汇留成，区别不同情况，适当留给创汇的地方和企业一定比例的外汇，以解决发展生产、扩大业务所需要的物资进口。外汇留成的对象和比例由国家规定。留成外汇的用途须符合国家规定，有留成外汇的单位如本身不需用外汇，可以通过外汇调剂市场，卖给需用外汇的单位使用。在实行外汇留成制度的基础上，产生了调剂外汇的需要。为此，自从 1980 年 10 月起，中国银行开办外汇调剂业务，允许持有留成外汇的单位把多余的外汇额度转让给缺外汇的单位。同时，对居民个人在国内的外汇的持有和使用放宽了限制，扩大了居民个人对外汇的产权权能。从 1985 年起，对境外汇给国内居民的汇款或从境外携入的外汇，准许全部保留，在银行开立存款账户。从 1991 年 11 月起，允许个人所有的外汇参与外汇调剂。

在对外汇的经营权方面，1979 年前，外汇业务由中国银行统一经营。改革开放以后，随着微观主体产权的扩大，微观经济主体在汇率定价权中的影响增加。由于不同的进出口、投资企业对不同货币的供给与需求多样化，政府制定汇率的能力受到冲击，因此，在外汇业务领域中开始引入竞争机制，改革外汇业务经营机制，允许国家专业银行业务交叉，并批准设立了多家商业银行和一批非银行金融机构经营外汇业务；

允许外资金融机构设立营业机构,经营外汇业务,形成了多种金融机构参与外汇业务的格局。

外汇留成制的实施、外汇经营权的多元化以及对个人用汇权限的放开,为外汇调剂市场的出现提供了制度基础,微观主体定价权权能的提高使人民币汇率形成机制出现了市场化。到1988年,外汇调剂市场上既有额度又有现汇交易,既有国营、集体企事业单位,又有外资企业进入交易市场。但是,由于中国当时对外汇适用仍然存在严格的限制,外汇留成在整个外汇收入和使用中比重仍然较低,所以,人民币汇率仍然是以官方汇率为主。而且外汇留成制度本身就是一种对外汇资源的使用权限的限制方式,不同经济主体在留成权利和比例上存在歧视性规定,所以,整体上看,这一阶段的人民币汇率仍然是一种由官方掌握汇率定价权、主要体现政府意志的制度安排。

三 1994年以后市场经济体制下人民币汇率制度

(一)汇率制度安排

1994年以后,人民币汇率开始进一步迈向市场化,汇率波动的灵活性也开始增加。但是,人民币汇率的市场化过程并不是一帆风顺的,自1994年以来,人民币汇率制度就有两次公开的调整和一次实际的调整。

1. 1994—2005年汇率制度安排

1994年1月1日,人民币汇率制度进行了重大改革,将官方汇率与市场汇率并轨,实行以市场供求为基础的、单一的、有管理的浮动汇率制度,并轨时的人民币汇率为1美元合8.70元人民币。人民币汇率由市场供求形成,意味着微观经济主体汇率定价权的进一步增加,但是,汇率的最终定价权仍然掌握在中国人民银行,由其公布每日汇率,外汇买卖允许在一定幅度内浮动。同时,建立统一的、规范化的、有效率的外汇市场,从1994年1月1日起,中资企业退出外汇调剂中心,外汇指定银行成为外汇交易的主体。1994年4月1日,银行间外汇市场——中国外汇交易中心在上海成立,联通全国所有分中心,从4月4日起,中国外汇交易中心系统正式运营。

1994—1998年,人民币兑美元汇率逐步升值,体现了一定的灵活性,尤其在1994年年初到1995年,人民币兑美元汇率升值超过4%。截至1997年年底,人民币兑美元汇率升值达到1美元合8.28元人民币(见表2-1)。但是,1997—1998年亚洲金融危机后,人民币兑美元的汇率几乎没有变化，人民币名义上的管理浮动实际上已经演变为盯住汇率制度。而且这一时期虽然人民币名义上宣布汇率由市场供求形成，但实际上是由中国人民银行公布的，各商业银行虽然可以对汇率报价有浮动权，但浮动范围仅限制在0.3%以内。

表2-1　1994—2004年人民币兑美元汇率及其逐年变动幅度

年份	1994	1995	1996	1997	1998	1999	2000	2001	2002	2003	2004
汇率	8.45	8.32	8.30	8.28	8.28	8.28	8.28	8.28	8.28	8.28	8.28
变动（%）	—	-1.52	-0.24	-0.24	0	0	0	0	0	0	0

资料来源：国家外汇管理局网站，所用汇率为当年末中间价。

2. 2005年7月21日人民币汇率制度的调整

2005年7月21日，中国人民银行发布《关于完善人民币汇率形成机制改革的公告》，公告内容如下：①自2005年7月21日起，我国开始实行以市场供求为基础、参考"一篮子"货币进行调节、有管理的浮动汇率制度。人民币汇率不再盯住单一美元，形成更富弹性的人民币汇率机制。②中国人民银行于每个工作日闭市后公布当日银行间外汇市场美元等交易货币兑人民币汇率的收盘价，作为下一个工作日该货币兑人民币交易的中间价格。③2005年7月21日19：00时，美元兑人民币交易价格调整为1美元兑8.11元人民币，作为次日银行间外汇市场上外汇指定银行间交易的中间价，外汇指定银行可自此时起调整对客户的挂牌汇价。④现阶段，每日银行间外汇市场美元兑人民币的交易价仍在人民银行公布的美元交易中间价3‰上下浮动，非美元货币对人民币的交易价在人民银行公布的该货币交易中间价上下一定幅度内（1.5%）浮动。⑤中国人民银行将根据市场发育状况和经济金融形势，适时调整汇率浮动区间。同时，中国人民银行负责根据国内外经济金融形势，以市场供求为基础，参考篮子货币汇率变动，对人民币汇率进行管理和调节，维护人民币汇率的正常浮动，保持人民币汇率在合理、均衡水平上的基本稳定，促进国际收支基本平衡，维护宏观经济和金融市场的稳定。

此后，中国陆续出台了一些规定，进一步增加了人民币汇率的市场化程度和汇率波动的范围及灵活性，加大了微观经济主体在汇率定价中的权利。2005年8月，为满足国内经济主体规避汇率风险的需要，中国人民银行决定扩大外汇指定银行远期结售汇业务和开办人民币与外币掉期业务。2005年9月23日，中国人民银行进一步发布了《关于进一步改善银行间外汇市场交易汇价和外汇指定银行挂牌汇价管理的通知》（以下简称《通知》），《通知》扩大了银行间即期外汇市场非美元货币兑人民币交易价的浮动幅度，从原来的上下浮动1.5%扩大到上下3%，《通知》还取消了银行对客户挂牌的非美元货币的价差幅度限制，银行可自行制定非美元兑人民币价格，可与客户议定所有挂牌货币的现汇和现钞买卖价格。自2005年7月21日人民币汇率制度调整以后，长达八年的人民币兑美元汇率开始表现出一定的灵活性和波动，并呈现整体逐步升值趋势（见图2-1），截至2008年8月底，人民币兑美元汇率已经升至1美元等于6.8345元人民币，人民币累计升值幅度达到17.4%，其间在2008年7月人民币汇率最高曾升至6.8128。

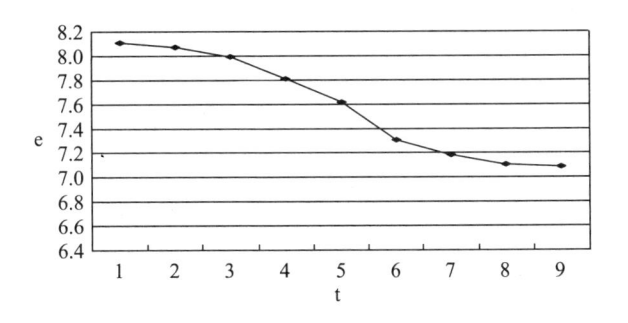

图2-1　2005年7月至2008年3月人民币兑美元中间价

3. 次贷危机以后人民币汇率安排

2008年7月至2010年6月，随着国际金融和经济危机日益恶化，我国事实上将人民币兑换美元汇率固定在1美元兑换6.83元人民币，作为稳定中国经济的紧急措施。2010年6月19日，中国宣布将继续汇率改革，提高人民币汇率弹性，增强人民币交易的灵活性。事实上，结束了两年来人民币与美元挂钩的制度，重新采取参考"一篮子"货币进行调节，实行有管理的浮动汇率制度。

2015年8月11日，中国人民银行宣布实施人民币汇率形成机制改革，主要内容包括：①参考收盘价决定第二天的中间价；②日浮动区间

±2%。这是人民币汇率形成机制迈向浮动汇率的重要一步，但是，由于种种原因，新的形成机制仅存在三天就被取代。随之而来的是资本外流压力上升和人民币兑美元汇率走低的预期。2015年12月，中央银行推出"收盘价+篮子货币"新中间价定价机制，试图引导人民币兑美元汇率缓慢贬值。

2017年5月26日，中央银行正式宣布在人民币汇率中间价报价模型中引入"逆周期因子"，新公式下，人民币兑美元汇率中间价将变为"前一交易日收盘汇率+一篮子货币汇率变化+逆周期因子"的形成机制。在计算逆周期因子时，可先从上一日收盘价较中间价的波幅中剔除篮子货币变动的影响，由此得到主要反映市场供求的汇率变化，再通过逆周期系数调整得到"逆周期因子"。逆周期系数由各报价行根据经济基本面变化、外汇市场顺周期程度等自行设定。

从图2-2可以看出，在2008—2010年两年时间里，人民币在6.82—6.84元的水平上盯住美元。除人民币兑美元汇率保持基本稳定外，这段时间内人民币兑美元均处在升值状态。保持了两年的基本稳定后，人民币兑美元继续升值。2010年6月至2012年4月，升值幅度为7.5%，2012年5月至2012年9月，有短暂的小幅贬值；之后继续保持缓慢升值，直至2014年2月的6.1元。

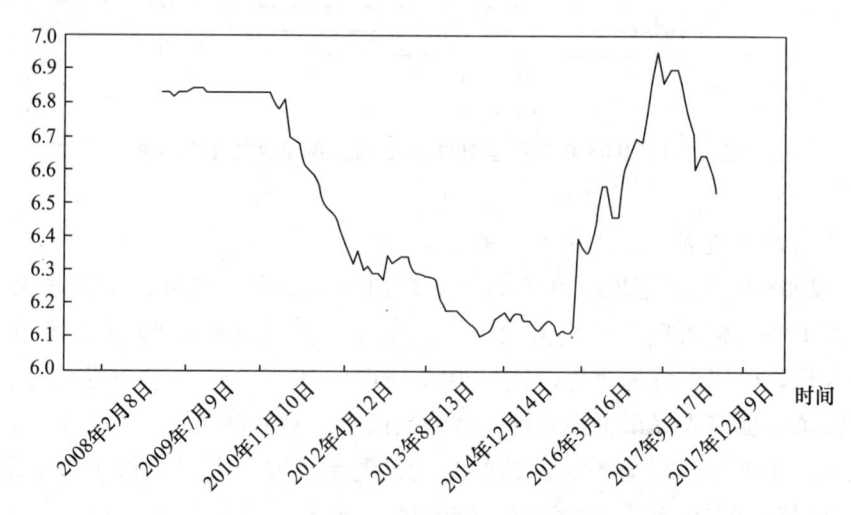

图2-2　2008年2月至2017年12月人民币兑美元的中间价

注：横轴省数据的时间为2008年2月、2009年7月、2010年11月、2012年4月、2013年8月、2014年12月、2016年5月和2017年9月。

2014年3月至今，人民币汇率处于贬值时期。2014年2月开始，人民币兑美元升值趋势结束，2014年2月至2015年8月，汇率开始频繁地进行双边波动。2015年8月11日，人民币汇率制度改革后，人民币汇率的弹性比之前明显增大，人民币兑美元的汇率一改之前单边升值的趋势，双向波动越明显，甚至进入了贬值通道。人民币兑美元三天内贬值幅度高达4.7%，2015年8月至2016年1月初，贬值幅度约为7.3%，随后三个月小幅回调后，人民币兑美元又开始新一轮贬值，尤其是2016年10月后，跌势凶猛，中间价曾一度高达6.95。在整个阶段，人民币兑美元汇率贬值幅度为12%，最高时曾达14%，相当于把2010—2013年的升值幅度全部"回吐"出来。

（二）制度环境分析

1. 1994年外汇制度改革的背景

促成1994年汇率制度改革的因素很多，但从产权理论角度看，根本动因在于原有的汇率制度安排与变化了的产权制度和产权关系不相适应。1993年11月14日，党的十四届三中全会通过的《中共中央关于建立社会主义市场经济体制若干问题的决定》，做出了一系列重大改革决定，包括提出要使市场在国家宏观调控下对资源配置起基础性作用，发展以公有制为主体的多种经济成分，建立适应市场经济要求，产权清晰、权责明确、政企分开、管理科学的现代企业制度等。在对外经济往来领域，加快了对外开放的步伐，积极参与国际竞争与国际经济合作，开始按照现代企业制度改组国有对外经贸企业，赋予具备条件的生产和科技企业对外经营权。显然，1994年以后，中国开始探索如何建立合理的产权制度，正式明确赋予微观经济主体尤其是国有企业独立的法人财产权。

与经济体制改革相配套，1994年，中国对外贸体制也进行了重大改革，外贸企业有了对外经营权，必然要求在对外汇的使用和支配权上有相应反应。另外，作为IMF的成员国，中国必定会受到其条例的约束，经常项目可兑换是开放经济中其他国家以及国际机构影响人民币汇率安排的要求。1994年，人民币开始实行银行结售汇制度，取消外汇上缴和留成，取消用汇的指令性计划和审批，并实行经常项目有条件可兑换。到1996年，中国取消了经常项目下尚存的其他汇兑限制，并将外商投资企业外汇买卖纳入银行结售汇体系，大幅提高居民因私兑换外汇的标准，扩大了供汇范围。1996年12月1日，中国正式宣布实现人民币经常项目可兑换，从而成为IMF第八条款成员国。在经常项目实现可兑换的同时，中国对资本项目外汇收支实行"完善资本项目外汇管理，逐步创造条件，有序地推进人民币在资本项目下可兑换"的安排，放开了一些对资本项目的管制，不过，对于资本项目外汇仍然进行比较严格的管理。

可以看出，1994年以后，中国产权制度开始建立和完善，赋予了进出口企业独立的法人产权，进出口利益集团在外汇的使用以及本币兑换方面也有了较大的权利。这使人民币汇率安排中，进出口集团的约束和影响力比以前有较大增强。对外贸易和投资的增长使中国对其他国家的经济利益也开始起到影响，其他国家和国际机构对人民币汇率安排的影响力也在增加。不过，一方面在现有的国际货币体系安排和IMF宗旨里，各个国家是可以自主地选择自己的汇率制度安排的。另一方面虽然进出口集团开始有了独立的产权，货币兑换和外汇使用权限也增加了，但是，在整个国民经济中公有经济仍然占据绝对地位，而且国有企业的产权界定和内部企业制度的设计都处于探索阶段。虽然到1996年人民币宣布实现经常项目可兑换，但是，实际进出口集团对外汇使用和货币兑换的权利非常有限，对于经常项目收入必须强制性结汇。这都使国家和政府的利益在人民币汇率制度安排中仍然具有绝对的影响力。

2. 2005年人民币汇率制度调整的背景

从根本上看，1994年的人民币汇率制度改革是建立市场经济、建立现代企业制度，同时实行人民币经常项目可兑换的要求，改革本身是与基本产权制度和经济环境变化相适应的。但是，随着中国经常项目的可兑换和中国出口贸易的急剧增加，人民币汇率的安排对国际社会的影响力日益增加，相应地，国际社会对人民币汇率的安排开始有了更大的约束和影响力。1998年受到亚洲金融危机冲击，中国政府在权衡国际经济利益和国内经济利益后，在周围各国货币大幅贬值的环境下，坚持人民币的稳定，人民币汇率制度1998年以后变成了实际上的盯住汇率制。在危机期间，人民币汇率的这种稳定安排是对世界经济尤其是亚洲经济负责任的一种表现，也是为了避免金融危机在国内外蔓延的选择，所以，中国政府的决定受到了国际社会的赞许。但是，2000年以后，国际经济形式逐渐缓和，人民币汇率仍然坚持盯住美元的安排，使国内各利益集团和国际利益集团之间出现了利益的非均衡，这种非均衡最终促成了人民汇率制度的再次变迁。

这种非均衡性主要是对中国政府利益函数的影响，中国国际收支出现持续大量顺差（见表2-2），中央银行的货币政策和汇率政策之间存在严重的冲突。一方面，在僵化的汇率制度下，大量的国际收支顺差下的外汇收入大部分强制性地最终由中国人民银行购进，同时中央银行投放相应的人民币进入市场，带来货币投放过度以及通货膨胀的压力。中国人民银行被动地通过外汇占款大量投放人民币，就不能按照正常的现金投放计划投放货币（见表2-3）。不仅如此，由于外汇占款投放量过大，中国人民银行必须通过其他渠道设法将过度投放的人民币重新回笼，增加了中央银行的货币政策操作的难度和成本。另一方面，随着我国对资本项目的部分放开，以及资本项目和经常项目分开管理上存在的漏洞，大量的投机资金因套利目的而大量流进中国，为避免这些资金给中国资本市场以及汇率带来冲击，使人民币利率水平受到国际金融市场利率的制约。尤其是人民币和美元之间的利差，成为影响人民币利率和货币投放的重要因素。大量的国际收支顺差和僵化的固定汇率制度还造成中国外汇储备大幅增长（见表2-4），由于中国外汇储备币种主要集中于美元，美元贬值的预期和压力使中国外汇储备面临很大的汇率风险。

表2-2　　　　　1998—2005年中国国际收支状况　　　　单位：百亿美元

年份	1998	1999	2000	2001	2002	2003	2004	2005
经常账户差额	3.15	2.11	2.05	1.74	3.54	4.59	6.87	16.08
资本账户差额	-0.63	0.52	0.19	3.48	3.23	5.27	11.07	6.29

资料来源：《中国统计年鉴》。

表2-3　　1998—2005年中国外汇占款存量和基础货币投放存量

年份	1998	1999	2000	2001	2002	2003	2004	2005
外汇占款（千亿元）	13.73	14.79	14.29	17.86	23.22	34.85	52.59	71.21
基础货币（千亿元）	26.32	29.56	30.85	33.86	37.69	44.04	58.87	63.93
外汇占款/基础货币	0.52	0.50	0.46	0.53	0.62	0.79	0.89	1.11

资料来源：中国人民银行统计季报。

表 2-4　　　　　1998—2005 年中国外汇储备状况　　　　单位：千亿美元

年份	1998	1999	2000	2001	2002	2003	2004	2005
外汇储备	1.44	1.55	1.66	2.12	2.86	4.03	6.10	8.19

资料来源：中国国家外汇管理局网站。

2000 年以后，人民币盯住汇率制度导致的另一个不均衡是，它影响到了另一个重要的集团——国外经济尤其是欧美等国家的利益。美国对中国的压力始于 2003 年，当年 10 月，有两个国家被美国财政部定为应该进行磋商的国家，其中一个就是中国。即使中国在 2005 年汇率改革后，美国仍然认为人民币升值不够，继续对中国施压。2006 年，美国参议员向国会提交了《舒默—格雷厄姆法案》，准备向中国征收 27.5% 的进口附加税。尽管法案没有被通过，中国也没有被美国列为汇率操纵国，但是，以美国为首的国外利益集团的压力和竞争给人民币汇率制度的变迁施加了一定的影响力。

3. 2008 年国际金融危机的影响

2008 年国际金融危机爆发后，许多国家的货币对美元大幅贬值，对我国而言，由于西方主要发达国家表现不佳，需求萎缩，受冲击最严重的就是出口行业，使人民币面临较大的贬值压力。此时，中国经济面临的不均衡在于，出口急剧萎缩，国内经济增长面临衰退；另外，国际资金流动规模加大，资本流动可能带来的经济波动风险增大。此时，如果人民币汇率出现大幅波动，既可能对出口带来更大压力，也可能加剧投机资金的流动规模。为了更好地促进经济发展，保持宏观经济层面的稳定，中央银行减小了人民币兑美元的波动振幅，并于 2008 年 7 月加大了对外汇市场的干预力度，使人民币兑美元的比例维持在 1 美元兑 6.82 元人民币附近，表现为盯住美元的固定汇率制度形式。除此之外，中央银行还加强了对资本项目的管制。2010 年以后，这一局面得到缓解，因此，中国恢复了参考篮子货币浮动的汇率安排。

从表 2-5 可以看出，我国外汇储备的波动幅度较大，这意味着中央银行通过外汇储备在外汇市场对汇率的走势进行了干预，特别是对于汇率改革之后到 2008 年这一段时间的外汇储备变动来说，它一直大于零的，这意味着我国的外汇储备始终处于增长状态，中央银行在外汇市场上买入了大量的外汇来避免人民币升值。在 2015 年之前,外汇储备一直处于上升趋势,而 2015 年开始有所下降,这可能是受 2015—2016 年人民币加入 SDR 的影响。

表 2-5　　　　　2006—2017 年中国外汇储备状况　　　单位:千亿美元

年份	2006	2007	2008	2009	2010	2011	2012	2013	2014	2015	2016	2017
外汇储备	10.66	15.28	19.46	23.99	28.47	31.81	33.12	38.21	38.43	33.30	30.11	22.05

资料来源:中国国家外汇管理局网站。

第二节　影响人民币汇率制度进一步变迁的动因

从前面分析我们断定、当前人民币实行的仍然是一种中间汇率制度安排,但人民币汇率的灵活性在逐步增加,而且这种趋势还会继续。从制度变迁的理论看,当产权制度基础和经济条件发生变化时,原有的汇率制度可能会出现诸多不合理的地方,会产生对原来汇率制度进行变革的需求。那么人民币汇率制度的未来变迁趋势应该是或者说可能是什么样的呢?我们仍然需要从影响汇率制度变迁的产权基础和可能的经济条件变化入手进行分析,对于世界经济和中国经济在未来会遇到何种冲击,本书无法事先预料,这也不是本书的主要目的,所以,笔者假定在未来,外部和内部经济条件不会有大的改变,没有经济危机、战争、自然灾害、动乱等事件的发生。但是,对于影响汇率制度变迁的两个主要因素是可以预见的:一是中国产权基础的变化,我们可以根据历史和已有的事件与资料有一个基本的预见;二是人民币可兑换性的发展趋势。在不发生重大经济条件变化的前提下,未来人民币汇率制度的安排应该是由在相应的产权安排约束和货币可兑换性约束下的各利益团体的利益均衡决定的。

一　中国产权制度的进一步完善

继 1994 年《中共中央关于建立社会主义市场经济体制若干问题的决定》以后,中国在未来的基本政策趋势是比较明朗的,而且是贯穿始终的,即要加快改革开放和建立社会主义市场经济。在 1994 年《决定》中，提出要建立产权明晰的现代企业制度，在以公有制为主体的前提下，要鼓励多种经济成分共同发展。2003年党的十六届三中全会又通过了《中共中央关于完善社会主义市场经济体制若干问题的决定》，决定中除了进一步提出要推行公有制的多种有效实现形式，大力发展和积极引导非公有制经济，还明确提出要建立健全"归属清晰、权责明确、保护严格、流转顺畅"的现代产权制度，"要依法保护各类产权，健全产权交易规则和监管制度，推动产权有序流转，保障所有市场主体的平等法律地位和发展权利"。在市场体系建设方面，提出大力推进市场对内对外开放，加快要素价格市场化。在涉外经济体制领域，要按照市场经济和世界贸易组织规则的要求，加快内外贸一体化进程。形成稳定、透明的涉外经济管理体制，确保各类企业在对外经济贸易活动中的自主权和平等地位，进一步提高贸易和投资的自由、便利程度。在利用外资方面，抓住新一轮全球生产要素优化重组和产业转移的重大机遇，扩大利用外资规模，提高利用外资水平，并且继续实施"走出去"战略，完善对外投资服务体系，赋予企业更大的境外经营管理自主权，健全对境外投资企业的监管机制，促进我国跨国公司的发展。

2013年，党的十八届三中全会提出了"使市场在资源配置中起决定性作用和更好发挥政府作用"，并指出，要从广度和深度上推进市场化改革，大幅度减少政府对资源的直接配置，推动资源配置依据市场规则、市场价格、市场竞争实现效益最大化和效率最优化。2017年10月，在中国共产党第十九次全国代表大会上，习近平总书记在党的十九大报告中再次强调"坚持社会主义市场经济改革方向"，"加快完善社会主义市场经济体制"，并指出，"经济体制改革必须以完善产权制度和要素市场化配置为重点，实现产权有效激励、要素自由流动、价格反应灵活、竞争公平有序、企业优胜劣汰"。从以上一系列政策我们可以看出，中国经济未来的走向的基本方向是既定的，那就是进一步加强市场经济的建设，进一步放开企业对外贸易和对外投融资。这从根本上要求微观经济主体在对外经济交易中有更多的对各类资源的产权权能，要求各种要素价格包括资金和货币的价格进一步市场化，而汇率水平的确定、汇率制度的选择必然与此有重要的联系。

二 人民币自由兑换的逐步实现①

（一）人民币经常项目可兑换的进一步放开

对汇率制度起着最直接制约的产权基础是关于货币和外汇的产权规定，如前所述，到1996年年底，人民币实现了在经常项目下可自由兑换，这是对人民币对外的换权以及外汇使用权方面的一次重大突破。不过，虽然人民币已经宣布实现经常项目可兑换，在国内居民对经常项目下外汇的兑换和使用权上并没有实现真正的自由。典型地表现为人民币实行的是强制性结售汇制，国家为了集中外汇以保证外汇的供给，境内机构经常项目外汇收入，除国家规定准许保留的外汇可以在外汇指定银行开立外汇账户外，都须及时调回境内，按照市场汇率卖给外汇指定银行。并且中央银行对各外汇指定银行的结售汇周转头寸实行比较严的比例幅度管理，所以，国内机构包括商业银行并没有对经常项目下所得外汇的使用权和支配权，而且还只能按照中央银行制定的汇率进行结汇，并不能按照对外汇的需求状况和成本风险进行自主定价。虽然从1997年10月开始允许部分外贸企业和出口企业开立外汇账户，但是，允许保留的经常账户外汇收入的额度非常少，而且不同的机构是否可以保留外汇收入、可以保留的比例是有差别的，这实际上是对不同的机构实行差别性的产权利益政策。

2005年人民币汇率改革以后，对于经常项目下货币和外汇产权的规定有了进一步改革，境内居民和机构有了更大的对货币兑换和外汇使用的自由权利。2005年8月2日，提高境内机构经常项目外汇账户限额将境内机构经常项目外汇账户可保留现汇的比例，由现行的30%或50%调高到50%或80%。到2007年8月，国家外汇管理局发布了《关于境内机构自行保留经常项目外汇收入的通知》，境内机构可根据经营需要，自行保留其经常项目外汇收入。对于银行结售汇头寸限额，2005年以后，扩大了银行结售汇综合头寸限额的上限区间。

2005年9月23日，中国人民银行扩大了银行间即期外汇市场非美元货币兑人民币交易价的浮动幅度，从原来的上下1.5%扩大到上下3%，还取消了银行对客户挂牌的非美元货币的价差幅度限制，银

---

① 相关规定或数据来源于国家外汇管理局官方网站政策法规栏目，http://www.safe.gov.cn/wps/portal/sy/zcfg。

行可自行制定非美元兑人民币价格，可与客户议定所有挂牌货币的现汇和现钞买卖价格。到 2014 年 7 月，银行可以与客户自行议定对所有货币的汇率，且银行每日银行间即期外汇市场人民币兑美元的交易价可在中国外汇交易中心对外公布的当日人民币兑美元汇率中间价上下 2% 的幅度内浮动，人民币兑马来西亚林吉特、俄罗斯卢布交易价可以在中国外汇交易中心公布的人民币兑该货币汇率中间价上下 5% 的幅度内浮动。

可以看出，人民币不仅实现了经常项目可兑换，对于居民在外汇兑换和持有、使用的权限上，自由度正在逐步提高。当境内个人、机构和银行对外汇有了更大的使用和支配权时，市场的供求力量对于人民币汇率的形成和变化将起到更大的影响，这也在一定程度上解释了 2006 年以后人民币汇率的灵活性比以前大大提高的原因。

（二）人民币产权规定的长期目标：资本项目可兑换

人民币不仅实现了在经常项目可兑换，放开了经常项目下货币兑换和外汇使用的权限，而且在资本项目下会进一步放开兑换和使用权，以实现人民币资本项目下可兑换并最终实现人民币自由兑换。在 1994 年的外汇体制改革中，中国对资本项目外汇收支提出了"完善资本项目外汇管理，逐步创造条件，有序地推进人民币在资本项目下可兑换"的基本原则。2008 年 8 月 5 日，国务院颁布并施行经修改的《外汇管理条例》，此次条例的修改反映了过去 11 年外汇管理体制改革的成果，并为未来进一步改革指明了方向——继续稳步推进资本项目开放，实现人民币完全可兑换。资本项目可兑换本身是属于货币产权规定的一个重要内容，在国内外经济条件不发生重大不利冲击的情况下，实现人民币自由兑换符合中国的基本经济体制改革和长远经济利益要求。

1. 人民币自由兑换是中国经济长期发展的选择

从根本上说，人民币自由兑换是在实现经常项目可兑换的基础上的延续和深化，是中国市场化改革和对外开放的延续与要求。而且人民币可自由兑换无论从宏观还是微观层次上看，都会带来显著的收益。

首先，实现人民币自由兑换之后，才能形成市场均衡汇率，把国内外市场的价格信号更直接、准确、及时地反映出来。因此，只有实现人民币的自由兑换，才能真正使中国经济与实行自由竞争和自由贸易原则的世界经济融合在一起,使国内价格体系逐步同国际市场价格体系"一价化",令我国的价格体系能真正反映我国的实际比较成本和利益,让我国的企业能准确地了解国外产品的相对价格与成本差异,从而能正确地进行成本和盈利的国际比较,并最终使我国的对外贸易真正建立在比较利益的基础之上。

其次,资本项目可兑换有助于企业和个人灵活地选择投资方向和方式,提高投资效率,降低投资成本。奥布斯特菲尔德和泰勒(1999)的研究预测表明,资本项目开放所带来的风险分散和资产多样化的收益会很可观,这表现为该国的居民有机会在国际范围内对其证券资产进行分散组合,从而减轻种种来自国内金融或实际部门的冲击与影响,并尽量保证其收入和财富的稳定性。对企业而言,有利于它们的经营活动在国家间更好地进行多元化和分散化,并有更多的机会运用新的生产技术和管理技巧,从而提高企业的投资成果,减少经营风险。对个人而言,有机会在国际范围内对其证券资产进行分散组合,从而减少各种来自国内金融部门或实际部门冲击的不利影响,并尽量保证其收入和财富的稳定性。

而且资本项目可兑换可以促进本国金融业的发展,提高金融服务效率。同商品贸易一样,一个国家进口某些金融服务会比自己生产的成本更低,许多批发行的金融服务,如果集中生产,也会取得规模经济效应。同样,本国具有优势的金融服务可以大规模地提供出口,金融交易的自由化同样可以实现国际分工和比较优势的利益。而且开放后的资本金融市场会加大竞争压力,迫使国内金融服务者不断改进质量,降低成本,从而提高服务效率。

另外,资本项目可兑换还可以实现一定的宏观经济效应,缓解本币升值或贬值的压力,促进宏观金融稳定。当一国处于较强的国际收支顺差时,可以放松资本管制,特别是对资本流出的管制,以缓解本币升值的压力,缓解本国通货膨胀和实际汇率不断升值的压力。

最后,人民币自由兑换是人民币成为世界货币、获取铸币税的前提。人民币成为世界货币,有利于形成我国的金融权利,参与世界分工,对外输出资本。作为一个主要的世界经济实体,其货币如果不能在国际上自由流通,即意味着其货币不被世界各国普遍认可,不能享受铸币权的好处,也意味着一国主权在货币领域不被世界其他国家承认。这一点对中国这样一个经济政治大国而言是不可接受的。虽然在短期内这一点还不会实现，但中国必须及早做好准备，让人民币树立起可自由兑换和坚挺的形象，以便在日后起到主导货币的作用。

2. 人民币自由兑换是中国加入世界贸易组织后的必然选择

在当今世界经济发展进程中，国际货币基金组织、经济合作与发展组织和世界贸易组织起到了很大的影响作用，这三个组织在有关规定中都不同程度地涉及了国际资本流动以及与此相关的交易活动。从新制度学派的观点看，国际组织的出现和国际协议的签订是协调不同利益集团的安排在国家间的延伸。与国内制度相比，国际制度的实质是一样的，虽然国际制度不像国内正式制度那样具有强制性保证，但是，如果一个国家签订了某种协议，在正常情况下都不会不遵守协议，否则会使本国的国际信誉和地位大大受损，也会遭受国际或其他国家的制裁报复。所以，在一国制定本国国内经济制度时，就不可避免地受到其签订的国际协议或参加的国际组织的制约，而且很多国家尤其是发展中国家在很大程度上本身就是希望通过引进外来制度来促进本国制度的变革。

中国是国际货币基金组织和世界贸易组织的成员国。国际货币基金组织要求成员国必须实现经常项目可兑换，但是，对于资本项目并没有明确要求，而允许会员国对资本项目进行必要的管制。2001年12月1日，中国正式加入世界贸易组织，加入世界贸易组织不仅涉及关税减让问题，也涉及外汇管理问题。在中国加入世界贸易组织承诺中，公开申明要加入《与贸易有关的投资措施协议》（TRIMS）和《金融服务协定》（FSA），这意味着中国将会提升自己的金融业开放水平。尽管世界贸易组织的主要管辖范围是商品和服务贸易领域，加入世界贸易组织与资本项目自由化没有必然的联系，但是，作为世界服务贸易的重要内容，金融保险业的国际化必然伴随着大量的资本流动。

加入世界贸易组织对人民币资本交易的影响主要体现在以下三个方面：第一，与贸易和投资有关的资本流动规模将扩大。无论是贸易性资本流动还是国际直接投资引起的资本流动都将增长，从而形成一定的汇兑压力。第二，加入世界贸易组织后，随着进口的增长，贸易融资定会加大，而外国直接投资的增加和外债规模的扩大（外资银行的涌入会带来相应的国际贷款）反过来也将增加投资回报和外债利息的兑换汇出,这将构成对我国汇兑监管的压力。第三,根据世界贸易组织有关协议,我国已经并将继续逐步取消对外资金融机构的限制,这将增加外资对我国金融市场的渗透,使国际投机资本冲击我国金融市场的可能性加大。

实际上,加入世界贸易组织会造成我国部分资本交易事实上的放开,这主要集中在金融服务贸易部分。根据《关于中华人民共和国加入世界贸易组织议定书》附件9"中华人民共和国服务贸易具体承诺减让表",我国将逐步取消以下以商业存在方式提供的金融服务的限制:①取消外资银行办理外汇业务的地域和客户限制,外资银行可以对中资企业和中国居民开办外汇业务。②证券业自加入时起,允许外国服务提供者设立合资公司,从事国内证券投资基金管理业务,外资最多可达33%。加入后三年内,外资应增加至49%,并将允许外国证券公司设立合资公司,外资拥有不超过1/3的少数股权。③对保险业,我国承诺将允许外国非寿险公司设立分公司或合资企业,外资占51%。加入后两年内,允许外国非寿险公司设立外资独资子公司,取消企业形式限制。自加入时起,将允许外国寿险公司设立外资占50%的合资企业,并可自行选择合资伙伴。根据以上承诺的具体内容,实际上是放开了与以上服务提供有关的资本流入的自由化。

(三) 人民币资本项目可兑换的进程

虽然从长远角度看,人民币实现资本项目可兑换符合中国的经济利益,但是,世界上没有免费的午餐,对于发展中国家来说,人民币资本项目可兑换在促进增长、提高效率的同时,也会带来诸多的风险和代价。这也是为什么众多包括中国在内的发展中国家一直对资本项目进行较严格管制的根本原因。如果一国过早或者过快地实现资本项目可兑换,会使本国面临大规模的短期资金逆转和投机性资金的冲击,从而带来金融体系的不稳定,甚至引起金融动荡和危机。20世纪70年代,拉美国家的金融动荡、90年代的亚洲金融危机和墨西哥金融危机都表明,在发展中国家资本项目开放过程中,金融体系稳定性大大降低。而且如果一国国内市场本身存在严重的扭曲,例如,私人垄断、价格的不适当管制、信息披露的严重障碍,那么资源配置的效率就会非常低下,在这种情况下,资本项目开放,资金流入越多,不仅可能得不到充分利用,而且可能加剧资源配置效率的恶化。资本项目开放过快还会带来的一个巨大挑战是对国内民族产业的冲击，发展中国家的企业往往技术管理落后、规模小、竞争力弱，面对具有明显优势的大型跨国公司，民族企业的生存和发展将大大受到限制。

正是基于对资本项目开放过快可能带来的风险和代价的考虑，中国的许多学者和中国政府都主张对资本项目实行渐进的可兑换。首先，必须审慎地考察中国是否具备一系列重要的前提条件，包括必须有健康的财政与货币政策，必须使汇率制度的安排具有较大的灵活性，要建立有效的金融监管体系以及首先实现国内金融自由化，还必须有相对充足的外汇储备，对国内企业进行系统的改革和重组以提高其竞争和抗风险能力（张礼卿，2004）。其次，资本项目开放要选择恰当的开放顺序。国内学者对此已有高度统一的共识，认为我国人民币资本项目可兑换排序应遵循的基本原则为：先流入后流出；先直接投资后证券投资；先长期投资后短期投资；先机构后个人；先债权类工具后股权类工具和金融衍生产品；先发行市场后交易市场；先放开具有真实背景的交易，后放开无真实背景的交易（王元龙，2008）。

从我国资本项目对外开放的实际进展来看，自从1978年实行改革开放以来，对资本项目的管制在逐步放松。1978年以来，我国开始积极利用外资，规模不断扩大，与放松对外国间接投资的管制相比，中国对外国直接投资（FDI）管制的放松开始得较早，而且FDI也是到目前为止在所有中国跨境金融交易中最开放的领域。1979—1982年，中国实际利用外资达到124.6亿美元。80年代中期以后，利用外资的规模持续增加，1986年，利用外资的实际金额比1983年增长了266.4%，而90年代中国利用外资可以说有了突飞猛进。但是，到1996年年底，中国实现了经常项目可兑换，对资本项目仍然实行严格的管制：对境外资金的借用和偿还实行计划管理，控制借款单位，实行外债、对外担保的审批和登记制度；对资本输出继续实行计划管理和审批制度，境外投资资金的汇出及中方投入外资企业的外汇资金，须持项目审批部门的批准文件和合同向外汇管理局申请，凭其批准文件到外汇指定银行购买外汇。截至1996年年底，中国对资本和货币市场的管制状况大致如表2-6所示。

表 2-6　　中国对资本和货币市场的管制（到 1996 年年底）

		流入	流出
货币市场	A	禁止	禁止
	B	预先得到 PBC 和 SAFE 的批准	对居民禁止，除了授权实体
股票市场	A	在本地只能购买 B 股	禁止
	B	在海外购买 H（N, S）股	对居民禁止，除了授权实体
债券和其他负债市场	A	禁止	禁止
	B	预先得到 PBC 和 SAFE 的批准，在海外发行债券必须纳入国家外债计划	对居民禁止，除了授权实体
Collective investment securities	A	禁止	必须得到证券委员会批准
	B	预先得到 PBC 和 SAFE 的批准	对居民禁止，除了授权实体
衍生和其他工具	A	禁止	禁止
	B	金融机构使用这类工具要事先得到资格验证，其外汇头寸受限制	金融机构使用这类工具要事先得到资格验证，其外汇头寸受限制

注：流入 A 表示非居民在本地购买；流入 B 表示居民在海外出售或发行；流出 A 表示非居民在本地出售或发行；流出 B 表示居民在海外购买。

资料来源：高海红：《开放中国的资本项目》，工作论文，2000 年 3 月。

一直到 1998 年亚洲金融危机以后很长一段时间，中国对资本项目都实行非常严格的控制。2000 年以后，亚洲金融危机影响渐渐退去，而中国的国际收支出现持续大额顺差，国内外对于人民币汇率和资本项目放开的呼声开始增加，中国加快了对资本项目的放开进程。截至 2002 年 8 月，IMF 提供的《汇率安排和汇率限制》资料显示，在列出的 43 个资本项目子项目中，中国属于严格管制的有 31 项，占全部项目的 72.1%；属于有条件可兑换的有 8 项，占 18.6%；属于可兑换的有 4 项，占 9.3%。而到了 2005 年，在 43 个项目中严格管制的只有 6 项，占 13.9%；有较多限制的有 18 项，占 41.9%，较少限制的有 11 项，占 25.6%；可兑换的有 8 项，占 18.6%（李婧，2006）。从 2002 年至今，涉及资本项目外汇管理调整的法规共有 57 个。其中，涉及居民的 47 个，非居民的 11 个；涉及资本流出的 23 个，流入的 36 个；涉及管制程度加强的 17 个，放松的 40 个。表 2-7 列出了 2001 年以来我国取消资本账户管制的基本措施。

表2-7　　　　中国2001年以来取消资本账户管制的措施

措施	内容
改革外商投资项目下结汇方式	2001年：试点改革原外商投资项目下资金结汇由外汇局逐笔审批、银行凭外汇局核准件办理的做法，改为经国家外汇管理局授权的外汇指定银行直接审核办理
改革外汇贷款管理方式	2002年：改债务人逐笔登记为债权人集中登记；国家外汇管理局授权银行开立外汇贷款专用账户；正常还本付息由银行直接审核
取消资本项目下部分购汇限制	2001年：取消对购汇偿还逾期国内外汇贷款的限制，放宽对购汇提前偿还国内外汇贷款、外债转贷款及外债的限制，放宽对购汇进行境外投资的限制
调整和完善境外投资外汇管理政策	2001年：允许国家战略性境外投资项目、援外项目和境外带料加工项目可购汇投资，其他项目以自有外汇为主投资。选取沿海六省（市）试点管理各省（区、市）分局对境外投资项下的购汇，在限额内允许企业购汇境外投资
引入QFII	2002年：允许合格的境外机构投资者投资境内证券市场
取消多项行政审批项目	2002年：取消国内外汇贷款专用账户，证券公司在境内外资银行B股保证金账户的开立、变更和撤销，境内中资机构中长期外债融资条件，境内中资机构融资租赁金融条件等九项资本项目外汇管理方面的行政审批
改革境外投资外汇管理	2003年：试点地区的分局、外汇管理部可直接出具中方外汇投资额不超过300万美元的境外投资项目外汇资金来源审查意见。报经国家外汇管理局批准，可授权辖内境外投资业务量较大的支局直接出具中方外汇投资额不超过100万美元的境外投资项目外汇资金来源审查意见
下放部分资本项目外汇业务审批权限	2005年：将部分对外担保、境外上市外资股公司回购本公司境外上市股票以及证券、信托、财务、金融租赁公司外汇资金结汇及购付汇等的审批交由所在地分局审批；境外上市外资股公司、境外中资控股上市公司的境内股权持有单位申请将减持外汇收入划拨全国社保基金的，由所在地分局审批；将外国投资者专用外汇账户限额由原来的10万美元，调整为10万美元或经投资主管部门批准的投资总额的5%，账户有效期由原来的3个月延长至6个月；对超过等值50万元人民币个人财产对外转移申请，各分局资本项目处或相关业务处征得主管外汇业务的副局长（局长）同意，可以直接报国家外汇管理局资本项目管理司批准
外国投资者并购境内企业的规定	2006年：国家外汇管理局、商务部等六部门为了促进和规范外国投资者来华投资；引进国外的先进技术和管理经验，提高利用外资的水平，维护公平竞争和国家经济安全，联合制定了外国投资者并购境内企业的规定

续表

措施	内容
开展境内个人直接投资境外证券市场试点	2007年：同意国家外汇管理局天津市分局关于在天津滨海新区开展境内个人直接投资境外证券市场试点的申请。境内个人可在试点地区通过相关渠道以自有外汇或购汇投资境外证券市场，购汇规模不受《个人外汇管理办法实施细则》规定的年度购汇总额限制
境内企业进行境外放款的规定	2009年：放款人可使用其自有国家外汇管理资金、人民币购汇资金以及经国家外汇管理局核准的外币资金池资金向借款人进行境外放款
调整部分资本项目外汇业务审批权限	2010年：为进一步简化行政审批程序，促进投资贸易便利化，国家外汇管理局决定部分业务审批权限由总局下放至分局、由分局下放至中心支局，部分业务外汇指定银行可直接办理，简化业务审核材料
取消和调整部分资本项目外汇业务审核权限及管理措施	2011年：取消贸易信贷登记管理中的延期付款超期限登记核准，取消贸易信贷登记管理中的预付货款退汇核准，取消减持境外上市公司国有股份所得外汇资金划转至全国社保基金备案，部分融资性对外担保余额指标核定业务审核权限由总局下放至分局、外汇管理部，将贸易信贷项下预付货款基础比例从30%提高到50%
改进和调整直接投资外汇管理政策	2012年：取消外国投资者境内合法所得再投资核准、直接投资项下境内外汇划转核准等部分直接投资外汇管理行政许可项目，进一步放宽境外放款管理，改进外商投资企业外汇资本金结汇管理
改进和调整资本项目外汇管理政策	2014年：简化融资租赁类公司对外债权外汇管理、境外投资者受让境内不良资产外汇管理与境内机构利润汇出管理个人财产转移售付汇管理，放宽境内机构境外直接投资前期费用管理与境内企业境外放款管理
改革外商投资企业外汇资本金结汇管理方式	2015年：外商投资企业外汇资本金实行意愿结汇，同时外商投资企业仍可选择按照支付结汇制使用其外汇资本金，便利外商投资企业以结汇资金开展境内股权投资
改革和规范资本项目结汇管理政策	2016年：在全国范围内推广企业外债资金结汇管理方式改革，同时，统一规范资本项目外汇收入意愿结汇及支付管理

资料来源：国家外汇管理局官方网站。

第三节 人民币汇率制度走向：已有研究

关于人民币汇率制度的研究，1997年亚洲金融危机以后引起了国内外研究广泛的关注，而在2002—2005年可以说达到白热化程度。中国在2005年7月21日进行了人民币汇率制度和汇率形成机制改革，在此之后，学术界关于人民币汇率制度的热情开始减退，但是，对此的研究并没有结束。在2005年7月之前和之后对人民币汇率制度选择的研究侧重点有明显的不同。

一　2005年人民币汇率制度改革之前的研究

这一时期，对于人民币汇率制度选择的研究主要针对当时人民币实际实行的固定汇率制度。虽然为了适应中国市场经济建设的需要，1994年人民币汇率制度进行了一次重大改革，开始实行以市场为基础的、单一的、有管理的浮动汇率制度，但是，从1997年亚洲金融危机以后，人民币汇率制度已经实际上演变成了盯住美元制度，IMF 1999年就将中国的汇率制度划分为传统的盯住汇率制度。对中国固定汇率制度的关注主要有两个背景：一是1997年爆发的亚洲金融危机，二是2002年以后中国的国际收支开始持续出现大规模的顺差，大量热钱流入中国，人民币面临着市场、其他国家强大的升值压力。

在当时的研究中，虽然有一部分学者坚持认为，在当时人民币应该继续实行盯住汇率制度（冯用富，2001；张礼卿，2004；李婧，2003；储幼阳，2004；麦金农，2005等），但这些学者都不同程度地指出，当时中国的盯住汇率制度是不完善的，需要进行改进或者只能作为短期的过渡政策。而更多的学者一致认为，人民币应该退出这种盯住美元的汇率制度（张志超，2000；易纲、汤弦，2001；齐琦部，2004；威廉姆森，2004；Roberts and Tyers，2003；胡祖六，2004；张斌、何帆，2005等）。

对于人民币汇率制度应该转向何处，国外学者的主张与他们一致提倡的理论一脉相承，麦金农认为，人民币应该维持软盯住，威廉姆森则主张人民币实行汇率目标区。国内学者基本上认为，人民币从长期看应该实行自由的浮动汇率制度，一个重要的理论依据是埃肯格林

(1994)、奥布斯特菲尔德和罗戈夫（1995）提出的"中间汇率制度消失论"和"两极理论"。在两极汇率制度中，人民币应该选择的是浮动汇率制度而不是硬盯住汇率制度，其理论支撑点是蒙代尔—弗莱明（Mundel - Fleming）模型和克鲁格曼的不可能三角理论。

虽然很多学者认为人民币从长期应该实行浮动汇率制度，但从固定汇率制度到浮动汇率制度的改革不是一蹴而就的。因此，这一时期还有相当多的文献讨论了中国在近期以及中期应该如何进行汇率制度的安排。一种建议是让人民币回归有管理的浮动汇率制度（胡祖六，2000；齐琦部，2004；张斌、何帆，2005；张礼卿，2004 等），还有一种建议是让人民币实行汇率目标区制度（胡援成、曾超，2004；王勇，2004；张静、汪寿阳，2004；姜凌、韩璐，2003 等）。

2005 年 7 月 21 日，中国人民银行宣布，人民币实行以市场供求为基础、参考"一篮子"货币进行调节、有管理的浮动汇率制度，在汇制改革后的一年多时间里，人民币兑美元汇率一直保持着"双向浮动"和"大涨小跌"的特点，人民币汇率制度开始恢复浮动性和市场性。

虽然此次人民币汇率形成机制改革在一定程度上缓解了国内外要求人民币升值的压力，人民币汇率也呈现出了一定灵活性，但当前的人民币汇率制度仍然存在一些问题，对于人民币未来的改革讨论仍然在继续。

二　当前的人民币汇率制度评价

对于 2005 年 7 月中国进行的汇率制度改革，国内外学者大都持肯定的态度。余永定（2005）认为，汇率制度改革增加了人民币汇率的弹性，同时给中央银行干预外汇市场留下了足够的空间，从而保证了人民币汇率的稳定。但是也同时提醒，中央银行必须把握好汇率的稳定性和灵活性，既不能忽视汇率稳定性，也不能过度强调汇率的稳定性。否则，参考"一篮子"货币的汇率制度又会回到盯住美元的汇率制度，从而使改革目标落空。埃肯格林（2006）评价了 2005 年 7 月 21 日及以后中国对人民币汇率制度进行的一系列改革。认为从总体来看，7 月的改革是正确的，它具有象征性意义，即中国已经开始意识到要为全球的经济稳定做出努力。同时人民币的升值幅度不大，不会给中国的出口利益带来显著影响，中国人民银行可以更有效地根据国内需要制定货币政策。杨艳红（2007）分析得出，人民币的升值并没有改变中美贸易不平衡的现状，对我国经济的负面影响不大，对国内物价水平的影响也较小。

随着汇率制度改革以后人民币汇率的运行，许多学者结合实际数据对新汇率制度的类型和特点进行了实际分析，大部分分析认为，人民币当前的汇率制度的灵活性仍然不够。埃肯格林（2006）在肯定中国汇率制度改革的积极意义的同时，对中国的新外汇政策提出了批评，主要是对于人民币汇率灵活性的可能程度的含糊性。笔者担心当局可能会限制汇率的充分波动，从而无法创造双向赌博的概念来加强市场参与者的谨慎，而且限制汇率波动的措施还会鼓励市场上的单边投机行为。笔者认为，中国应该在7月21日改革中完全取消波动区间，中国政府拥有充足的储备资产，中央银行完全可以通过市场干预来管理汇率，如果汇率制度不断地修改，比如扩大区间或者全部取消区间会产生不必要的政策持续性和可信度问题。Frankel 和 Shang - Jin Wei（2007）讨论了2005年以来中国汇率制度的特点。文章估计了人民币汇率参考篮子中货币的比重，结果表明，2005年，中国的实际汇率制度仍然为盯住美元，但是，随后灵活性开始缓慢稳步地增加。美元在人民币汇率形成中继续有很大的权重，不过，从2006年春天后弹性有所增加。

金永军、陈柳钦（2006）利用实证方法验证了在现有的货币篮子中，美元的权重仍占95%以上，欧元和日元的比重较小。笔者认为，短期内，中国的汇率制度仍是"参考美元为主的软盯住汇率制度"（De facto），还没有真正退出。而没有真正退出的原因是我国金融市场不够发达，货币错配比较严重。王全新、任山庆（2006）在分析人民币汇率制度现状的基础上，从 De facto 的角度对2005年7月21日后我国汇率制度进行了短期实证研究，认为人民币汇率制度改革在短期内仍将是"参考美元为主的盯住汇率制度"。而这种实际运行的汇率制度同样不能完全反映外汇市场供求，制约了货币政策的独立性，并且使中国国际收支持续顺差、外汇储备大幅提高，使人民币升值压力巨大。胡磊（2007）在对LYS分类法经过修正后，利用2006年国际货币基金组织160个成员国的数据进行了聚类分析，发现人民币当前的实际汇率制度为爬行盯住汇率制度，而不是名义上的管理浮动汇率制度。方洁（2007）也指出，人民币汇率制度虽然名义上实行的是"管理浮动汇率制度"，但实际上仍是一种参考美元为主的"软盯住"的中间汇率制度。人民币汇率制度注重短期稳定，既存在技术支持上的困难，同时也制约了人民币名义汇率水平向均衡汇率靠拢，影响了宏观经济的稳定性，降低了政府的公信力，而且不利于资源有效配置和长期经济增长目标的实现。

袁申国等（2011）使用动态随机一般均衡模型（DSGE）研究了1997—2008年基于不同汇率制度下中国的宏观经济波动情况，认为中央银行为了治理通货膨胀会提高名义利率，导致投资下降。与固定汇率制度相比，在浮动汇率制度下投资下降的程度更低，产出更加稳定。基于上述观点，在2005年人民币汇率制度改革之后，由于汇率弹性增加，名义利率上升的时候，既可以治理通货膨胀，对于投资和产出的副作用也不多，这使货币政策的效果显著。

詹小殷（2012）构建了人民币汇率的通货膨胀传导模型，研究了人民币汇率与通货膨胀的动态关系，发现在短期内人民币汇率与通货膨胀呈负相关；而在长期，人民币汇率与通货膨胀呈显著正相关；而且人民币升值短期的通胀抑制效应弱于长期的通胀驱动效应，因此，2005年汇率制度改革对我国货币政策绩效的改善效应并不明显。

杨柳和黄婷（2015）使用1998—2011年的126个经济指标建立因子扩展向量自回归模型（FAVAR），比较了数量型货币政策和价格型货币政策效力差异，结果显示，2005年人民币汇率制度改革后，货币供给增加不仅会导致产出增加，也会导致物价上涨，从而数量型货币政策效果并不理想；而2005年人民币汇率制度改革后，利率冲击将导致实际经济和通货膨胀相对改革前更大幅度的反向变动，价格型货币政策的有效性得以增强。

三 人民币汇率制度的发展方向

埃肯格林（Eichengreen，2006）从最适度货币区理论角度认为，中国在未来十年的汇率制度应该是重度的管理浮动，但管理的强度应该逐渐减弱。而人民币应该一步到位地实行管理浮动，不应该先转向汇率区间，然后取消区间，而应该取消现存的汇率波幅限制。

吕剑（2006）以26个具有"二元经济结构"特征的转型经济国家为样本，对这些国家1995—2004年汇率制度转换情况进行了实证研究。并将我国的数据代入模型中进行模拟和预测，得出了人民币汇率制度从1995年以来就应该向更加浮动的方向转换的结论。但吕剑（2006）运用马尔可夫链模型，对东亚9个国家汇率制度转换概率进行了实证研究，研究表明，固定汇率是东亚国家汇率制度的最优选择。对于中国来说，一方面要向富有弹性的浮动汇率方向改革，另一方面又要有长远眼光，在条件成熟的情况下，通过在东亚货币合作中发挥核心作用，再次实行固定汇率以获得更多的利益，并认为，这是中国成功实现汇率制度转换的最优目标和路径。

王全新、任山庆（2006）提出，人民币汇率制度的短期路径选择是参考美元为主的盯住汇率制度，而人民币汇率制度的长期路径选择应该是浮动汇率制度。当前，中国应该增加人民币汇率波动的幅度，进一步放松外汇管制，减少我国外汇储备不断增加的压力，并提高我国外汇储备管理水平。赵永亮、赵阆（2006）探讨了人民币汇率制度的选择与转型安排，以及参考汇率制度选择需要考虑的因素，分析了我国汇率制度的静态选择、动态选择和演变过程，提出了人民币汇率制度转型的"区间爬行反复趋稳"过程。姚斌（2007）从福利角度，应用"新开放宏观经济学"研究框架对我国中短期内的人民币汇率制度选择进行了定性和定量研究，建立了人民币汇率制度选择的结构化模型，以我国1985—2005年的历史数据为基础进行实证和仿真分析，并得出结论：随着国际实际需求和国际价格指数的不断增长，为了进一步提高我国居民的福利水平，人民币汇率制度应该继续朝着更具有灵活性的战略方向发展。

黄志刚等（2010）通过实证研究证明，人民币汇率改革时将汇率波动幅度限制从0.3%扩大到0.5%是合理的。另外，随着资本流动，人民币汇率未来的发展方向将会是波动弹性增加。陆前进（2011）通过构造理论模型进行研究发现，未来中央银行应该逐步放开人民币汇率的波动幅度，以发挥汇率配置资源的基础性作用。袁申国、陈平等（2011）用中国数据和ML方法验证了开放经济中金融加速器的存在。由于固定汇率下金融加速器效应强于浮动汇率而使经济波动加大，这在一定程度上说明固定汇率制度会加大经济的波动性。因而从中国目前的经济发展角度看，为了减少宏观经济的波动，中国可以进一步实行有管理的浮动汇率制度。梅冬州和龚六堂（2011）分析了新兴市场经济国家最优汇率制度选择以及决定因素。研究发现，固定汇率制度的福利损失相对较大，而有管理的浮动汇率制度可以避免浮动汇率制度下升值危机使经济陷入流动性陷阱,是中国最合适汇率制度选择。

此外,有些学者提出,在逐渐放开人民币汇率波动的同时要提防相应风险的发生。丁剑平等(2006)提出,外汇市场波动过大会引起金融风险,甚至导致货币危机,控制汇率波动是中央银行金融监管的目标。姚余栋等(2014)认为,无论资本账户开放度如何,货币政策和汇率政策的使用效果均优于单一的货币政策。阙澄宇等(2015)指出,人民币在岸和离岸汇率的波动溢出存在非对称效应,因此,政策制定者在决策时应该注意非对称效应对汇率波动的放大作用。范小云(2015)提出,我国需要保证货币政策的独立性,汇率制度并非越浮动越好,浮动的汇率制度可能增强货币政策的独立性,其增强到一定程度则会削弱货币政策独立性,汇率具有最优浮动区间,金融发展水平越高,最优汇率制度越应该浮动。

第四节 现行人民币汇率制度分析

2005年7月以后,人民币汇率制度有了新的安排,2008年后汇率制度又有几次调整。当前的汇率制度安排究竟是怎样的?它是否与中国产权制度发展的要求相适应?Ghosh等(1996)指出,汇率的实际表现可能和其名义上公布的大相径庭,宣称实行固定汇率制度的国家可能实际上经常调整汇率平价,而在一些中央银行并没有义务维持汇率平价的国家,汇率的变化微乎其微。所以,我们需要对当前人民币汇率制度的名义安排和实际安排都有所了解。[①] 根据本章的分析目的,我们要确定汇率制度是浮动汇率制度、中间汇率制度还是固定汇率制度,首先要根据 IMF 当前使用的八类分类方法,确定人民币汇率制度究竟属于哪种类型。

一 名义汇率制度

2005年7月21日,人民币汇率制度进行调整后,从名义汇率制度

[①] 在理论和实证分析上,使用名义汇率制度和实际汇率制度划分有各自的长处和不足。如果只使用名义汇率制度,汇率的实际变化、货币当局对外汇市场的实际干预程度可能和官方宣布的不一致,这会造成汇率制度影响分析和当局决策的判断失误。但是,名义汇率制度是官方法定的安排,这种公开承诺本身就会对市场信心和预期,从而对汇率变化和其他经济运行产生影响,如果只按照实际汇率制度的划分来分析汇率制度的表现仍然是有缺憾的。

角度看，中国人民银行将人民币汇率制度定位为"以市场供求为基础、参考一篮子货币进行调节、有管理的浮动汇率制度"。这在一定程度上是对1994年人民币汇率制度改革决定的一次回归，人民币要重回以市场为基础的管理浮动。2008年国际金融危机后，人民币兑美元汇率波动性明显减少，但官方并没有公开宣布调节汇率制度。

2010年8月，我国重启人民币汇率市场化改革，告别了单一盯住美元，宣布重新盯住"一篮子"货币。2015年8月11日，中国人民银行宣布将完善人民币兑美元中间价报价方式，最终形成结合"收盘价＋一篮子货币汇率变化"的人民币兑美元汇率中间价定价机制。但三天后就停止了这种定价机制的调整，意味着人民币重回之前的汇率安排。

可以看出，2005年后，虽然人民币汇率安排几经调整，但即使是从名义汇率制度角度看，官方希望确立的新的人民币汇率制度不再是国际货币基金组织所界定的"不事先宣布路径的有管理的浮动汇率制度"，显然，人民币汇率的变化是有路径依赖的——它需要"参考篮子货币"。虽然这个篮子货币是怎样的、人民币又会如何参考篮子货币浮动汇率制度的具体路径并没有公布①，但显然人民币汇率并不是单纯的管理浮动。当然，人民币名义汇率制度也不是爬行盯住汇率制度或爬行区间浮动汇率制度，笔者认为，人民币名义汇率制度是一种介于爬行盯住篮子货币汇率制度和管理浮动汇率制度之间的安排。

二 实际汇率制度：国际金融危机前

如上所述，2005年7月以后，人民币汇率制度即使从名义上都不能算是"管理浮动"，而只能说是"参考篮子货币的管理浮动"。那么人民币的实际汇率制度表现又如何？根据国际货币基金组织1999年以来对汇率制度的实际划分方法，人民币当前的汇率制度是否真正的是一种管理浮动汇率制度？如果不是，那么它是一种爬行盯住汇率制度吗？或者说是一种爬行区间汇率制度？又或者，人民币汇率制度不能划归为任何一种国际货币基金组织的分类，而是另一种汇率制度的创新安排？

---

① 虽然2005年8月9日中国人民银行行长周小川公开了篮子中的11种货币，其中重要的4种是美元、欧元、日元和韩元，其他7种为新加坡元、英镑、马来西亚林吉特、俄卢布、澳大利亚元、泰铢和加元。但是，各种货币的权重、权重改变的频率和标准没有公开。

由于2008年国际金融危机后,中国短暂地实行了汇率稳定政策,2010年才恢复参考篮子货币汇率制度,所以,危机前后人民币汇率制度可能有较大变化。我们首先分析国际金融危机前的人民币实际汇率制度。

(一)已有研究

关于2005年以来人民币实际汇率制度,首先可以确定的是,人民币实际汇率制度肯定不是无独立法定货币的安排和货币局制度,所以,人民币汇率制度不属于固定汇率制度大类。由于在人民币当前的汇率制度安排中,货币篮子不仅是官方公开宣布的人民币汇率的参考基础,而且货币当局还公开了其篮子货币币种的构成,所以,分析人民币所围绕的篮子货币的构成可以为我们提供一条便捷的渠道。国内外已有一些学者对人民币汇率参考的货币篮子进行过分析,Shah、Zeileis和Patnaik (2005)分析了2005年7月以后人民币篮子货币状况,发现人民币仍然紧密地盯住美元,不过,在他们的分析里只包括4种货币(美元、日元、欧元和英镑)①,而且时间段非常短。Frankel和Wei (2006)考虑官方公布的11种货币进行分析,发现在2005年下半年人民币仍然是一种严格的盯住美元制度,严格的程度和香港特别行政区几乎一样。金永军、陈柳钦(2006)利用实证方法验证,在现有的货币篮子中,美元的权重仍占95%以上,欧元和日元的比重较小。因此笔者认为,短期内中国的汇率制度仍是"参考美元为主的软盯住汇率制度"。王全新、任山庆(2006)从De facto的角度对2005年7月21日后我国汇率制度进行了短期实证研究,同样提出,人民币汇率制度在短期内仍是"参考美元为主的盯住汇率制度"。胡磊(2007)在对LYS分类法经过修正后,利用2006年国际货币基金组织160个成员国的数据进行了聚类分析,发现人民币当前的实际汇率制度为爬行盯住汇率制度,而不是名义上的管理浮动汇率制度。Frankel和Shang-Jin Wei (2007)再次估计了人民币汇率参考篮子中货币的比重,结果表明,2005年,中国的实际汇率制度仍然为盯住美元,但是,随后灵活性开始缓慢稳步地增加。美元在人民币汇率形成中继续具有很大的权重,不过,从2006年春天后弹性有所增加。Guo Jin (2009)将2005年1月至2008年8月划分成三个阶段,汇度制度改革前为第一阶段,汇率制度改革至2007年5月中

---

① 因为当时中国人民银行还没有透露货币篮子的构成。

国扩大人民币兑美元浮动区间为第二阶段,之后为第三阶段。笔者用LA—VAR模型进行因果检验,发现汇率制度改革后美元兑人民币汇率的因果关系消失,而日元和欧元汇率变化成为人民币汇率变化的原因。不过,利用方差分解分析发现,即使在汇率制度改革以后人民币汇率对篮子货币的波动仍然主要归因于美元的波动(93.5%),因此笔者认为,人民币汇率仍然紧密围绕美元,并非盯住篮子货币汇率。

周继忠(2009)通过对2005—2008年的汇率数据的分析,利用线性权重货币篮子和几何权重货币篮子模型,发现美元在人民币参考货币篮中占据绝对重要的地位;运用移动窗口回归分析方法,发现人民币参照货币篮子的稳定性有下降的趋势,美元权重在缓慢下降,人民币相对货币篮子整体持续升值;通过对外汇储备变化的分析,发现我国货币当局对参照货币篮子的承诺水平并不高。因此笔者认为,人民币汇率政策的灵活性在这一新制度下有了更充分的保证。

(二)篮子货币的构建和计量模型

本章先根据2005年7月至2009年9月底相关汇率的表现,来确定人民币当前的实际汇率制度。在篮子货币安排中,如果有n种外汇构成篮子货币,分别为C_1,C_2,…,C_n,在货币篮子中所含各外币的数量分别为q_1,q_2,…,q_n,本国货币D与篮子货币的加权平均汇率为R,本币与各外币的汇率分别为r_{c1},r_{c2},…,r_{cn},则有:

$$R = q_1 \times r_{c1} + q_2 \times r_{c2} + \cdots + q_n \times r_{cn} \tag{2-1}$$

式中,篮子货币中各货币的比重为 $w_i = q_i \times \dfrac{r_{ci}}{R}$ ($\sum w_i = 1$)。如果是严格的盯住篮子货币汇率安排,则有:

$$\frac{\partial R}{\partial t} = q_1 \times \frac{\partial r_{c1}}{\partial t} + q_2 \times \frac{\partial r_{c2}}{\partial t} + \cdots + q_n \times \frac{\partial r_{cn}}{\partial t} = 0 \tag{2-2}$$

式(2-2)变形,得到:

$$q_1 \times \frac{r_{c1}}{R} \times \frac{\partial r_{c1}}{\partial t} \times \frac{1}{r_{c1}} + q_2 \times \frac{r_{c2}}{R} \times \frac{\partial r_{c2}}{\partial t} \times \frac{1}{r_{c2}} + \cdots + q_n \times \frac{r_{cn}}{R} \times \frac{\partial r_{cn}}{\partial t} \times \frac{1}{r_{cn}} = 0 \tag{2-3}$$

其中,$\dfrac{\partial r_{ci}}{\partial t} \times \dfrac{1}{r_{ci}} = \dfrac{\partial \ln r_{ci}}{\partial t}$,代入式(2-3),得到:

$$w_1 \times \frac{\partial \ln r_{c1}}{\partial t} + w_2 \times \frac{\ln \partial r_{c2}}{\partial t} + \cdots + w_n \times \frac{\ln \partial r_{cn}}{\partial t} = 0 \tag{2-4}$$

假设有货币篮子以外的另一种外汇 F，本币对 F 之间的汇率为 r_f，货币篮子中各外汇与 F 之间的汇率为 f_{ci}，根据套算规则，则有 $r_f = f_{ci} \times r_{ci}$，取对数微分，有：

$$\frac{\partial \ln r_{ci}}{\partial t} = \frac{\partial \ln r_f}{\partial t} - \frac{\partial \ln f_{ci}}{\partial t} \qquad (2-5)$$

代入式（2-4），有：

$$\frac{\partial \ln r_f}{\partial t} = w_1 \times \frac{\partial \ln f_{c1}}{\partial t} + w_2 \times \frac{\partial \ln f_{c2}}{\partial t} + \cdots + w_n \times \frac{\partial \ln f_{cn}}{\partial t} \qquad (2-6)$$

用差分形式代替式（2-6），得到：

$$\Delta \ln r_f = w_1 \times \Delta \ln f_{c1} + w_2 \times \Delta \ln f_{c2} + \cdots + w_n \times \Delta \ln f_{cn} \qquad (2-7)$$

由式（2-7）可以得到其计量回归模型为：

$$\Delta \ln r_f = c + w_1 \times \Delta \ln f_{c1} + w_2 \times \Delta \ln f_{c2} + \cdots + w_n \times \Delta \ln f_{cn} + \varepsilon \qquad (2-8)$$

我们利用 2005 年 7 月以后的汇率数据，根据式（2-8）对人民币汇率制度与篮子货币及其中各货币的关系进行分析。其中，篮子货币的构成根据中国人民银行披露的为 11 种：美元（USD）、日元（JPY）、欧元（EUR）、韩元（WON）、新加坡元（SGD）、英镑（GBP）、澳大利亚元（AUD）、加拿大元（CAD）、马来西亚林吉特（MYR）、泰铢（THB）、俄卢布（RUR），其中，主要是前 4 种货币。如果人民币（CNY）实际上是盯住某种单一外汇而不是篮子货币，那么该外汇的回归系数应该接近 1，其他货币的系数应该为 0；如果人民币盯住篮子货币，那么篮子货币中的实际货币的系数应该显著异于 0 而且系数和为 1；如果人民币真的实行管理浮动，那么各货币系数应该都不显著。

为了检验篮子货币中实际货币的系数之和是否为 1，我们还需要加入约束条件：

$$w_1 + w_2 + \cdots + w_n = 1 \qquad (2-9)$$

然后检验约束式（2-9）是否真实。根据对受约束最小二乘法的 F 检验法，需要根据无约束的最小二乘法和有约束的最小二乘法回归结果，计算 F 统计量：

$$F = \frac{(R_{UR}^2 - R_R^2)/m}{(1 - R_{UR}^2)/(n-k)} \text{①} \qquad (2-10)$$

式中，R_{UR}^2 和 R_R^2 分别为无约束和受约束最小二乘法回归的 R^2 值，m 是现行约束个数（此处为1），k 是无约束回归中的参数个数，n 是观测个数。该统计量服从 m、$n-k$ 个自由度的 F 分布，通过比较计算得到的 F 值和 F 分布的统计临界值，我们就可以判断约束条件（2-9）是否成立，即篮子货币中各货币的系数之和是否从统计上显著异于1。

要进行回归分析，还必须选择一种货币篮子以外的外汇作为计价标准来衡量本币和篮子中各货币的价值。如果人民币实行的是严格的盯住篮子货币汇率，那么标准货币的选择无关紧要，但是，如果汇率安排不是严格的盯住，那么标准货币的选择会对结果有影响。弗兰克尔和 Shang-Jin Wei（2007）建议使用特别提款权（SDR），因为在形如式（2-8）的分析中，常数项表明人民币对基准货币的升值（贬值）变化趋势，而误差项表明货币当局容许的实际的汇率变化对目标的偏离，在参考篮子货币的规划中，无论是趋势项还是误差项显然都应该是针对人民币对篮子货币而言，而不只是针对某种特定货币，SDR 是一个较理想的篮子货币代表。

（三）考虑汇率安排的动态变化和政府干预

考虑到中国也许并不是从 2005 年 7 月 21 日开始到 2009 年年底一直坚持不变的汇率安排，尤其是 2008 年国际金融危机对中国的出口和国内经济带来巨大冲击后，所以，需要对人民币汇率安排进行动态的分析。我们采用滚动窗口回归分析方法来捕捉这一信息，每个窗口包括 200 个观察值。

另外，由于人民币汇率参考的篮子货币的权重一直是一个谜，一些学者认为，这种安排是故意的，它可以为官方的政策操作留有很大余地。如弗兰克尔等（2000）提出，对于那些没有公开货币篮子权重汇率安排的国家，要通过市场来检验其是否盯住篮子货币真的至少需要 100 个观察日，这留给了政府很大的操作空间，即实际汇率安排可以与

---

① 还可以通过回归残差表示为 $F = \frac{(RSS_R - RSS_{UR})/m}{RSS_{UR}/(n-k)}$。其中，$RSS_R$ 表示受约束最小二乘回归的残差平方和，RSS_{UR} 表示无约束最小二乘回归的残差平方和，m、k、n 的含义与正文同。

公开宣布的出现背离而不至于很快被察觉。政府对汇率的干预主要通过公开市场操作进行,可以通过汇率的变化和外汇储备的变化来反映政府对汇率实际的控制(Ghosh et al., 2002; Levy - Yeyati and Sturzenegger, 2005)。据此,弗兰克尔和 Wei(2008)将篮子货币的权重分析和汇率的弹性分析结合起来,在篮子货币权重分析的回归式中,加入了外汇市场压力(EMP)变量以反映政府对汇率的干预程度或汇率的固定程度,不过,对于外汇市场压力在回归式中的逻辑含义,作者并没有给出令人信服的解释。为了反映人民币参考篮子货币汇率制度中政府对汇率的干预程度有多大,我们将 Levy - Yeyati 和 Sturzenegger(2005)提出的汇率变动率和外汇储备变动率两个指标进行综合,计算出反映人民币汇率干预程度的指标如下:

$$Interv = \frac{de}{dr}, \quad de = \frac{e_t - e_{t-1}}{e_{t-1}}, \quad dr = \frac{r_t - r_{t-1}}{r_{t-1}} \quad (2-11)$$

式中,$Interv$ 表示政府对汇率的干预系数,e 表示人民币兑美元名义汇率,r 表示外汇储备量,t 表示时期。在政府对汇率干预较高的情况下有汇率变化非常小而储备变化很大,因此,$Interv$ 值趋近于 0,但符号为负。

(四)初步分析

选取 2005 年 7 月 21 日至 2009 年 12 月 31 日的数据进行分析,使用 SDR 对各货币的汇率数据源自国际货币基金组织网站,人民币兑美元汇率和中国外汇储备的数据来自国家外汇管理局官方网站,分析软件为 Eviews 5.0。由于外汇储备没有日数据,笔者利用汇率的日数据来分析篮子货币的构成及变化,利用月度数据分析货币当局对汇率的干预程度。

根据 2005 年 7 月 21 日至 2009 年 12 月 31 日的日汇率数据,首先检验汇率对数的一阶差分序列的平稳性,数据表明,所有序列都是平稳的。然后利用 Eviews 5.0 进行最小二乘法 OLS 分析,分析结果见表 2 - 8。使用的汇率数据源自国际货币基金组织网站。

表 2 - 8 　　　　人民币汇率货币篮子权重 OLS 分析(1)

币种	系数	标准差	T 统计值	P 值
美元	0.910344*	0.021439	42.46144	0.0000
欧元	0.021573	0.014191	1.520225	0.1291
日元	0.031804*	0.006092	5.220825	0.0000

续表

币种	系数	标准差	T统计值	P值
韩元	0.008498*	0.003482	2.440712	0.0150
新加坡元	0.045419*	0.019298	2.353602	0.0190
英镑	0.000258	0.007651	0.033702	0.9731
澳元	0.013742*	0.005649	2.432799	0.0154
加元	-0.011452*	0.004954	-2.311851	0.0212
马来西亚林吉特	0.014487	0.014183	1.021394	0.3076
泰铢	-0.001020	0.010549	-0.096681	0.9230
俄卢布	0.006569	0.008088	0.812206	0.4171
常数项	-0.000136*	3.39E-05	-4.010134	0.0001

注：其他指标：调整后的 $R^2 = 0.9492$，DW 统计值 = 1.9521，AIC 值 = -11.5776，SC 值 = -11.4721，F 统计值 = 782.7271，观测值 473 个，样本期限从 2005 年 7 月 22 日到 2009 年 12 月 31 日。*表示显著性。

从表 2-8 的初步回归结果看，整体回归拟合优度很好，但是，官方宣布的篮子货币中的 11 种组成货币只有 6 种货币的系数显著，其中，美元汇率变化对人民币汇率影响最大，系数平均达到 0.91 以上，接下来分别是新加坡元、日元、马来西亚林吉特、澳元和韩元。初步分析表明，人民币汇率基本是参照篮子货币在变化，但是，货币篮子的构成并不像中央银行披露的那样真正包含 11 种外汇。

既然人民币参考的篮子货币并没有包括 11 种外汇，那么，是否只包含中央银行披露的 4 种外汇：美元、欧元、日元和韩元呢？用相同方法对 4 种主要货币回归得到的结果如下：

$$\Delta \ln cny = -0.0001 + 0.9371 \Delta \ln usd + 0.0169 \Delta \ln eur +$$
$$(0.0000)(0.0114)(0.0101)$$
$$[0.0000][0.0000][0.0928]$$
$$0.0224 \Delta \ln jpy + 0.0071 \Delta \ln won$$
$$(0.0038)(0.0028)$$
$$[0.0000][0.0132] \quad (2-12)$$

式中，( ) 里为标准差，[ ] 里为 T 统计量伴随的概率，调整后的 $R^2 = 0.9478$，DW 统计值 = 2.1391，AIC 值 = -11.5778，SC 值 = -11.5494，F 统计值 = 3766.79，观测值 835 个。

结果显示，用 4 种外汇构建的货币篮子整体拟合优度下降，其中，欧元的权重只在 10% 的显著性水平下显著，美元此时的权重系数达到 0.93 以上。

显然，从观察期内汇率的实际运行看，人民币参考的篮子货币并不是完全包括中央银行公布的 11 种货币，也不是显著包括所宣称的 4 种主要外汇。为了得到人民币汇率参考的篮子货币的准确构成，我们在初步 11 种货币回归的基础上逐步去掉不显著的解释项进行多步回归，最终得到结果如下：

$$\Delta \ln cny = -0.0001 + 0.9136 \times \Delta \ln usd + 0.02245 \times \Delta \ln eur +$$
$$\quad\quad\quad (0.0000) \quad (0.0147) \quad\quad\quad (0.0111)$$
$$\quad\quad\quad [0.0000] \quad [0.0000] \quad\quad\quad [0.0431]$$
$$\quad\quad 0.0296 \times \Delta \ln jpy + 0.0070 \times \Delta \ln won + 0.0561 \times$$
$$\quad\quad\quad (0.0047) \quad\quad\quad (0.0030) \quad\quad\quad (0.0129)$$
$$\quad\quad\quad [0.0000] \quad\quad\quad [0.0199] \quad\quad\quad [0.0000]$$
$$\quad\quad \Delta \ln sgd + 0.0118 \times \Delta \ln asd - 0.0100 \times \Delta \ln cad$$
$$\quad\quad\quad\quad\quad\quad (0.0045) \quad\quad\quad (-0.0100)$$
$$\quad\quad\quad\quad\quad\quad [0.0093] \quad\quad\quad [0.0123] \quad\quad\quad (2-13)$$

式中，( ) 里为标准差，[ ] 里为 T 统计量伴随的概率，调整后的 $R^2 = 0.9488$，DW 统计值 $= 2.0445$，AIC 值 $= -11.6537$，SC 值 $= -11.6008$，F 统计值 $= 1790.488$，观测值 685 个。

式（2-13）和表 2-9 的结果显示，篮子货币中系数显著的有 7 种外汇，按权重高低分别是美元、新加坡元、日元、欧元、澳元、韩元和加元。其中，美元的权重仍然超过 0.91，新加坡元的权重超过 0.05。7 种外汇构建的货币篮子对人民币汇率变化的整体拟合程度比其他分析结果都高，其他统计量全部比前面用 11 种外汇和 4 种外汇构建的篮子货币表现要好。而且，欧元在篮子货币中的权重在 5% 的显著性水平下显著，鉴于欧元无论从官方的发言还是中国的实际经济角度都理应对人民币汇率有较大影响，这样的结果是比较有说服力的。因此我们认为，在 2005—2009 年人民币汇率参考的篮子货币包括上述 7 种货币。

表 2-9　　　　人民币汇率货币篮子权重 OLS 分析（2）

篮子货币构成	系数	标准差	P 值
澳大利亚元	0.0118***	0.0045	0.0093
加拿大元	-0.0100***	0.0100	0.0123
欧元	0.0225***	0.0111	0.0431

续表

币种	系数	标准差	T统计值	P值
日元	0.0296***	0.0047	0.0000	0.0000
新加坡元	0.0561***	0.0129	0.0000	0.0000
美元	0.9136***	0.0147	0.0000	0.0000
韩元	0.0070***	0.0030	0.0199	0.0199
常数项	-0.0001***	0.0000	0.0000	0.0000

注：***表示显著性。

另外，如果人民币是严格的盯住篮子货币，各货币的权属比重之和应该等于1。根据我们回归的结果，各货币的系数之和基本接近于1（约1.09），但是并不等于1。针对表2-8、表2-9和式（2-12）的分析，分别计算得到的F值，相关数据见表2-10。

表2-10　　　　　　　受约束最小二乘法F检验值

n	m	k	R^2_{UR}	R^2_R	F
304	1	12	0.911238	0.961234	-164.472***
573	1	5	0.890411	0.947682	-296.836***
399	1	9	0.903888	0.960369	-229.187***

注：***表示显著性。

显然，无论是假设篮子货币中有11种外汇、4种外汇还是8种外汇，计算出的F值都非常显著，也就是说，各货币系数之和显著异于1。

（五）篮子货币构成的动态分析

虽然根据2005—2009年的整体数据我们判定篮子货币包括7种外汇，但是，由于人民币并不是严格的盯住篮子货币，中国也没有公布篮子货币的币种结构，很可能人民币汇率参考的篮子货币构成会随着时间和经济环境的变化而变化。已有的研究表明，在不同期间人民币篮子货币中各币种的权重是在变化的（Frankel，2005；2007；2009；周济忠，2009）。我们主要关注的是，国际金融危机后，人民币参考篮子货币的汇率安排是否发生了显著变化。从图2-1的数据来看，2008年7月以来，人民币兑美元的汇率基本是稳定的，这是否说明人民币重新回到了盯住美元或软盯住美元的时代呢？

大部分对于人民币篮子货币在不同时期的结构分析采用的是阶段分析法，即主观地将时间划分为不同阶段，观察不同阶段篮子货币的比重组成和权重。笔者根据上文分析确定的篮子货币中的 7 种外汇，使用滚动窗口分析方法，动态观察人民币参考的篮子货币在不同时期是否有明显的变化，以及国际金融危机前后汇率安排变化的特点。该分析方法至少具有以下优点：一是避免了主观划分阶段分析时人为因素对阶段划分的影响；二是可以考察整个观察期间人民币汇率安排的动态变化。我们选取 200 个观察日作为一个窗口①，进行滚动分析，其间有观察样本 1016 个，滚动回归分析共得到 816 个结果，7 种外汇在篮子货币的权重系数以及常数项的动态结果见图 2-3。

根据图 2-3 的数据，首先我们可以确定的是，在 2005 年 7 月到 2009 年，人民币所参考的篮子货币结构并不是固定不变的，对于前文确定的 7 种货币，在不同阶段各货币的权重有显著变化。

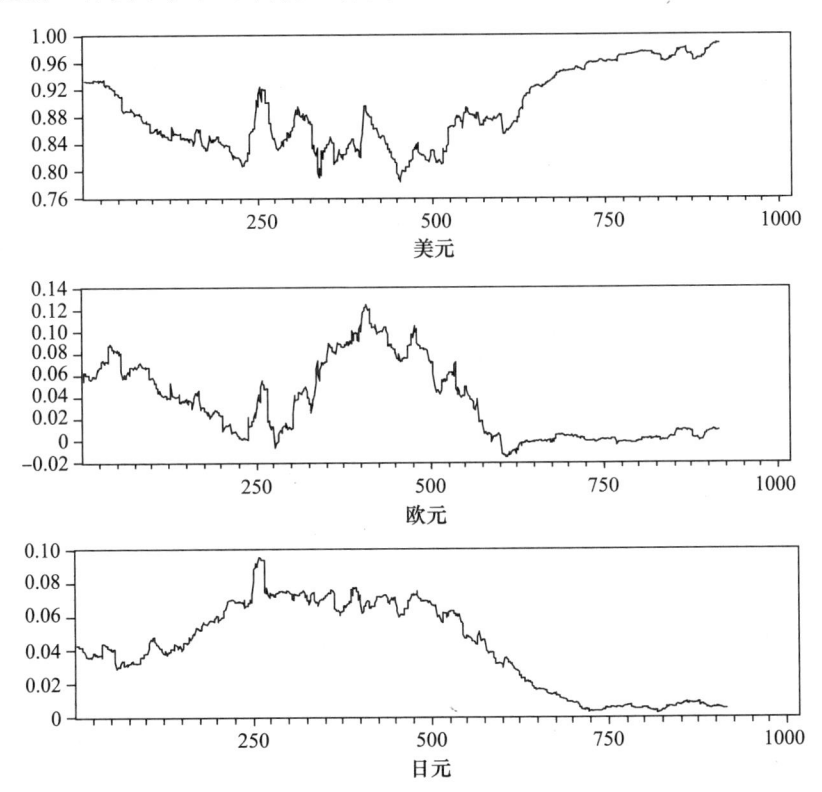

---

① 另外，笔者将窗口长度分别改为 100、150 和 250 进行了稳健性分析，基本结论并未发生变化。

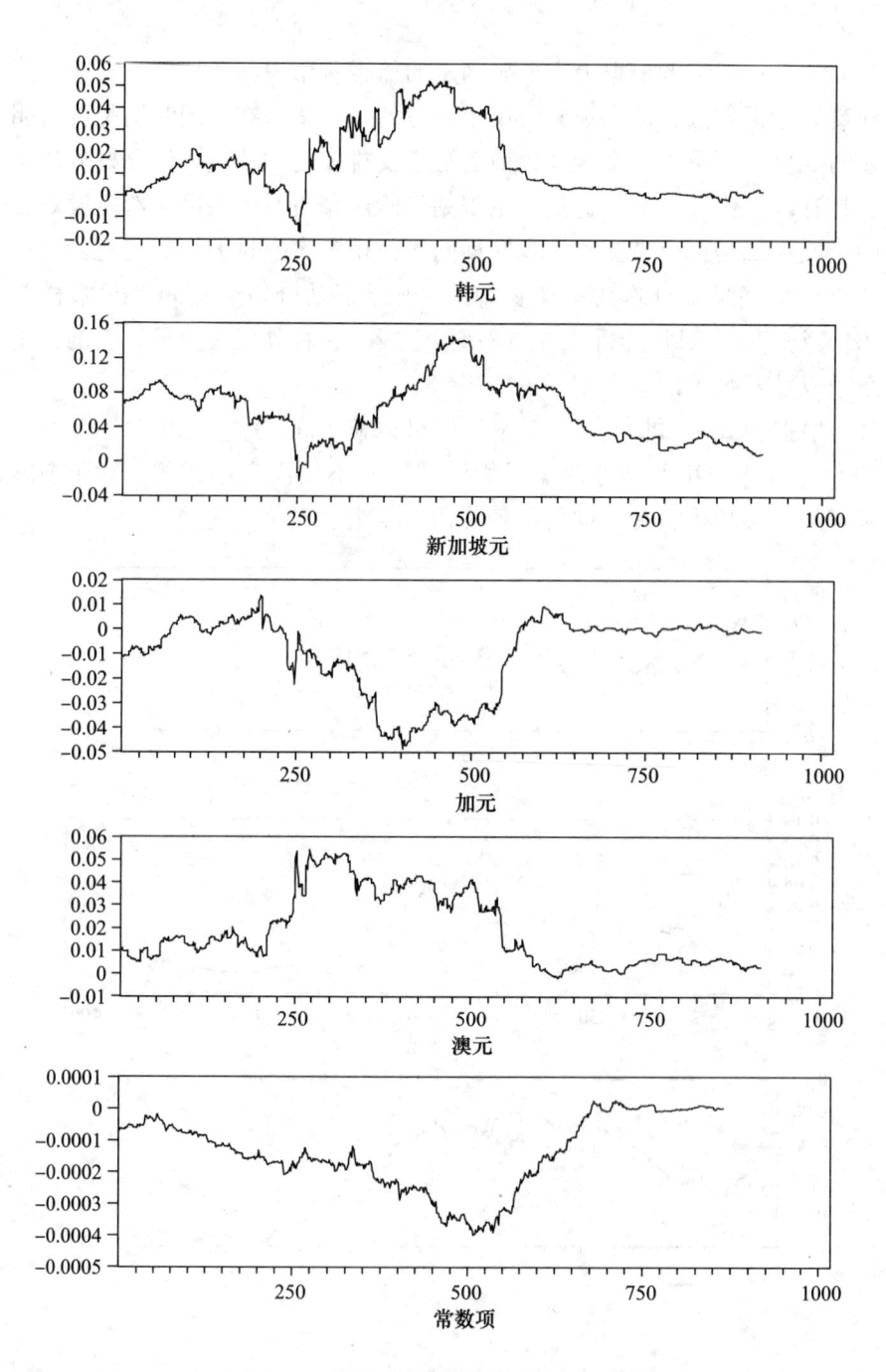

图 2-3　篮子货币权重系数的动态变化

美元一直在篮子货币里占据最高的权重，即使在最低的时期其权重也在80%左右。从2005年7月到2006年7月底，美元在篮子货币中的比重逐步下降，从约98%降到80%；2006年7月到2007年11月，美元权重在80%—90%波动；从2007年年底开始，美元在篮子货币的权重开始一路攀升，到2008年7月前后其比重高达98%并持续到2009年年底。

欧元在篮子货币的比重呈现先下降而后迅速增加，最后下降到0附近水平的变化。在2006年7月以前，欧元的权重是逐步下降的，从开始10%附近的水平下降到接近0。之后比重迅速上升，至2007年年初达到超过10%的最高水平，但随后开始下降，到了2007年年底其比重再次降到0附近，并持续到2009年。

日元在篮子货币的权重从2005年7月后逐步增加，从大约40%上升至2006年7月的80%附近，之后基本稳定在这一水平附近，直到2007年7月开始逐步下降，到2008年7月左右，日元比重也降到了0附近，并一直持续到2009年。

韩元与新加坡元在篮子货币里的权重的趋势变化比较相似，但是，权重系数有所差异。2006年7月以前，两种货币的比重比较平稳，韩元比重基本在1%左右，新加坡元则在7%左右。在2006年7月底有一次大的下降后，两种货币的比重开始逐步增加，新加坡元迅速增加到10%的水平，最高接近15%，韩元则保持在5%左右。2007年9月后，韩元比重开始显著下降，迅速降到0附近水平。新加坡元则从2008年1月逐步下降，到2008年7月也降到了0附近。

加元在人民币参考的篮子货币里一直占据非常低比重，基本在1%附近，而且在2006年7月到2007年年底，加元在篮子货币的比重为负值，这可能是因为人民币把加元当作对冲货币。

澳元在篮子货币里的权重表现也与韩元、新加坡元相似，2006年7月以前，澳元在篮子货币比重几乎为0，但之后开始迅速增加，权重比例保持在4%—5%，一直持续到2007年8月。之后澳元的权重也开始下跌，到2007年年底其比重降到0附近水平。

（六）政府对汇率干预的表现

根据2005年7月到2009年12月人民币兑美元汇率和中国外汇储备变化情况，计算出式（2-11）的政府干预指标数值见表2-12和图2-4。

表 2-12　　　　　人民币汇率干预系数的动态变化

时间	2005年7月	2005年8月	2005年9月	2005年10月	2005年11月	2005年12月	2006年1月	2006年2月	2006年3月
Interv	-0.672	-0.0283	-0.046	-0.0448	-0.0427	-0.041	-0.036	-0.238	-0.122
时间	2006年4月	2006年5月	2006年6月	2006年7月	2006年8月	2006年9月	2006年10月	2006年11月	2006年12月
Interv	-0.003	0.009	-0.166	-0.196	-0.1001	-0.383	-0.170	-0.157	-0.168
时间	2007年1月	2007年2月	2007年3月	2007年4月	2007年5月	2007年6月	2007年7月	2007年8月	2007年9月
Interv	-0.111	-0.099	-0.022	-0.100	-0.193	-0.148	-0.139	-0.101	-0.372
时间	2007年10月	2007年11月	2007年12月	2008年1月	2008年2月	2008年3月	2008年4月	2008年5月	2008年6月
Interv	-0.373	-0.322	-0.614	-0.405	-0.307	-0.574	-0.061	-0.374	-1.774
时间	2008年7月	2008年8月	2008年9月	2008年10月	2008年11月	2008年12月	2009年1月	2009年2月	2009年3月
Interv	-0.147	-0.030	-0.208	-0.081	0.498	-0.001	-0.030	0.020	-0.013
时间	2009年4月	2009年5月	2009年6月	2009年7月	2009年8月	2009年9月	2009年10月	2009年11月	2009年12月
Interv	-0.057	0.027	-0.004	0.003	-0.010	-0.012	-0.005	-0.005	0.034

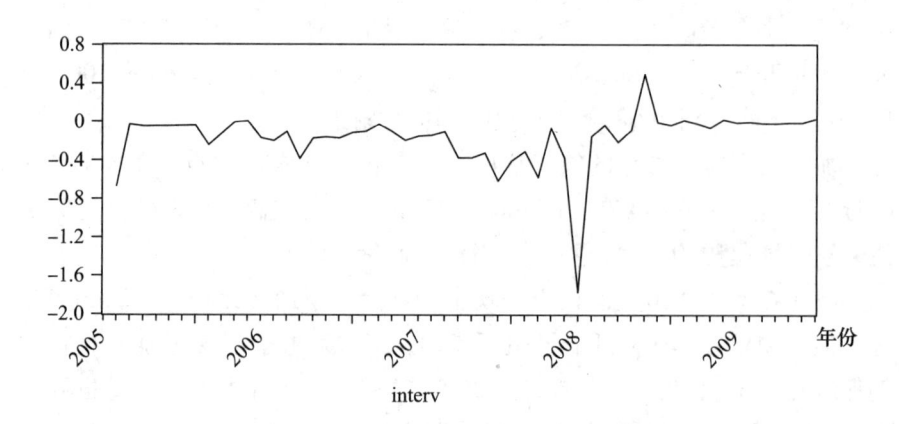

图 2-4　人民币汇率干预系数的动态变化

从计算结果可以看出，在观察期间，绝大多数时间人民币的干预系数为负，而且政府对外汇市场干预程度总体来看基本在 0 附近。除了在

2008年6月，政府干预系数增加到-1.8左右，出现这一异常是因为2008年6月中国外汇储备的增加急剧下降，虽然当时外汇储备的增幅下降主要是由于中国出口的缩减导致外汇收入下降，并不是因为中国政府突然降低了对外汇的干预程度，但是，从2008年7月开始，人民币兑美元的汇率波动开始明显减小，也就是说，由于外汇储备的增幅下降，人民币降低了汇率波动的程度，这正反映出中国政府对汇率干预的程度非常高。

另外，在不同时间段内人民币汇率的干预系数呈现出不同的变化。2005年7月到2006年2月之前汇率干预系数绝对值都在0.05范围内，反映出政府对汇率波动的高度关注和干预。2006年2月以后，汇率干预系数开始变大，大多数时期干预系数都在0.1以上，尤其是在2007年9月到2008年6月，汇率干预系数基本在0.3以上，这反映了该期间政府对人民币汇率干预的降低和汇率灵活性的增加。从2008年12月开始，人民币汇率的干预系数在大多数时期降到了0.05以内，反映出中国政府对人民币汇率的干预明显加强。

（七）分析结论

通过以上实证分析，对于2005年7月至2009年年底人民币参考篮子货币汇率安排的动态变化可以得出以下结论：

（1）人民币汇率安排在2005年7月以后确实在参考篮子货币浮动，但是，篮子货币构成并不是包括官方所宣布的11种外汇，也不是简单地包含4种所列的主要外汇。从整个样本期间来看，对人民币汇率有显著影响的外汇包括7种，即美元、欧元、日元、韩元、新加坡元、澳元和加元。本章的分析也显示，在不同时期篮子货币的构成也不相同，而且篮子货币构成回归分析的拟合度并不是很高，这都表明，人民币汇率并不是严格地盯住某种特定的篮子货币，而是会在不同时期根据经济情况的变化，灵活地安排不同货币对人民币汇率的影响。

（2）篮子货币中的不同外汇对人民币汇率的影响在不同时期也是不同的。美元一直在篮子货币里占据最高的权重，对人民币汇率水平有最强的影响。在2006年7月到2007年11月，美元在篮子货币的权重有所下降，其他货币权重有所上升，尤其是欧元、日元和新加坡元，其权重最高超过10%。但是，从2008年开始，美元在篮子货币的地位又开始增加，7月以后权重高达98%以上，由此基本可以判定，人民币汇率从2008年7月开始是"软盯住"美元的，其他货币对人民币汇率基本没有产生影响。

（3）人民币在参考篮子货币的基础上呈现出小幅度升值趋势，这表现为分析结果的常数项显著为负。不过，从图2-4可以看出，这种升值趋势在不同阶段也有不同特点，2007年8月以后，人民币的升值趋势开始下降，2008年7月以后，常数项变得不再显著，升值趋势基本消失，人民币汇率基本盯住美元在小范围内浮动。

（4）中国货币当局对人民币汇率的干预程度仍然非常高，这体现为人民币名义汇率波动幅度小而外汇储备变化幅度大，而这种干预在不同阶段也发生着变化。在2006年2月到2008年12月，货币当局对汇率的干预程度降低，汇率相对外汇储备的变化加大，但是，从2009年开始，货币当局对汇率的干预明显加强。

显然，无论从名义汇率制度角度还是从实际汇率制度角度，国际金融危机前的人民币汇率制度并不属于"不事先宣布路径的有管理的浮动汇率制度"，这不仅表现为人民币汇率对货币篮子尤其是对美元的依赖性，还表现为人民币汇率的形成机制。管理浮动下汇率的形成是由市场形成的，中央银行只是采用市场操作进行干预，而人民币汇率目前仍然由中国人民银行公布对几种关键外汇的基准价格，还是一种典型的官方汇率。分析结果显示，2008年7月之前的人民币实际汇率制度是一种浮动性高于爬行盯住篮子货币而低于爬行区间的汇率安排。2008年7月之后，人民币则回到了盯住美元的汇率安排。

三 实际汇率制度：国际金融危机后的发展

2008年7月以后，受国际金融危机的影响，中国对人民币汇率采取了稳定的政策，人民币基本维持在1美元兑6.82—6.84元人民币，因此，人民币汇率制度实际变成了盯住美元的固定汇率。2010年后中国恢复了参考篮子货币浮动的汇率安排，同样，我们需要了解，国际金融危机后人民币实际上采用的汇率制度是什么样的？另外，人民币汇率安排的浮动性和市场化是否如官方所宣称的在逐步增加？接下来，我们根据上文分析确定的篮子货币中的6种显著的外汇，使用滚动窗口分析方法，动态观察人民币参考的篮子货币在不同时期是否有明显的变化。选取200个观察日作为一个窗口，进行滚动分析，其间有观察样本1302个，滚动回归分析共得到1102个结果，6种外汇在篮子货币的权重系数的动态结果见图2-5。

根据图 2-5 的数据，首先我们可以确定的是，在 2010 年 6 月到 2017 年 12 月，人民币所参考的篮子货币结构并不是固定不变的，对于前文确定的 6 种货币，在不同阶段各货币的权重有显著变化。

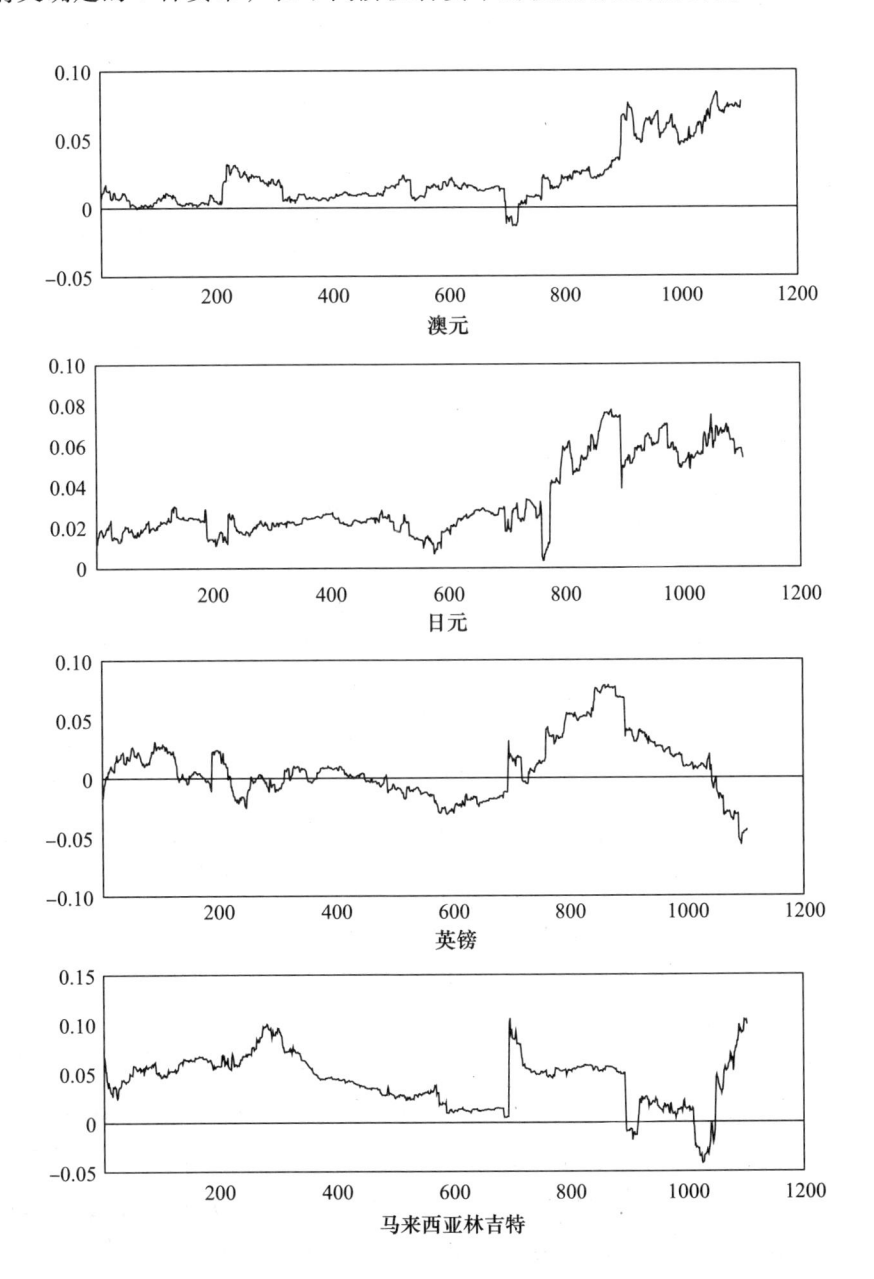

澳元

日元

英镑

马来西亚林吉特

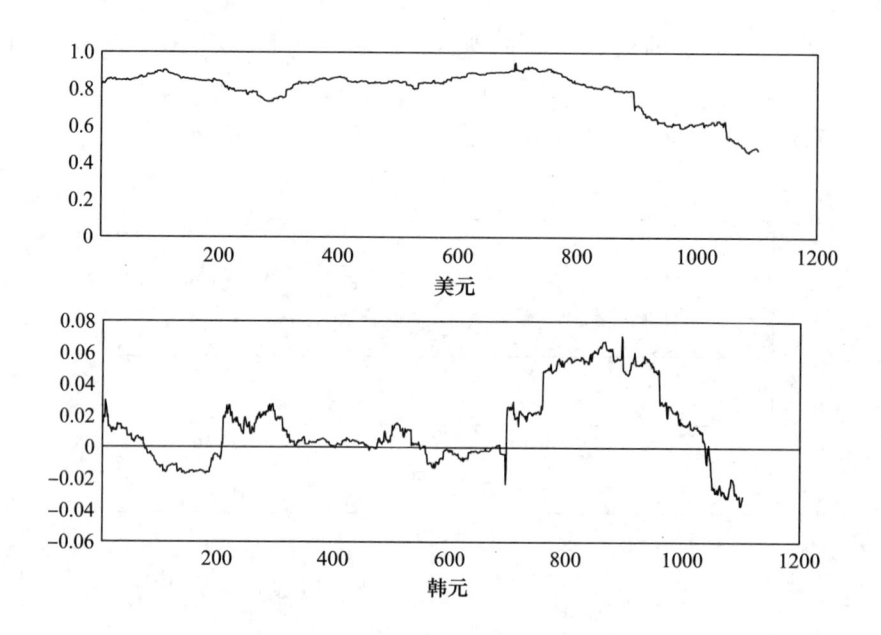

图 2-5 篮子货币权重系数的动态变化

澳元在货币篮子里的比重总体呈上升趋势。在 2014 年 7 月之前，澳元的比重在 0—2%，2014 年 7 月，澳元比重降到 0 以下，直到 2014 年 8 月下旬，比重由负转正，随后一路攀升。到 2015 年 9 月达到接近 8% 的水平后再次呈现震荡趋势，震荡区间为 5%—8%，持续到 2017 年年底。

日元在篮子货币的比重呈现先在 2% 附近波动，后迅速上升，最后又呈现震荡趋势的变化。在 2014 年 10 月以前，比重基本稳定在 2% 附近，直到 2014 年 11 月比重迅速下降到 0 附近水平，随后迅速上升。到 2015 年 7 月达到 8% 附近，之后日元权重保持在 5%—8%，持续到 2017 年年底。

英镑在货币篮子的比重呈现先震荡下行，后迅速增加，最后又下降到 0 以下的变化。在 2013 年 11 月以前，英镑的权重是震荡下降的，从开始的 3% 附近的水平下降到 0 以下。在 2013 年 2 月到 2014 年 6 月，比重为负值，随后比重快速上升，至 2015 年 6 月达到 8% 附近，但随后又开始下降。到了 2016 年 7 月，比重又下降到 0 以下，并保持下降趋势到 2017 年年底。

马来西亚林吉特在篮子货币的权重呈现先上升，再下降，之后急速上升，又下降，最后迅速上升的变化。可以看出，比重在不同时期的变化很大。从大约2%上升至2012年3月的10%附近，之后一路下降至2014年4月的1%附近，但比重在2017年7月急速上升达到超过10%的最高水平，随后逐步下降，一度降到0以下。直到2016年6月再次快速上升，并持续到2017年年底。

美元在篮子货币的权重呈现先高位波动，再逐渐下降的趋势。美元比重在2015年6月之前一直在80%—90%，直到2015年6月下旬比重跌破80%之后就一路下降，到2017年年底达到50%附近。

韩元在篮子货币里的权重呈现先震荡波动，再上升，最后下降的变化。在2014年6月底以前，韩元比重在0附近波动，其中大部分时间都在0以上、2%以下波动，少数时间在0以下。2014年7月初有一次较大幅度的上升，达到3%附近，之后比重逐步增加，到2015年8月达到超过7%的最高水平，但是，随后快速下降，到2017年年底降到了0以下的水平。

通过以上实证分析，对于2010年6月19日到2017年12月31日人民币参考篮子货币汇率安排的动态变化可以得出以下结论：

（1）2010年6月19日以后，人民币汇率参考的篮子货币外汇分别是美元、马来西亚林吉特、澳元、日元、英镑和日元。在不同时期，篮子货币的构成并不相同，而且篮子货币构成回归分析的拟合度并不是很高，这表明人民币汇率并不是严格地盯住某种特定的篮子货币，而是会在不同时期根据经济情况的变化，灵活安排不同货币对人民币汇率的影响。

（2）美元在2015年8月之前，在篮子货币的比重一直处于绝对高位，都在80%以上。这意味着虽然名义上人民币从2010年开始恢复参考篮子货币的汇率安排，但实际上人民币汇率兑美元的稳定程度仍然较高。2015年8月下旬开始，美元在货币篮子里的比重有较大下降，这表明我国已经开始改变过去美元在人民币货币篮子中占绝对高位的状态。在美元比重下降期间，马来西亚林吉特、日元与澳元的权重都有所上升，其中权重最高超过10%，这表明2015年以后，其他货币对人民币汇率的影响有所增强。

（3）2015年8月的汇改对加大人民币汇率的浮动性有重大影响，

虽然三天后中央银行宣布退出这种新的汇率形成安排，但实际上人民币汇率的浮动性大大增强。

四 现行人民币汇率制度均衡性分析

前面的分析表明，2005年7月以后，中国实行的汇率制度名义上和实际上都属于典型的中间汇率制安排，名义上人民币汇率制度介于爬行盯住篮子货币汇率制度和管理浮动汇率制度之间，而实际上当前人民币汇率制度的灵活性略高于爬行盯住汇率制度，但低于爬行区间汇率制度。人民币汇率制度的这种安排相比于2005年以前实际上盯住美元的汇率安排，无疑提高了汇率和汇率制度的灵活性，尤其是2005年7月以后陆续出台了一系列增加汇率形成市场化程度的措施，例如，2007年扩大了外汇银行对美元汇率报价权的浮动空间，并且实行经常项目下的意愿结售汇制。2005年7月21日到2009年3月20日，人民币兑美元中间价汇率从8.2765元人民币升至6.8293元人民币，升至幅度超过17%，在一定程度上缓解了国际收支顺差持续扩大和国外给人民币带来的升值压力。2015年8月11日，中国人民银行宣布将完善人民币兑美元中间价报价方式，最终形成结合"收盘价＋一篮子货币汇率变化"的人民币兑美元汇率中间价定价机制。2005年汇率制度改革后至2015年8月初，人民币兑美元汇率累计升值了26.10%。这次汇率制度改革政策意味着国内人民币中间价将由前一日的市场实际交易情况决定，使中间价更为贴近市场汇率，更为充分地反映市场真实供需关系，汇率报价机制进一步市场化。

人民币汇率灵活性的提高与中国市场经济的长期发展方向，与中国的基础产权改革与人民币产权长期可兑换要求是一致的，人民币升值也反映了国内宏观和微观产权主体与国外产权经济主体之间的利益博弈均衡。但是，笔者认为，当前人民币汇率制度的安排仍然存在许多问题，与当前中国的产权基础和各产权主体的利益要求具有很大的不适应性，更无法满足中国产权制度改革与经济发展的长期要求，因此，当前的人民币汇率制度仍然是非均衡和不可维持的。初步分析，有以下三个方面的问题：

（一）含糊的汇率制度安排，名义上给政策安排留了较大操作空间，实际上既扰乱了市场预期和信心，又授人以操纵汇率之口实

人民币汇率安排，一方面强调"以市场为基础"的"管理浮动"，

另一方面又坚持"参考篮子货币",但并不公布货币篮子的货币权重、基期。这表面上看给人民币的汇率政策操作留下了很大的空间：人民币可以稳定,因为人民币汇率是参考篮子货币而不是完全浮动,而且货币篮子具体内容未公开,即使汇率不变化也可以是因为篮子货币构成或比重发生变化；人民币汇率也可以有较大变化,因为是参考篮子而非盯住,而且是管理浮动。再加上基准汇率仍然由中国人民银行公布,中国货币当局就仍然可以保留对汇率的绝大部分控制权,以灵活应时应景调节经济。

但是,这种含糊的汇率制度安排给市场微观经济主体和宏观经济利益带来了约束。一方面,对市场而言,人民币汇率的稳定性和政策的确定性不足。由于人民币汇率的形成规则不明确,这影响了企业和银行的投资决策,增加了结算风险,市场也无法验证货币当局是否真正地在遵守其公布的汇率规则——无论是朝向稳定还是朝向浮动,这不利于市场对汇率的变化和政策走向形成一致的有效预期,也会降低国内外投资者对人民币汇率政策的可信度。另一方面,对要求人民币升值的国家而言,人民币汇率的灵活性不足,这会给这些国家指责中国操纵人民币汇率找到了更多借口。如果人民币一直实行公开盯住美元或者盯住确定的篮子货币,那么人民币就不存在操纵汇率的问题,而只是汇率制度的选择问题,但在当前的国际货币规则中,各个国家都是可以自由选择汇率制度的。中国实际上从1994年以来就宣布了实行管理浮动,但实际上没有遵循管理浮动的要求,在其他国家看来,是因为官方"操纵"了汇率。2017年实行的"前一交易日收盘汇率+一篮子货币汇率变化+逆周期因子"的形成机制,很多学者认为是中央银行希望重新加大对汇率的控制的举措,是对2015年后有所加强的汇率市场化的一种退步。

(二)人民币汇率实际上形成了阶段性的单边升值预期和贬值预期,进一步刺激了贸易顺差和投机资金流动

虽然中国货币当局强调人民币汇率改革是为了让汇率的形成机制更加市场化,而不是为了对汇率本身进行调整,但实际情况是自2005年7月以来,人民币汇率走势一直呈上扬态势,而汇率市场化的步伐非常缓慢。人民币汇率升值是为了缩小与均衡汇率的差距,缓解中国持续国际收支双顺差增加局面和国际社会对人民币的压力。但是,由官方公布最终形成的人民币汇率的频繁小幅度升值使人民币汇率安排更接近于爬

行盯住安排①，而且这种小幅频繁的爬行升值使市场形成了人民币进一步升值的预期。因为人民币升值预期的存在，会促使中国的出口进一步增加，进口进一步下降，而且这种效应可能会大于人民币升值本身给进出口带来的影响，使中国的贸易收支顺差继续扩大。另外，人民币升值预期使投机资金流入之势继续增加，进一步扩大国际收支顺差。国际收支顺差进一步刺激了人们对汇率进一步升值的预期，从而出现了"顺差增加—人民币升值—顺差进一步扩大—人民币进一步升值"的循环，其后果有可能导致人民币过度升值并形成潜在的危机威胁。

2015年以后，市场一度形成了持续单边贬值的预期。形成单边贬值的预期，一方面由于汇率制度改革当天人民币的一次性贬值，这预示人民币汇率变化的基本趋势；另一方面与汇率形成机制所坚持的参考前一交易日收盘汇率+货币篮子密切相关。这预示了汇率基本变化方向，但又强行限制汇率变化幅度的安排，一旦外部冲击造成升值或贬值的变化，极易形成单边持续性汇率变化和预期。

（三）汇率弹性仍然偏低，市场化程度偏低甚至出现退步，造成中央银行被动干预压力仍然较大，货币政策操作空间很小，而微观经济主体无法完全根据意愿买卖和持有外汇

经历21世纪后的数次汇率制度改革，人民币汇率的弹性有了一定程度的提高，但还存在提升空间。此外，涨跌幅度受到限制，也在一定程度上影响了资源配置效率的改善。这有可能导致市场参与者对于汇率变化的敏感程度减弱，从而使其对汇率的风险意识降低，从而加剧经营活动中的汇率风险。

外汇市场仍不完善，外汇市场的主要功能在于促进资源的优化配置、价格发现以及风险控制，其在汇率形成机制中起到了重要作用。但是，外汇市场在某些方面却不完善。外汇管制政策导致了外汇市场流动性和竞争性的缺失。外汇市场开放程度不高，使市场在人民币汇率决定中起到的作用有限。另外，外汇市场与其他市场的隔离使得市场参与者的种类和数量都受到了限制，保险和证券机构的缺席使企业和个人不能

---

① 这种爬行盯住不仅可以从人民币兑美元汇率的持续小幅度升值看出，还可以从表2-9至表2-11对人民币参考货币篮子的分析中看出，表2-9中数据显示，人民币对特别提款权的日汇率变化中常数项显著为负，即人民币兑篮子货币有显著的升值趋势。

利用保险与金融衍生品来控制汇率风险，这不利于降低外汇市场的风险。

汇率形成机制不健全。人民银行严格规定了商业银行持有外汇的额度，其在外汇市场成为名副其实的"垄断者"。中国人民银行对汇率决定基础拥有绝对的控制权利，能够对外汇交易的进行产生直接影响，从而造成汇率形成机制不健全。

虽然中国经常项目下已经实现意愿结售汇制，但是，外汇银行对外汇头寸没有主动决定权，其每天持有的结售汇总和头寸受到严格的限制。而中央银行入市干预的交易日数已经超过了总交易日数的70%，对银行间市场敞口头寸采取全额收购或供应，而且每天公布外汇的基准汇率，可以说主导了市场汇率的形成，汇率形成的市场化基础仍然比较低。同时，市场交易主体过于集中，目前，中国的银行间交易市场参与主体主要由国有商业银行、股份制商业银行、经批准的外资金融机构、少量资信较高的非银行金融机构和中央银行操作室构成，市场的广度和深度不够。这种程度的市场化汇率形成机制，一方面使微观经济主体尤其是银行无法完全根据自身效益最大化来决定外汇买卖，也缺乏对汇率的定价能力和对风险的管理能力，这与中国进一步的微观产权改革与人民币自由兑换的要求是不相适应的。另一方面进一步加大了对中央银行货币政策自主性的约束，外汇储备不断持续增加，使中央银行在灵活运用货币政策解决通货膨胀以及经济增长问题层面的操作空间非常狭窄。

第三章　货币可兑换条件下人民币中间汇率制度的非均衡性

根据第二章的分析，中国的产权制度会进一步完善，微观经济主体会拥有更独立和清晰的产权，而且人民币将逐步实现资本项目可兑换，从而实现完全自由兑换。在其他条件不变的情况下，现有人民币汇率制度安排是否能实现均衡？如果不能，那么新的均衡汇率制度应该是怎样的？根据第一章汇率制度变迁的分析，均衡的汇率制度仍然要取决于新的环境下各利益集团的效用表现以及各集团的相对影响力。

在人民币可自由兑换的条件下，进出口集团利益和其他国家的利益仍然继续在政府安排的人民币汇率制度中起着重要作用[①]，但是，会出现一个新的强大的影响汇率制度安排的经济利益集团——国际投机者。国际投机力量已经对许多发展中国家以及一些发达国家的汇率制度安排和经济发展起到了巨大的冲击和影响，也正在影响中国的汇率制度安排和经济运行。在人民币实现资本项目可兑换条件下，它势必更有力地制约和影响人民币汇率制度的安排。

第一节　货币可兑换条件下实行中间汇率制度存在的不稳定因素

如前所述，当前的人民币汇率制度是参考以美元为主的篮子货币浮动的安排，而不是真正的管理浮动。根据国际货币基金组织汇率制度分

---

① 其他国家和国际机构也同样会影响人民币汇率的安排，但是，在整个国际货币体系仍然为各国自主选择汇率制度的前提下，其他国家最多可能影响本币汇率水平，而不太可能影响到整个汇率制度的选择。

类，这是介于爬行盯住汇率制度和爬行区间汇率制度之间的一种安排，根据三大类汇率制度划分，人民币汇率制度是一种中间汇率制度。在人民币自由兑换条件下，汇率制度选择之一是继续实行中间汇率制度①，或者说人民币在中间汇率制度安排下实现自由兑换。笔者认为，这种选择是非均衡的，在人民币自由兑换后会出现诸多影响金融稳定和经济稳定的因素，如果继续实行中间汇率制度，货币金融危机的隐患很大。出于对各利益集团之间力量的权衡，应该尽可能地避免使用中间汇率安排。

货币自由兑换条件下中间汇率制度的金融不稳定因素主要来自对政府汇率定价能力的冲击。中间汇率制度表现为汇率的定价主要由政府掌握，汇率的中心平价由政府来制定，但是，微观经济主体直接或间接享有一定的定价权，直接定价权表现为汇率允许有一定的波动幅度，间接定价权表现为微观经济主体可以通过自己的买卖行为影响供求，从而影响汇率的最终定价。而中间汇率制度下的政府定价能力的冲击来自两方面：一是政府对均衡汇率的计算和掌握能力，官方公布的汇率可能与实际均衡汇率存在较大差异；二是自由兑换条件下大量的资金流动尤其是投机资金的流动，会给官方公布的汇率带来极大的冲击，削弱政府的定价能力。两个条件的共同作用会导致汇率制度的不稳定性，带来金融危机的隐患。

一　中间汇率制度下容易出现汇率水平持续错位

无论是采取固定程度较高的货币局制度安排，还是采取灵活性较大的水平区间制度安排，中间汇率制度下的汇率一定存在一个中心平价。货币当局根据什么来制定和修改中心平价呢？这需要找到一个比较符合经济基础和政策意图的均衡汇率，但是，在纸币制度下，均衡汇率应该如何确定，在理论上尚未形成确定的结论，实践中也存在技术上操作的困难。比如，在测算长期均衡汇率中应用得比较多的购买力平价（PPP）理论，即使假定PPP确实决定长期均衡汇率，但是，以此为基础来确定中心汇率，并且保证汇率的稳定，也存在理论和实践上的困难，容易导致汇率与均衡汇率之间的错位，而长期大幅度的汇率错位是诱发投机冲击的直接原因。

---

① 包括盯住汇率制度、水平区间盯住汇率制度、爬行盯住汇率制度和爬行区间汇率制度或介于其间的任何汇率制度。

首先，在根据PPP确定中心汇率时存在技术上的困难。包括寻找历史上作为合理参照系的"基期"，这个时期的汇率水平既没有出现高估也没有低估，基期选择不同，计算的汇率会出现很大的差异（Williamson, 1983），而且没有任何理由证明历史上一定存在这样一个均衡的时点。另外，技术上的困难还包括价格指数的选取以及价格指数的可比性问题，到底是使用消费者物价指数还是GDP平减指数或是其他指数，是使用国内货币篮子权数还是国外权数，不同的方法计算出的汇率也不相同，而且也没有理由证明哪一种方法是真正符合长期均衡汇率决定要求的。

其次，即使某种方法可以用来近似地测算以及制定中心汇率，但是，无法保证制定的汇率可以较长时期保证稳定（盯住汇率制度的要求），或者能够在政府承诺的某个区间内变动（汇率目标区的要求）。如果中心汇率由购买力平价决定，但是，不同时期物价会发生变化，不变的中心汇率不可避免地会出现错位。即使使用爬行区间这样具有较大灵活性的中间制度安排，中心汇率的调整幅度和市场汇率允许的波动幅度也可能跟不上经济基本面的调整。阿根廷在1979—1980年开始使用爬行盯住汇率制度安排，并事先公布汇率贬值的幅度，但是，由于国内工资和物价仍然非常高，结果出现了实际汇率的升值（80%）。[①] 到了期末，在贬值预期下有大量资本流出，最终导致了货币危机，结束了爬行盯住汇率制度。

Pan A. Yotopoulos和Sawada（2005）估算了153个国家1980—2000年汇率水平与PPP的持续偏离情况，发现在20年时间内，有21个国家的汇率出现持续偏离，1990—2000年，有48个国家的汇率出现持续偏离。1990—2000年出现汇率持续偏离的48个国家中，一半以上的国家（26个）在此阶段的大部分时间实行中间汇率制度（见表3-1）。

表3-1 1990—2000年汇率出现持续性偏离的国家和实施的汇率制度

国家	汇率制度安排	国家	汇率制度安排
奥地利*	1990—1998年中间汇率制度	马其顿*	1995—2000年中间汇率制度
孟加拉国*	中间汇率制度	马耳他*	中间汇率制度
巴巴多斯*	中间汇率制度	尼泊尔*	中间汇率制度

---

① W. Max Cordon, "Exchange rate policies for developing countries", *The Economic Journal*, 103 (January 1993), pp. 198 – 207.

续表

国家	汇率制度安排	国家	汇率制度安排
白俄罗斯*	1995—2000年中间汇率制度	密克罗尼西亚*	1995—2000年中间汇率制度
比利时*	1990—1998年中间汇率制度	阿曼*	中间汇率制度
巴西*	1991—1998年中间汇率制度	葡萄牙*	1990—1998年中间汇率制度
加拿大	实行浮动汇率制度	秘鲁	实行浮动汇率制度
中非	货币联盟	巴拿马	美元化
乍得	货币联盟	圣托美*	1990—1993年和1998—2000年中间汇率制度
哥伦比亚*	1990—1998年中间汇率制度	新加坡*	1990—1996年中间汇率制度
多米尼加	货币联盟	塞纳里昂	浮动汇率制度
多米尼加共和国	1990—1993年中间汇率制度	所罗门*	中间汇率制度
萨尔瓦多*	1990—1991年和1993—2000年中间汇率制度	西班牙*	1990—1998年中间汇率制度
冈比亚	浮动汇率制度	斯瓦兹岛*	中间汇率制度
德国*	1990—1998年中间汇率制度	瑞典	1990—1991年中间汇率制度，其余浮动汇率制度
圭亚那	1992—1995年中间汇率制度	瑞士	浮动汇率制度
匈牙利*	中间汇率制度	土库曼斯坦*	中间汇率制度
伊拉克*	1990—1998年中间汇率制度	乌干达	浮动汇率制度
牙买加	1992年和1994年中间汇率制度，其余浮动汇率制度	乌克兰	浮动汇率制度
哈萨克斯坦	1997—2000年中间汇率制度	英国	1990—1991年中间汇率制度，其余浮动汇率制度
韩国*	1990—1996年中间汇率制度	乌兹别克斯坦*	1993—2000年中间汇率制度
卢森堡*	1990—1998年中间汇率制度		

资料来源：Pan A. Yotopoulos, Yasuyuki Sawada, "Exchange Rate Misalignment: A New Test of Long-Run PPP Based on Cross-Country Data", CIRJE Discussion Papers, 2005。带*的国家为在此阶段大部分时间实行中间汇率制度的国家，汇率制度详细类别使用 Andre Bubula 和 Inci Otker-Robe（2002）对汇率制度的划分。

二 资本账户开放后可能导致外资过度流入和突然撤出

资本账户开放后，由于取消了对资本流入的管制，无论是从国内居民引进资金的需要,还是国外投资者希望从正在蓬勃发展的中国市场上获得较高的投资回报的需要,或者是利用发展中国家金融市场不完善进行投机套利的需要,都会有大量资金流入中国市场。大量的资金流入不仅会使国内货币汇率和资产价格偏离长期均衡水平,而且这些资金流动随时可能出现逆转,大规模地撤出中国,从而引发国际收支危机和国内金融危机。

诚然,每个国家尤其是发展中国家都需要利用外资,促进本国的投资和引进技术,提高管理水平,促进国民收入增长。但是,一国在一定时期需要引进的外资规模客观上存在一个适度水平,如果外资的流入超过了这个水平就会导致外资流入的过度。张礼卿(2004)的适度的外资流入量定义为:不存在外资对内资的简单替代的情况下,外资边际收益(MR)等于外资边际成本(MC)时的外资量。对于一个开放型的小型经济体,外资引进的边际成本(利率)是世界市场决定的定值,而引进外资的边际收益是下降的,因此,边际收益和边际成本的交点即为最适度的外资流入量(见图3-1)。当外资流入出现过量时,该国不仅不能充分实现利用外资的目标,反而会增加资金的投机性,而且会因此要承受巨大的债务负担。一旦本国出现不利的政治或经济冲击,或者出现冲击的预期或盈利的预期,这些资金尤其是没有进入实体经济的外资就会出现大规模的抽逃,给本国金融体系和经济领域带来不稳定甚至危机。

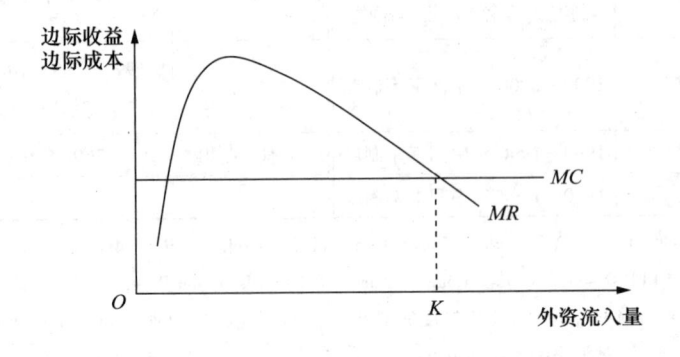

图3-1 外资的适度流入量

外资的过度流入不仅仅体现为其边际收益小于边际成本,还表现为流入的外资没有发生对内资的简单替代。在资本产出系数一定的条件下，要实现国民收入的增长，既可以依靠国内投资也可以依靠国际投资。如果出现了外资对内资的简单替代，那么投资总量没有变化，因此，国民收入没有明显增加，外资对国民经济的贡献基本被内资的减少抵消，此时，外资的引进就不是有效的，即使引进外资的边际收益大于边际成本，外资的流入量仍然不是适度的。

亚洲金融危机的一个重要表现就是资金的大规模撤出。Radelet 和 Sachs（1998）曾言："亚洲金融危机的核心是在 20 世纪 90 年代被吸引到该地区的大量的资本流动。"[①] 从印度尼西亚、马来西亚、韩国、泰国和菲律宾撤出的净私人资本在一年内高达 1050 亿美元，这几乎相当于 5 个国家 GDP 的 10%。整个东亚地区的净资本流动从 8 亿美元变为 -680 亿美元，整个发展中国家净资本流动从 435 亿美元变为 -850 亿美元。而资金大规模撤出的一个重要原因是这些国家的资金过度流入，尤其是短期资金，在 5 个国家中，短期债务占外债余额的 50%—67%（Corsetti，Pesenti and Roubini，1998）。二是短期债务占外汇储备的比例也非常高。1997 年，泰国、韩国和印度尼西亚这个比例超过了 1，其中，韩国为 2.1，印度尼西亚为 1.8，泰国为 1.5（BIS，1998）。

三 中间汇率制度下单向货币投机的内生性

资本账户开放条件下可能会导致外资的过度流入，而这些外资随时可能大规模地流出，从而触发金融动荡和危机。如果本国实行的是中间汇率制度，就会给大规模外资的投机冲击和资本流出提供更多的机会，在中间汇率制度安排下，容易诱发单向的货币投机冲击。

在浮动汇率制度下，任何投机都是双向的，可能盈利也可能损失，投机者要面临和承担风险的结果。但是，在中间汇率制度下，汇率长期维持在一个比较固定的水平或一个狭小的汇率波动空间里，当一国的经济基本面发生大的变化时，市场就会对市场决定的汇率[②]有一个一致性的大的升值（贬值）预期，从而诱发对该国货币进行投机冲击的可能。在这种投机下，政府如果不能够成功地防御对本币的冲击，那么本币就

---

① Radelet, Steven and Jeffery Sachs, "The Onset of the East Asian Financial Crisis", *NBER Working Paper*, No. 6680, 1998.

② 克鲁格曼（1978）称之为影子汇率。

会出现大幅度升值（贬值），投机者获取投机盈利。如果政府能够成功地击败投机者的冲击，则汇率水平不会变化，投机者除了付出投机成本，不会遭受汇率贬值（升值）带来的损失。所以，中间汇率制度下的投机往往是无风险的投机，或者说是单向的投机，这种无风险性会大大增加投机冲击的可能性。在完全固定汇率制度下，投机不会发生，因为汇率不会发生变化；在浮动汇率制度下，汇率会发生变化，投机者也可以获得投机收益，但他必须同时承担投机失败损失的风险，这种双向投机性大大约束了投机者的投机行为。

可以用一个简单的博弈模型来说明中间汇率制度下本币容易遭受单向的投机冲击。中央银行宣布本币与外汇之间实行中间汇率制度，即本币与外币之间保持一个比较固定的汇率区间，但是，这个水平和区间可以调整。假定汇率目标水平定为E，为了维持汇率的稳定，当市场上有对外汇的超买或超卖时，中央银行就必须卖出或买进外汇。如果投机者预计本币将可能出现升值（贬值），就可能对本币发动投机冲击，大规模买进（卖出）本币。这时投机者与中央银行之间存在一个静态博弈，过程如下：投机者采取的策略选择是否对本币发动冲击，如果不发动冲击，则博弈双方的支付（payoffs）都为0。如果投机者选择发动冲击，假设交易成本为0，中央银行有两个策略选择：一种是不防御，让汇率自由浮动或者宣布一个新的固定汇率水平或区间①，这时投机者单位外汇获得投机收益R②，中央银行会面临一个损失L（典型的如信誉成本）。中央银行的另一种选择是对冲击进行防御以维持稳定汇率，防御成本为S，但是，中央银行防御可能成功也可能失败，概率分别为P和（1-P）。防御成功，中央银行获得收益L，汇率维持不变，投机者收益为0；防御不成功，中央银行损失仍为L，投机者获得投机收益R。这个博弈过程可以表示为博弈树，如图3-2所示。

在这个简单的博弈里，只有三种策略组合，只要影子汇率低于（高于）官方汇率，投机冲击的收益R大于0。在0<P<1时，选择投机冲击将是投机者的优势策略，即无论中央银行怎么选择，投机者发动投机冲击的支付要高于选择不进行冲击的支付0。即使中央银行防御成功的

---

① 新汇率水平往往在影子汇率E附近，这样才能防止进一步的投机冲击。
② 当影子汇率E低于$\overline{E}$时，R=$\overline{E}$-E；当影子汇率E高于$\overline{E}$时，R=E-$\overline{E}$。

概率为1，选择发动投机冲击也是投机者的弱优势策略。所以，在中间汇率制度下，只要官方汇率与影子汇率的偏离较大（中间汇率制度维持时间越长，这种可能性越大），投机者将肯定选择对本币发动投机冲击，给本国金融体系和经济带来不稳定甚至引发危机。

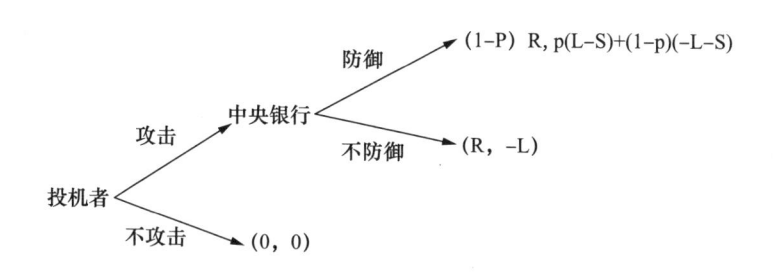

```
                        防御
                        ──────→ (1-P) R, p(L-S)+(1-p)(-L-S)
            攻击   中央银行
                        不防御
                        ──────→ (R, -L)
    投机者
            不攻击
            ──────→ (0, 0)
```

图3-2 中间汇率制度下的单向投机冲击博弈（投机成本=0）

四　中间汇率制度存在政策可信度问题

中间汇率制度的典型优点是兼有固定汇率制度下的汇率稳定性点和浮动汇率制下的汇率灵活性。在中间汇率制度下，既可以保持本币汇率的基本稳定，降低汇率风险，促进对外贸易和投机，或者通过汇率"名义锚"的作用控制本国的高通货膨胀，同时可以允许汇率在一定的条件下调整，以缓解外部经济不平衡，缓冲外部经济给国内通货膨胀或经济增长带来冲击。但也正是由于中间汇率制度下的汇率不是绝对的稳定，产生了中间汇率制度下汇率稳定的可信度问题，可信度的丧失更容易激发市场的投机行为。

在上述简单博弈过程中，虽然$0<P<1$时对于投机者而言选择投机冲击是一种优势策略，但是，如果$P=1$，那么投机冲击将是一种弱优势策略，当然，此时，选择投机仍然是一种均衡策略。但是，如果考虑得更接近经济现实，所有的投机都是有成本的，假设成本为C，此时博弈支付将会有所不同，见图3-3。此时，投机者的选择将取决于三个变量P、R、C。在$C<R$时，投机者才会考虑发动投机冲击，但是，在决定是否发起投机冲击，即考虑投机冲击给自己带来的支付时，投机者还必须考虑另一个重要因素P，也就是政府防御成功的概率。很显然，如果政府能够成功防御冲击，那么投机者将损失投机成本，这时投机者选择发动投机冲击的可能性就会大大降低。

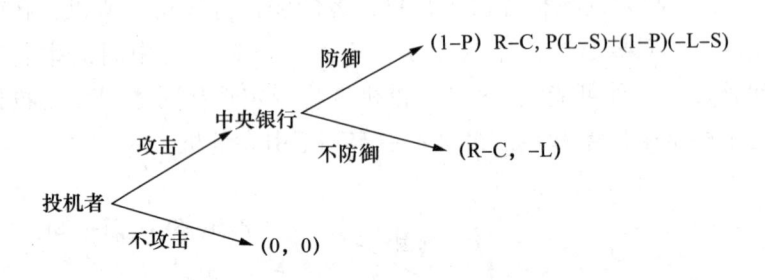

```
                                     防御
                          ┌──────────────→  (1–P) R–C, P(L–S)+(1–P)(–L–S)
                 攻击     │中央银行
              ┌──────────┤
              │           └──────────→  (R–C, –L)
   投机者     │              不防御
  ────────────┤
              │  不攻击
              └──────────→  (0, 0)
```

图 3–3　中间汇率制度下的单向投机冲击博弈（投机成本 ≠ 0）

那么，政府是否会防御？防御成功的概率有多高？显然，政府选择防御的必要条件是：$-L < P(L-S) + (1-P)(-L-S)$，而这个条件是否满足又取决于另外两个条件：第一，政府防御投机冲击的能力。这受政府面临的实际经济状况影响，如果政府进行防御的困难越大，需要花费的成本防御 S 越高，政府选择防御和防御成功的概率越小。第二，政府防御投机冲击的意愿。这反映了政府政策的可信度或政府的声誉，如果汇率稳定对政府的信誉越重要，那么政府更可能选择防御；反之，则可能选择放弃。放弃防御带来的声誉损失通过 L 来反映。在完全固定汇率制度安排下，在相同的防御投机能力下，政府防御投机的意愿非常高，即声誉损失 L 的值很大，这会增加防御成功的概率，投机者选择投机损失的可能会增大。在中间汇率制度安排下，政府放弃防御的声誉成本 L 要低得多，因为中间汇率的承诺本身允许汇率变动的灵活性存在，所以，政府选择不防御的概率较大，投机者选择投机成功的机会也就较大。中间汇率制度下政府承诺的可信度的低下加大了投机者发动投机和金融不稳定的可能性。

五　中间汇率制度容易导致道德风险和金融脆弱问题

由于中间汇率制度允许汇率在一定条件下变化，这就产生了政策的不可信问题和单向投机冲击问题，中间汇率制度下的汇率稳定又会引发另一个重要的关系金融脆弱的问题：道德风险问题。

在中间汇率制度下，尤其是那些政府在较长时间内能够维持汇率稳定的国家，政府对汇率稳定的承诺相当于给市场交易主体一个隐性的担保，这使微观经济部门包括银行部门忽略和低估了外汇风险的存在，大规模地进行对外投资或者借外债，而且没有注意外汇资产和负债的平衡管理，也没有对资产和负债头寸进行抵补保值。这样，一旦面临国际投机冲击，如果政府无力维持汇率稳定时，微观经济主体往往极大的损失甚至破产，银行部门大量未抵补的头寸使本国金融体系在面临汇率波动和冲击时尤其脆弱，货币危机和银行危机的并发，加剧了本国金融的动荡和不稳定。

世界银行（1999）总结了那些会纵容未抵补借款的因素，其中之一就是相对低的汇率波动会让投机者相信政府会保证汇率稳定，这与其他因素一起使大量短期外资流入，并通过银行体系转换成中期贷款。国际货币基金组织的统计数据表明，在墨西哥金融危机、亚洲金融危机前，这些国家的银行和企业都累积了大量的净外汇头寸，加深了金融危机的进程和破坏程度（见表3-2）。

表3-2　　　　　危机前银行和金融公司的外汇敞口　　　　单位：%

国家	外债/M2			外债/资产		
	1990年	1994年	1996年	1990年	1992—1996年	1996年
印度尼西亚	1.1	7.0	3.2	108	193	143
韩国	4.4	8.3	14.1	140	149	174
泰国	6.1	25.1	32.8	265	519	775
阿根廷	33.7	10.1	9.5	313	197	158
巴西	20.6	10.0	17.3	207	177	282
墨西哥	55.3	66.8	44.7	901	750	498

资料来源：国际货币基金组织。

第二节　中间汇率制度下货币危机的发生机理与表现

货币自由兑换下中间汇率制度具有内在的不稳定性和货币投机的内生性，面对这种投机政府会采取一定的政策应对，形成投机者与政府之间的博弈，最终影响经济运行和政府的汇率制度均衡选择。政府在货币投机中的政策规则主要有两种形式：坚持单一的汇率稳定规则和多元化目标约束下的最优化规则。单一的汇率稳定规则是指不论发生什么情况，政府始终坚持维护汇率的稳定，直到政府没有能力坚持。中间汇率制度下的汇率稳定规则有盯住汇率、爬行盯住和汇率目标区三种表现。而最优化规则强调政府目标函数的多元化，但是，在一定的技术和经济约束条件下，政府不可能同时实现多个目标，只要采取相对最优的政策，在不同政策规则下都可能引发货币危机。

一 单一盯住汇率制度下的货币危机

在克鲁格曼（1979）、弗拉德和加珀（Flood and Garber, 1984）构建的传统第一代货币危机模型中，假设一个开放经济的小国将本币盯住一个大的贸易伙伴国的货币，资本可以自由流动，本外币金融资产、商品之间可以相互替代，交易成本为0，市场有完全的预期，一国扩张性的货币政策是为了给财政赤字融资即赤字货币化。

该国国内货币需求函数为：

$$m = p - \alpha(i), \quad \alpha > 0 \qquad (3-1)$$

式中，m、p 分别表示对数形式的国内基础货币需求和国内价格水平，i 表示国内利率水平。

国内货币供给函数为：

$$m = d + r \qquad (3-2)$$

式中，d、r 分别表示对数形式的中央银行提供的国内信贷和国际储备。

国内价格和利率受到国际套利的约束，因此，有购买力平价和利率平价成立：

购买力平价：$p = p^* + s \qquad (3-3)$

利率平价：$i = i^* + \dot{s} \qquad (3-4)$

式中，p^* 是外国对数形式的价格水平，i^* 是外国利率，s 是对数形式的汇率，以直接标价法表示，$\dot{s}$ 表示实际的也是预期的汇率变化率。

假设固定汇率水平为 $s = \bar{s}$，有 $\dot{s} = 0$，$i = i^*$。国内经济情况出现财政赤字，赤字融资的需要要求国内货币信贷发行以 μ 的速度增长，国外价格和利率都没有变化。将式（3-2）至式（3-4）代入式（3-1），有：

$$r + d - p^* - \bar{s} = -\alpha(i^*) \qquad (3-5)$$

由于汇率、国外价格和利率都不变，而 d 以 μ 的速度增长，货币市场均衡使 r 以同样的速度下降，有 $\dot{r} = -\mu$。显然，即使没有投机冲击，最终政府的国际储备也会丧失殆尽，汇率稳定不可维持。在政府没有能力维持汇率时，中间汇率制度安排允许政府对汇率进行调整。只要汇率进行调整，投机就能获得利润，所以，投机者不会放过冲击的机会。当投机冲击出现时，政府储备和汇率的稳定将以更快的速度崩溃，货币危机产生。货币危机产生的规模和时间依赖于政府放弃汇率稳定后的选择。

政府在汇率不能维持以后，一般有两个选择：一是实行汇率浮动，如同墨西哥在 1994 年的选择；二是对本币进行法定贬值，在一个新的汇率水平上继续维持稳定，如同欧洲货币体系在 1992—1993 年的做法。假定政府选择实行汇率浮动，称投机者购进所有政府用来维持汇率的剩余储备后，政府不再对市场进行干预时的市场汇率为影子汇率，假定为 $\tilde{s}$。影子汇率实际上是在政府耗尽外汇储备后能够使货币市场恢复均衡的汇率，此时有：

$$d - \tilde{s} = -\alpha(\dot{\tilde{s}}) \tag{3-6}$$

因此，影子汇率为：

$$\tilde{s} = \alpha\mu + d \tag{3-7}$$

将影子汇率式（3-7）和之前的固定汇率 $\bar{s}$ 表示在图 3-4 中，两条线相交于 A 点，对应的国内信贷为 d_A。当 $d < d_A$ 时，如果发动投机冲击，冲击后的影子汇率相对先前的汇率升值，如果投机者通过抛售本币投机，结果会亏损，此时没有预期贬值的投机冲击。[①] 当 $d > d_A$ 时，影子汇率出现贬值，意味着对于每一单位从政府手中购得的外汇都将获得投机收益，这使所有投机者会争相从政府抢购外汇，冲击发生。这种冲击在每一点都会发生，一直到 $d = d_A$ 时，此时影子汇率等于先前的固定汇率。如果国内信贷一直持续增加，那么投机冲击的爆发点即为 $\tilde{s} = \bar{s}$ 时。

---

① 在第一代货币危机模型里，只考虑财政赤字货币化行为对货币政策带来的影响，财政赤字必然引发影子汇率贬值的预期而没有升值的预期，所以，没有预期本币升值的投机冲击。而且即使有升值的冲击，政府只需要发行本币即可满足汇率稳定的要求，虽然本币发行会带来通货膨胀问题，但是，在第一代模型里政府的目标是单一的。所以，第一代危机模型无法解释对升值货币冲击的情形。

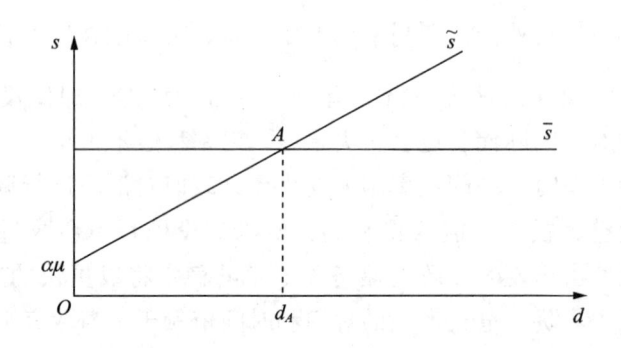

图 3-4 盯住汇率制度下的投机冲击

克鲁格曼模型属于确定性模型，市场清楚地知道政府的官方储备状况和国内信贷扩张速度，所以，对于固定汇率制度崩溃的时间可以准确预测。弗拉德和加珀（1984）将国内信贷增长的不确定性引入了分析，建立了离散性随机模型，其中，国内信贷的增长围绕着一个趋势增长率随机波动，因此，即使是短期合约也具有正的远期贴水，固定汇率制度的崩溃时间也就成了随机变量。在他们的模型里，冲击发生在参与者意识到如果延迟投机冲击，会导致中央银行耗尽储备后汇率的一次性大幅下跌。在每个阶段，下一期固定汇率制度崩溃的概率可以通过估计下一期国内信贷增长，而且在投机发生时足以导致汇率一次性大幅贬值。

二 单一爬行盯住汇率制度下的货币危机

以上模型很容易扩展到对爬行盯住汇率制度的投机冲击，盯住汇率制度只不过是一种特殊的爬行盯住汇率制度——预先设定的汇率调整幅度为零（Connolly，1983），爬行盯住汇率制度和盯住汇率制度一样，提供了一个僵硬的货币政策规则，如果这个汇率制度没有被执行，就会发生对中央银行的信心危机和对外汇储备的冲击。

在一个小型开放经济体下，居民持有的货币财富 W 包括外币 F^* 和本币 M 两种形式，汇率为 r，外币资产用本币衡量，有 $F = rF^*$。

$$W = M + F \tag{3-8}$$

根据资产组合理论，其中用本币持有的比例 k 随着本币贬值而下降：

$$M = kW \quad k = k\,(1/r \cdot dr/dt),\ k' < 0 \tag{3-9}$$

式中，$1/r \cdot dr/dt$ 表示本币的贬值率。如果世界价格不变，国内居

民持有的所有货币财富用贸易品表示的实际价值也不变,为:

$$W = wr \qquad (3-10)$$

式中,w 为用贸易品表示的居民财富总量。货币当局的货币供给包括信贷供给 C 和外汇投放 R:

$$M = R + C \qquad (3-11)$$

该经济体实行爬行盯住汇率安排,汇率按照事先宣布的速度 γ 贬值:

$$r = \bar{r}e^{\gamma t} \qquad (3-12)$$

而国内信贷的增长速度为 $\gamma + \varepsilon$:

$$C = \bar{C}e^{(\gamma+\varepsilon)t} \qquad (3-13)$$

式中,$\bar{C}$ 表示初始信贷规模。如果 $\varepsilon = 0$,意味着货币当局遵循爬行盯住汇率制度给出的规则约束,此时信贷增长和汇率都按照 γ 的速度增加,$k = k(\gamma)$ 为定值,居民对国内货币和国外货币的资产持有保持均衡,W、M、F 都按照 γ 的速度增长。

现在假定在 t = 0 时,国内货币体系处于均衡状态,货币贬值和国内信贷增长速度都为 γ,但是,在这以后,国内信贷增长速度增加为 $\gamma + \varepsilon$。此时,汇率仍然按照以前,速度贬值,因此,居民持有国内货币增长的比例不变,国内货币出现过剩供给,居民将多余的本币用以购买政府外汇进口,造成外汇储备减少。

根据式(3-9)、式(3-10)和式(3-11),有:

$$R + C = kwr \qquad (3-14)$$

在初始 t = 0 时的均衡状态有:

$$\bar{R} + \bar{C} = \bar{M} = k\bar{w}r \qquad (3-15)$$

式中,$\bar{R}$ 和 $\bar{M}$ 分别表示初始状态下的外汇点数和货币供应量。当信贷增长扩张时,汇率仍然按照以前的速度 γ 贬值,而货币增长按照 $\gamma + \varepsilon$ 增长,因此,式(3-14)变为:

$$\begin{aligned} R &= kwr - C = kw\bar{r}e^{\gamma t} - \bar{C}e^{(\gamma+\varepsilon)t} \\ &= \bar{M}e^{\gamma t} - \bar{C}e^{(\gamma+\varepsilon)t} \\ &= [\bar{M} - \bar{C}e^{\varepsilon t}]e^{\gamma t} \end{aligned} \qquad (3-16)$$

显然,如果 $\varepsilon = 0$,即国内信贷仍然与爬行盯住的要求一致,此时式(3-16)变为:

$$R = [\overline{M} - \overline{C}]e^{\gamma t} = \overline{R}e^{\gamma t} \qquad (3-17)$$

此时国内货币增长，居民持有本币的需求和外汇的贬值继续处于均衡状态，外汇储备不会变化。如果 ε>0，那么式（3-16）右边第二项将比第一项增加更快，因此 R 最终一定会下降。不过，在外汇储备为 0 以前，爬行汇率制度就会崩溃，因为所有人都会意识到这种汇率安排的不可维持性，因此投机冲击会发生，汇率安排提前崩溃。

在没有投机冲击时，信贷的过度扩张最终会耗尽储备，使汇率出现一次性大幅贬值，以保持与信贷供给增长的均衡。在图 3-5（a）中，纵轴表示国内货币存量，横轴表示汇率。在爬行盯住汇率制度崩溃以前，居民持有本币的比例表现为直线 k(γ)，在 B 点政府储备用完，汇率从 B 跳到 D，新的本币持有比例用直线 k(γ+ε) 表示。当有投机发生时，投机者会在 B 点以前发起冲击，向政府卖出本币而买进外汇的过程使政府储备下降，而且居民持有本币的比例也会出现下降。在直线 k(γ) 上，投机在 A 点发生，在这以后政府储备耗尽，实行浮动汇率，汇率贬值按照新的(γ+ε)速度进行，居民持有本币的相对比例降为 k(γ+ε)。A 点具有这样的特点：在这以前政府有足够的储备维持爬行盯住汇率制度，冲击无利可图，从 A 开始冲击是有利可图的，而且越早越能获得更多的利润。图 3-5（b）显示了相对应的汇率变化轨迹。如果没有投机冲击，汇率沿着 A′B′ 变化（汇率变化速度为 γ），直到政府储备耗尽，汇率突然贬值为 C′；如果有冲击发生，汇率安排的变化在 A′ 就会发生，然后沿着新的贬值速度（A′C′）变化，汇率变化速度为 γ+ε。

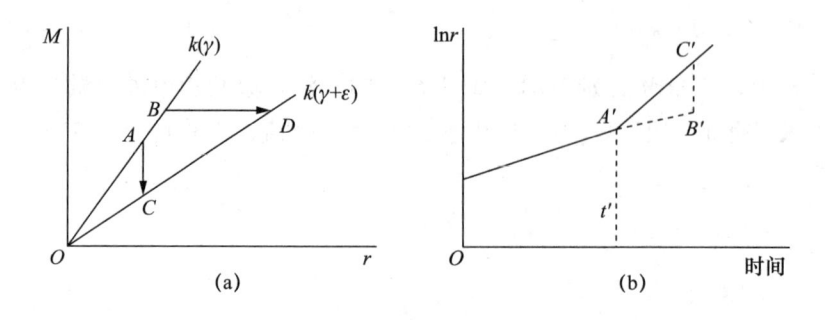

图 3-5 爬行盯住汇率制度下的投机冲击

三 汇率目标区制度下的货币危机

克鲁格曼的汇率目标区模型被称为汇率目标区理论的标准模型。其表达式为：

$$s = m + v + \gamma E(ds)/dt \qquad (3-18)$$

式中，s 是即期汇率的自然对数；$m+v$ 是基本经济因素，m 是货币供给量的自然对数，v 是其他基本经济因素也可以说是货币需求的冲击项。其中，m 是中央银行能够控制的，而 v 对中央银行来说是外生的，是一个随机变量；$E(ds)/dt$ 是预期汇率的瞬时变动率；γ 是参数，表示即期汇率对预期变动率的弹性。

假定 v 服从带漂移项的布朗运动，表达式为：

$$dv = \mu dt + \sigma dz \qquad (3-19)$$

式中，μ 和 σ 为常量系数，z 遵循标准的维纳过程。

根据模型的基本假定和式（3-18）与式（3-19），可以求解出目标区制度下描述汇率变动的一般函数关系（Froot and Obsfeld, 1989; Krugman and Rotemberg, 1990）：

$$s = m + v + \gamma\mu + Ae^{\alpha_1 v} + Be^{\alpha_2 v} \qquad (3-20)$$

式中，A 和 B 是常数，由给定的汇率目标区的上界和下界决定，如果目标区边界是对称的，则有 A = B；如果只考虑汇率贬值的下限，有 A≠0，B = 0。α_1、α_2 可以根据伊藤引理求解出：

$$\alpha_1 = \sqrt{\frac{2}{\gamma\sigma^2}} > 0$$

$$\alpha_2 = -\sqrt{\frac{2}{\gamma\sigma^2}} < 0 \qquad (3-21)$$

在可信的稳定汇率目标区下，如果政府对汇率的干预只在边界发生，那么汇率目标区具有两个基本特征：蜜月效应和平滑粘贴条件，见图3-6。蜜月效应通过汇率曲线 TT 线变化可以看出，TT 线的上半部总是位于45°线之下，下半部总是位于45°线之上，TT 线斜率小于1，这表明，比起浮动汇率制度，汇率目标区制度具有内在的稳定机制，即使没有实际的干预发生，基本经济变量对应的汇率目标区的绝对值也总是小于浮动汇率制的绝对值。产生这种现象是因为目标区内的汇率离中心汇率越远，就越接近目标区的边界，被干预的概率就越高。当本币贬值接近上边界时，越来越大的干预的可能性意味着一个本币升值的预期，因此，目标区内最终实现的本币贬值要比浮动汇率制度下小。平滑粘贴条件是指 TT 线与目标区的上下界分别相切。这一条件实际上是在汇率目标区制度下不存在无风险套利这一假定下得到的，这说明在靠近目标区边界的地方，汇率对于基本经济变量变得非常不敏感。

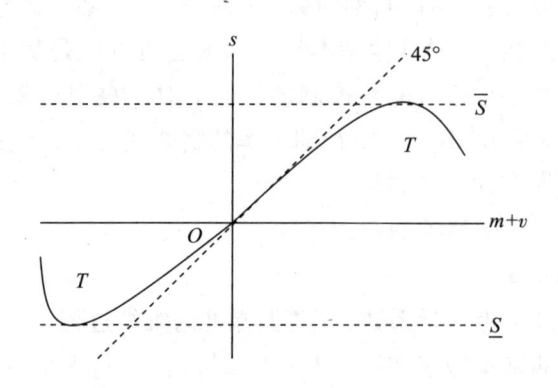

图 3-6 汇率目标区模型

考虑汇率目标只有上限的情况，即 B = 0。此时的平滑粘贴条件要求汇率曲线必定与汇率上限水平线相切，也就是说，在目标区边界必须有：

$$\frac{ds}{d(m+v)} = 1 + A\alpha_1 e^{\alpha_1 v} = 0 \qquad (3-22)$$

这意味着 A < 0。这也说明，只要没有投机冲击，由于货币当局会对汇率进行干预，这使汇率的价格会接近于中心汇率，也就是蜜月效应的存在。但是，如果政府的储备有限，货币当局维持汇率目标的努力就可能失败，此时的平滑黏贴条件就可能不存在，投机冲击会发生，汇率目标区也就面临崩溃。

本币供给函数仍然由两部分构成：

$$m = \ln(D + R) \qquad (3-23)$$

如果发生投机冲击，政府外汇储备耗尽，本国货币供给将降为：

$$m' = \ln(D) \qquad (3-24)$$

在冲击发生以后，汇率变为自由浮动，此时 A = B = 0。而且投机冲击只会在扰动项 v 达到一定水平 v′时发生，此时发起冲击将会使汇率达到其上限水平 $\bar{s}$。因此有：

$$\bar{s} = m' + v' + \gamma\mu \tag{3-25}$$

在冲击发生以前,汇率轨迹为:

$$s = m + v + \gamma\mu + Ae^{\alpha_1 v} \tag{3-26}$$

根据标准的投机冲击观点,投机会发生在没有可预见的汇率跳跃性贬值之时,也就是说,在 v' 时有:

$$s = m + v' + \gamma\mu + Ae^{\alpha_1 v'} = \bar{s} = m' + v' + \gamma\mu \tag{3-27}$$

结合式(3-22),得到:

$$m' - m = -\frac{1}{\alpha_1} \tag{3-28}$$

另外,根据式(3-23)和式(3-24),本币供给的变化对应着官方储备的变化为:

$$m' - m = -\ln\left(\frac{D+R}{D}\right) = -\ln\left(1 + \frac{R}{D}\right) \tag{3-29}$$

显然,如果 $\frac{R}{D} > e^{\frac{1}{\alpha_1}} - 1$,官方储备足以满足维持汇率目标的要求,此时平滑粘贴条件满足,汇率目标区得以维持。但只要 $\frac{R}{D} \leq e^{\frac{1}{\alpha_1}} - 1$,投机冲击就会成功,投机必然发生,汇率目标区面临危机。

四 政府目标最优化政策下的货币危机

如果政府不是采取单一的汇率规则,而是根据经济的需要适时调整政策以实现目标的最优化,那么即使国内经济没有出现过度赤字化问题,也会导致货币危机,其中的关键原因在于理性预期和由此导致的政策不一致问题。基德兰和普雷斯特(Kydland and Prescott,1977)指出了政策不一致性问题,在一系列的具有反馈性的政策规则里,最优的政策取决于最初的情形,而在接下来的阶段继续最初的政策并非最优,即最优政策是不一致的。

奥布斯特菲尔特(Obstfeld,1994)在分析中加入了政府的非线性政策规则,此时政府的汇率政策是为了实现以下目标:

$$\min L = 0.5\theta^2 + 0.5(\delta - E\delta - u_t - k)^2 \tag{3-30}$$

式中,L 是政府的损失函数,δ 是货币贬值率,$E\delta$ 是预期的货币贬值率,u_t 是扰动项,k 是经济的扭曲(产出扭曲),而 θ 是政府赋予汇率变化目标(通货膨胀目标)的相对权重。其中,除了预期贬值率是前期形成的,其他变量都在当期实现。

根据基德兰和普雷斯科特（1977）与巴罗和戈登（Barro and Gordon, 1983）分析的政府政策的时间不一致问题，如果出现了经济扭曲，在前期形成的贬值预期基础上（固定汇率制度下为0）政府具有汇率贬值的动机。不过，理性的私人会预期到政府的这一选择，所以，在前期的预期中必然考虑到这种可能性。一旦私人形成了贬值预期，那么最优化目标下的政府职能采取汇率贬值措施，根据预期所形成的投机也就是自我实现。

在目标函数式（3-30）约束下，如果在经济扭曲情况下，政府保持汇率稳定不变（单一规则），此时有 $\delta=0$，自然有 $E\delta=0$。假定赋予价格稳定的相对权数为1，此时政府的预期损失为：

$$L^R = 0.5(\sigma^2 + k^2) \qquad (3-31)$$

如果政府选择实行相机抉择政策，那么私人会预期汇率贬值率为 $E\delta = k/\theta$，政府的预期损失为：

$$L^D = 0.25\sigma^2 + k^2 \qquad (3-32)$$

显然，如果经济没有冲击，单一的汇率稳定规则是最优的，但是，如果出现了额外的经济冲击，相机抉择政策就可能是最优的。

由于没有哪一个规则一定是最优的，所以更常见的、政府可能采取的是混合策略：平时采用单一的规则，而一旦出现破坏性冲击，政府就启动"例外条款"进行相机干预——典型的中间汇率制度安排。不过，政府这样做面临一个额外成本：承诺成本或信誉成本，一旦实行例外条款，固定汇率制度将变得不可信。显然，政府在下列条件下会坚持汇率稳定的规则：

$$L^R < L^D + C \qquad (3-33)$$

在额外成本 C 给定条件下，政府需要判断采取例外条款扰动的大小，设这个扰动为 μ，那么 μ 应该满足：

$$L^R(\mu) = L^D(\mu) + C \qquad (3-34)$$

显然，式（3-34）是个二次方程，在图3-7中，曲线反映 $L^R - L^D$，水平的直线反映固定成本 C。两条线有两个交点，一个是较低水平的扰动 L_μ，另一个是较高水平的扰动 H_μ。如果私人预期扰动为 H_μ 或者更高，那么也会预期政府会放弃汇率稳定，而且会将预期反映在自己的经济行为（工资设定和投机）里，此时政府的最佳选择就是真的实施例外条款。同样，如果私人预期扰动为 L_μ 或者更低，政府同样会放弃汇率稳定。这样，不用等到真正的扰动发生，预期会使投机冲击发生，也会使投机最终实现。只有在预期的扰动处于 L_μ 和 H_μ 之间时，才不会有投机的发生。

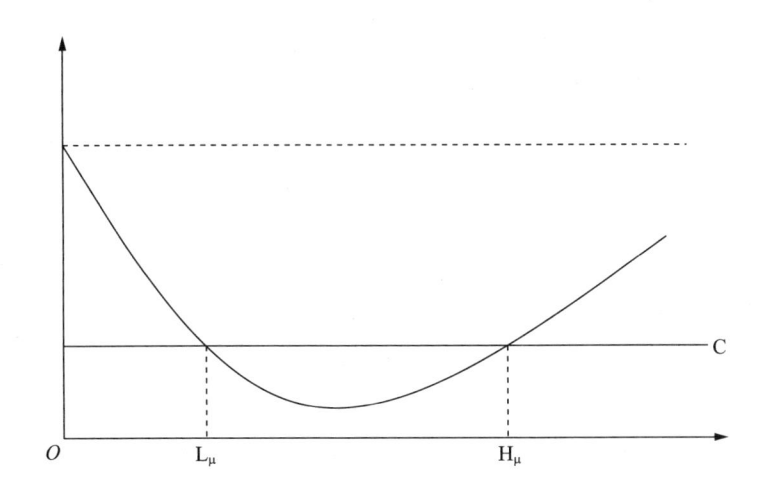

图 3-7　双重均衡与货币投机冲击

五　中间汇率制度与货币危机的实证表现

尽管货币危机理论基本上都是针对中间汇率制度的，但是，斯蒂格利茨（Stiglitz，2002）曾表明这样的观点，固定汇率制度也好浮动汇率制度也好，都不是货币危机的原因，资本市场自由化和危机后，政府的救助政策才是货币危机的罪魁祸首。那么在现实经济中，汇率制度与货币危机之间的关系如何呢？中间汇率制度是否表现出明显的货币危机倾向？理论的证实和证伪都需要实证研究的支持。

国际货币基金组织（1997）曾经比较了1975—1996年货币危机发生前的汇率制度状况。将货币危机定义为汇率的急剧下降，汇率制度使用的是名义汇率制度分类，分析发现，几乎一半的货币危机发生在浮动汇率制度下，也就是固定汇率制度和浮动汇率制度具有相似的货币危机概率。不过，国际货币基金组织的这次分析有两点遭到了质疑：一是名义汇率制度的使用可能掩盖了实际汇率制度的影响；二是仅仅用汇率波动来表示货币危机不太合适。Ghosh 等（2003）使用了实际汇率制度的区分，并且使用了 Glick 和 Hutchinson（1999）提出的货币危机定义，结果发现，在固定盯住汇率制度下（包括固定汇率制度和硬盯住汇率制度）有最低的危机概率。杜巴斯等（Dubas et al.，2005）对1971—2002年180个国家的数据分析发现，一共有434次危机事件，其中424次发生在非工业国家。另外，他们发现，危机主要发生在独立浮动汇率制度下，而不是盯住汇率制度下。Hail和Pozo（2006）通过计算市场压力指数（EMP）并结合极值理论方法来判定货币危机，使用名义汇率制度和LYS的实际汇率制度两种分类方法，比较了不同汇率制度对一国面对货币危机时的脆弱性。结果比较有趣，名义汇率制度的区别对货币危机的可能性有影响，但是，实际汇率制度的区别并没有影响。名义上的盯住汇率制度下危机的可能性最大，即使它们实际上并没有盯住汇率。不过，笔者使用的样本很有限，仅包括18个国家，时间从1960—1998年，而且这些国家基本都是发达国家。国内的马君潞和吕剑（2007）以26个转型经济国家为样本，分别建立Probit和Logit模型，对这些国家的汇率制度与金融危机发生概率之间的关系进行了实证分析，发现相对于中间汇率制度，固定汇率制度和浮动汇率制度有利于降低金融危机发生的概率。

对于不同汇率制度下的危机倾向性实证研究比较有影响的是Andrea Bubula和Inci Otker–Robe（2003）的研究，他们分析了1990—2001年的货币危机与不同汇率制度之间的关系。汇率制度划分使用国际货币基金组织公布的成员国实际汇率制度，用外汇市场压力指数（EMP）来判别货币危机事件，压力指数的构造包括汇率变化和利率变化两个元素，定义货币危机如下：

$$I_{e,i} \geq \overline{I}_{e,i} + 3\sigma I_{e,i} \quad I_{e,i} = A + \frac{\sigma A}{\sigma B}B \qquad (3-35)$$

式中，$I_{e,i}$为外汇市场压力指数，A为对锚币的双边月度名义汇率方差，B为国内月度利率方差，σA和σB分别表示A和B的样本标准差，$\overline{I}_{e,i}$和$\sigma I_{e,i}$分别表示压力指数的国别样本均值和标准差。

分析表明，如果将汇率制度划分为固定汇率制度、中间汇率制度（包括软盯住汇率制度和严格管理浮动汇率制度）和浮动汇率制度（不包括严格管理浮动汇率制度）三类，结论支持两极论的观点，三类汇率制度有不同的危机倾向，而且在1%的显著性水平下显著。相对而言，1990—2001年，中间汇率制度下有更大的危机倾向（95%的置信水平)(见图3-8和表3-3、表3-4)。对所有国家和非新兴发展中国家而言,中间汇率制度下的危机倾向是固定汇率制度下的近3倍;而对于发达国家和新兴市场国家而言,这个比率高达5倍;对于所有国家而言,中间汇率制度比浮动汇率制度更具有危机倾向,即使对于非新兴发展中国家,也不能拒绝中间汇率制度和浮动汇率制度至少具有一样危机倾向的假设。在固定汇率制度和浮动汇率制度之间,硬盯住汇率制度比浮动汇率制度更不容易发生危机,除了发达国家和新兴市场国家。

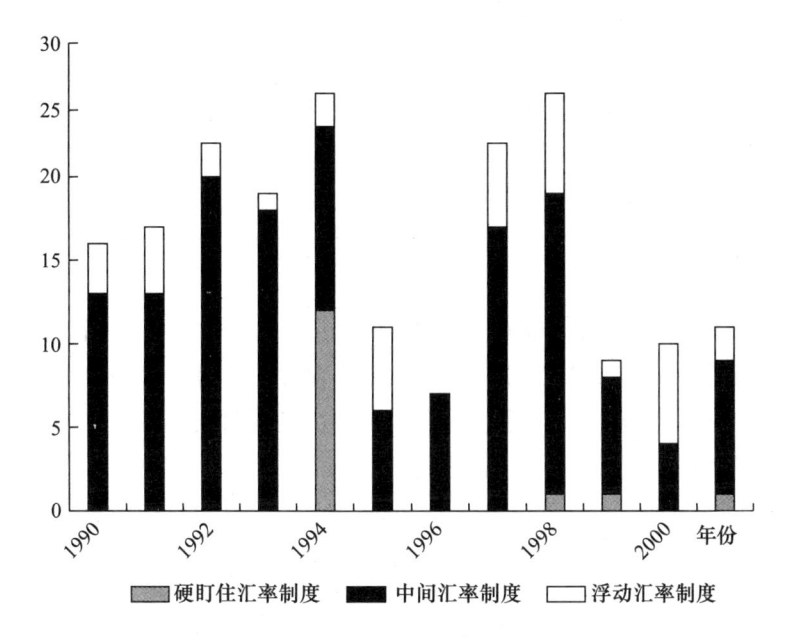

图3-8 三种汇率制度下的危机发生数

资料来源:Andrea Bubula and Incitker - Robe,2003,"Are Pegged and Intermediate Exchange Rate Regimes More Crisis Prone?" *IMF Working Paper*,WP/03/223。

表3-3　　　　　1990—2001年不同汇率制度下货币危机的分布

	危机次数所占比重(%)	不同汇率制度下的危机爆发频率		
		所有样本国	新兴市场和发达国家	其他发展中国家
硬盯住汇率制度	7.14	0.41	0.29	0.44
美元化	0.00	0.00	0.00	0.00
货币联盟	5.61	0.40	0.00	0.45
货币局制度	1.53	0.55	0.64	0.44
中间汇率制度	72.96	1.30	1.21	1.36

续表

	危机次数所占比重（%）	不同汇率制度下的危机爆发频率		
		所有样本国	新兴市场和发达国家	其他发展中国家
盯住单一货币汇率制度	23.47	1.54	1.08	1.70
盯住篮子货币汇率制度	16.33	1.41	2.38	1.22
水平区间汇率制度	11.22	1.26	1.19	1.47
爬行盯住汇率制度	4.59	1.18	1.21	1.16
爬行区间汇率制度	2.55	0.70	0.95	0.77
严格管理浮动汇率制度	7.14	1.04	0.99	1.09
浮动汇率制度	**19.90**	**0.72**	**0.52**	**0.88**
其他数字说明				
观察值	19853	19853	7485	12369
危机次数	196	196	68	128

资料来源：同图4-8。

Andrea Bubula 和 Inci Otker - Robe（2003）的分析表明，对于两极论的观点存在统计上的支持，浮动汇率制度和汇率制度硬盯住汇率制度比中间汇率制度下有更低的危机倾向。而且僵硬的软盯住汇率制度比硬盯住汇率制度具有更高的危机频率，虽然不同形式中间汇率制度下的危机频率有差别，但是，在统计上并不显著（见表3-4），而且中间汇率制度具有相同危机倾向的假设不能被拒绝。

表3-4　　不同汇率制度下的危机倾向差异统计检验

假设	所有国家	新兴市场和发达国家	其他发展中国家
假设1：三种汇率制度具有同样的危机倾向	$\chi^2 = 25.34$ $\text{Prob} > \chi^2 = 0.0000$***	$\chi^2 = 11.21$ $\text{Prob} > \chi^2 = 0.0027$***	$\chi^2 = 15.44$ $\text{Prob} > \chi^2 = 0.0004$***
假设2：P_C（硬盯住汇率制度）$\geq P_C$（中间汇率制度）	-1.19*** (0.28) 3.29	-1.59** (0.72) 4.92	-1.13*** (0.30) 3.10
假设3：P_C（浮动汇率汇率制度）$\geq P_C$（中间汇率汇率制度）	-0.59*** (0.18) 1.80	-0.86*** (0.32) 2.36	-0.438** (0.22) 1.55

续表

假设	所有国家	新兴市场和发达国家	其他发展中国家
假设4：P_C（硬盯住汇率制度）$\geq P_C$（浮动汇率汇率制度）	-0.60** (0.31) 1.82	-0.73 (0.77) 2.08	-0.69** (0.35) 2.00

资料来源：同图3-8。*、**、***分别表示在10%、5%、1%的显著性水平下可以被拒绝虚拟假设。假设3-2、假设3-3和假设3-4的检验中数据为点估计结果，括号里是标准差，估计使用危机变量的Logit回归，其中，假设3-2和假设3-3分别以浮动汇率制度和固定汇率制度为哑变量，假设4以浮动汇率制度为哑变量，P_C表示危机概率。假设3-2最后一行数字表示中间汇率制度下的危机概率和硬盯住汇率制度下的危机概率的比值，假设3-3和假设3-4最后一行数字分别表示中间汇率制度与浮动汇率制度、浮动汇率制度与硬盯住汇率制度的危机概率比值。

第三节 中间汇率制度下中国潜在的货币危机因素分析

中国一直实行的是中间汇率制度，人民币已经实现经常项目可兑换，并开始逐步地实现资本项目可兑换。虽然截至目前中国尚未发生货币危机，即使在1997年亚洲金融危机的冲击下，中国也保持住了人民币币值的稳定，但这在很大程度上是因为中国的资本项目仍然存在较严的管制，国际投机资金对人民币难以发动大规模的冲击。从长期看，中国终将实现人民币资本项目的可兑换，这必将增加人民币遭受冲击的可能性，中间汇率制度的脆弱性也将被完全体现。另外，即使在人民币尚未实现可自由兑换的条件下，中国已经表现出潜在的引发货币危机的因素，这些因素在很大程度上可以预示，如果在人民币自由兑换条件下中国仍然坚持中间汇率制度安排，那么发生货币危机的可能性是非常大的。

一 资本项目部分可兑换下人民币汇率水平的错位测算

汇率水平出现持续的大幅度错位是引起投机资金对该种货币发动大规模投机冲击的重要原因，汇率水平错位是指实际汇率与均衡汇率水平之间发生持续性偏离。均衡汇率思想始于凯恩斯（Keynes，1923，

1935），其后，纳克斯（Nurkse，1944，1945）和斯旺（Swan，1963）对其进行了发展。对于均衡汇率的测算，20世纪80年代，威廉森（Williamson）提出基本要素均衡理论后开始盛行，对于不同期限和不同国家的具体经济特点，均衡汇率测算方法有差异。对于短期均衡汇率，使用的理论和模型主要有非递补利率平价、货币资产市场模型和麦克康纳（MacDonald，1998）提出的行为均衡汇率理论（BEER）；而中长期均衡汇率估算方法，主要有购买力平价（PPP）以及在此基础上扩展的巴拉萨—萨缪尔森（BSH）假设、威廉姆森（1983）提出的基本要素均衡汇率（FEER）、斯坦（Stein，1994）提出的自然均衡汇率（NATREX）和爱德华兹（Edwards，1989）提出的针对发展中国家的均衡实际汇率（ERER）。

（一）已有研究

对于人民币均衡汇率水平测算以及汇率错位分析在20世纪90年代得到发展。均衡汇率水平测算的依据有两种：一是购买力平价；二是均衡汇率理论。易纲和范敏（1997）、陈学彬（1999）、温建东（2005）等运用购买力平价理论对人民币均衡汇率以及汇率错位进行了测算；张晓朴（1999）、张志超（2001）、秦宛顺（2004）等测算了人民币相对BEER的汇率错位；张晓朴（2000）、张斌（2003）等基于ERER估计了人民币汇率错位。国外对人民币均衡汇率测算集中在2002年人民币升值压力加大以后，估算的时间段都在2000年以后，估算的方法主要基于购买力平价理论或基本要素均衡汇率理论，这些估计结果不同程度地显示出当时人民币汇率被低估。表3-5中列出了部分对人民币均衡汇率和汇率错位的分析结果。

表3-5　　　　国内外学者对人民币均衡实际汇率测算结果

	理论基础	分析结果	分析年份
易纲、范敏（1997）	PPP	PPP为4.2，可贸易品PPP为7.5	1995
张晓朴（1999）	BEER	1997年以来，人民币汇率并没有明显的高低估	1984—1999
张晓朴（2000）	ERER	1986—1987年和1991—1995年两个时段明显低估，1997—1998年有一定程度高估	1978—1999
张志超（2001）	BEER	汇率制度改革改善了人民币汇率失调有状况	1952—1977

续表

	理论基础	分析结果	分析年份
林伯强（2002）	ERER	改革开放后至亚洲金融危机前基本处于低估状态，危机后出现高估	1955—2002
张斌（2003）	BEER	1994—1995 年低估，1995—1998 年中期高估，1999 年以后低估	1994—2002
窦祥胜等（2004）	PPP	1985 年以前长期高估，1985 年以后高估和低估交替出现	1981—2001
温建东（2005）	修正的 PPP	对 PPP 持续低估；除 1988—1990 年和 1996 年以外，对贸易品 PPP 低估	1986—2002
王维国、黄万阳（2005）	ERER	1982—1985 年持续高估，1986—1994 年持续低估，1996—2002 年持续高估，2003 年轻度低估	1980—2003
胡再勇（2008）	ERER	1960—1967 年、1978—1984 年和 1987—1993 年高估，1968—1977 年和 1994—2005 年低估	1960—2005
Lee 等（2005）	修正的 PPP	小幅度低估	2004
Wang（2004）	修正的 PPP	低估 5%	2002
弗兰克尔（2004）	修正的 PPP	低估 36%	2000
Coudert 和 Couharde（2005）	修正的 PPP	低估 18%—49%	2002
Goldstein（2004）	FEER	低估 15%—30%	2004
Wang（2004）	FEER	小幅度高估	2003①
Wang（2004）	FEER	小幅度低估	2003
Couder 和 Couharde（2005）	FEER	低估 23%	2003

资料来源：整理有关研究文献得到。

---

① Wang（2004）估算结果有两个，主要差别在于对国际收支均衡的标准的确定不同，笔者分别采用了两种标准：一种是中国的储蓄和投资差额标准，另一种是前两年的"净国外资产/GDP"。

（二）基于 ERER 的人民币均衡汇率和汇率错位测算

现有文献对人民币均衡汇率和汇率错位测算都没有结合不同时期的汇率制度背景进行比较分析。我们对 1980—2016 年人民币的均衡汇率水平和汇率错位进行测算，并比较不同汇率制度安排下汇率错位的区别，检验在何种汇率制度安排下中国的汇率错位现象最严重，因而最有货币危机的风险。从货币危机风险因素来看，汇率水平错位的风险主要来自对长期均衡汇率错位，因为投机资金的冲击要取得成功既需要时间又需要足够的汇率变化，还需要正确的预期，而短期均衡汇率相对而言持续期短、更易变化，而且更难预期。所以，我们根据估计人民币长期均衡汇率来测算人民币汇率水平错位，对长期均衡汇率的估计使用 ERER，因为 PPP 估计只考虑了商品市场的均衡汇率，没有考虑贸易条件、生产力等因素，并且存在基期选择和价格指数选择的技术约束。而 FEER 虽然是一般均衡汇率，但是，如何确定理想的资本流入水平缺乏可操作性，NATRER 在实证时难以准确评估自然失业率，通常在实证时假设已经达到了自然失业率水平，这样估计出来的自然真实均衡汇率也存在偏差。

1. 均衡汇率测算模型和数据

爱德华兹（1989，1994）提出了适合发展中国家的均衡实际汇率模型，指出发展中国家的均衡实际汇率在长期只决定于经济基本面的指标，均衡实际汇率模型为：

$$\log(e_t^*) = \beta_0 \sum_{j=i}^{n} + \beta_t \log(FUND_{jt}) + \mu_j \quad (3-36)$$

式中，e_t^* 为均衡实际汇率，$FUND$ 为影响实际有效汇率的基本因素，μ_j 为扰动项。爱德华兹（1994）认为，影响实际有效汇率的基本因素有：贸易条件、政府对非贸易品的消费、对国际贸易和外汇的管制程度、技术进步率、对资本流动的管制程度、投资占 GDP 比重。林伯强（2002）利用 Hsiao（1981）的最优解释变量和最优滞后期程序对影响均衡实际汇率的基本要素进行了筛选，所用的基本要素包括贸易条件、开放度、投资变量、政府支出、进出口总额、劳动生产率和货币供给量，结果显示，人民币均衡实际汇率的基本决定因素为贸易条件、开放度、生产率和货币供给，时间段为 1955—2001 年。胡再勇（2008）考虑了与发展中国家实际有效汇率有关的大部分基本经济要素，同样使用 Hsiao（1981）程序对影响均衡实际汇率的基本要素进行了筛选，发现人民币均衡实际汇率的基本决定因素包括政府支出占 GDP 比重、M2 增长率、开放度和劳动生产率，分析的时间段为 1960—2005 年。

我们借鉴近期人民币均衡实际汇率研究中的变量选取情况，选取的实际汇率决定因素包括贸易条件（TOT）、开放度（OPEN）、劳动生产率（PROL）、货币供给增长（M2）、政府支出比重（EXPG）、投资占 GDP 比重（INVE）。实际汇率用人民币兑美元的双边实际汇率，其计算公式为：

$$Q = \frac{E \cdot PPI^{US}}{CPI} \tag{3-37}$$

式中，E 为人民币兑美元名义汇率，PPI 为美国生产者价格指数，CPI 为中国消费者物价指数，价格指数以 1978 年为基础，中国数据来源于《中国统计年鉴》，美国数据来源于国际货币基金组织《国际金融统计》。另外，贸易条件用出口总额与进口总额比值表示，贸易条件对实际均衡汇率的影响是不确定的，贸易条件改善的收入效应会引起实际汇率升值，但是，条件改善会改变国内贸易品和非贸易品的供求结构，引起实际汇率贬值，贸易条件数据来源于世界银行 WDI 数据库。劳动生产率用制造业生产率与服务业生产率比值表示，生产率用人均产值计算，生产率对实际汇率的影响反映了巴拉萨—萨缪尔森效应，贸易品部门（典型的是制造业）的相对生产率增加会引起实际汇率升值。开放度用对外贸易总额占 GDP 比重表示，货币供应增长用 M2 增长率表示，政府支出比重用政府支出占 GDP 比重表示，投资比重用固定资产形成占 GDP 比重表示，这些数据来源于《中国统计年鉴》。

2. 均衡实际汇率决定的协整分析

根据式（3-36）和我们选取的实际汇率决定因素，建立实际汇率决定方程如下：

$$\ln RER = \alpha_0 + \alpha_1 \ln TOT + \alpha_2 \ln OPEN + \alpha_3 \ln PROL + \\ \alpha_4 \ln M + \alpha_5 \ln EXPG + \alpha_6 \ln INVE + \mu \tag{3-38}$$

由于所分析序列均为时间序列，首先对各序列检验其平稳性，ADF 检验各序列平稳性的结果方程见表 3-6。

ADF 单位根检验表明，实际汇率序列（取对数）在 5% 的显著性水平下是平稳的，其余各序列在 5% 的显著性水平下不平稳，而各序列的一阶差分在 5% 的显著性水平下都是平稳的。因此，可以对序列进行协整

表3-6　　　　　均衡实际汇率估算各变量 ADF 检验结果

序列	ADF 统计值	检验形式 (C, T, L)	1% 临界值	5% 临界值	10% 临界值
lnRER	-3.899608**	(c, 0, 0)	-3.626784	-2.945842	-2.611531
lnTOT	-1.843579**	(c, 0, 8)	-3.689194	-2.971853	-2.625121
ΔlnTOT	-5.53707**	(0, 0, 0)	-2.632688	-1.950687	-1.611059
lnOPEN	-2.584317**	(c, 0, 0)	-3.626784	-2.945842	-2.611531
ΔlnOPEN	-4.77187**	(0, 0, 0)	-2.632688	-1.950687	-1.611059
lnPROL	-1.275721**	(c, 0, 4)	-3.65373	-2.95711	-2.617434
ΔlnPROL	-3.53045**	(c, 0, 3)	-3.65373	-2.95711	-2.617434
lnM	-1.995205**	(c, 0, 0)	-3.626784	-2.945842	-2.611531
ΔlnM	-6.532733**	(0, 0, 0)	-2.632688	-1.950687	-1.611059
lnEXPG	0.293831**	(0, 0, 1)	-2.632688	-1.950687	-1.611059
ΔlnEXPG	-3.407167**	(0, 0, 0)	-2.632688	-1.950687	-1.611059
lnINVE	1.858575**	(0, 0, 6)	-2.644302	-1.952473	-1.610211
ΔlnINVE	-2.924344**	(0, 0, 5)	-2.644302	-1.952473	-1.610211

注：检验形式 (C, T, L) 中，C、T、L 分别代表常数项、时间趋势项和滞后阶数。滞后阶数根据 SC 和 AIC 标准选择。** 表示在 5% 的显著性水平下显著。

检验，验证序列间是否存在协整关系以及确定协整方程。利用 Eviews 的约翰森（Johansen）协整检验，结果见表 3-7。

表3-7　　　　　约翰森协整检验结果

协整关系个数假设	特征值	最大特征值统计量	5% 临界值	似然概率
没有*	0.891603	77.76846	46.23142	0.0000
最多一个*	0.761058	50.10369	40.07757	0.0027
最多两个*	0.681282	40.02066	33.87687	0.0082
最多三个*	0.619778	33.84496	27.58434	0.0069
最多四个*	0.506092	24.68920	21.13162	0.0151
最多五个	0.276247	11.31567	14.26460	0.1391

注：* 表示在 5% 的显著性水平下拒绝原假设。

约翰森协整检验表明,各序列间在 5% 的显著性水平下存在协整关系,而且协整方程不止一个,Eviews 给出的标准化协整方程见表 3-8。

表 3-8　　　　　　　　　标准化协整方程

lnRER	lnTOT	lnOPEN	lnPROL	lnM	lnEXPG	lnINVE	C
1.00000	0.630982 (0.04353)	-0.364759 (0.02462)	-0.031521 (0.01220)	-0.010329 (0.02436)	0.293523 (0.02625)	0.376441 (0.07180)	-4.752193

注:括号中的数字为标准差。该协整方程的似然对数比值为 362.5199。

根据以上协整检验结果看出,人民币实际汇率与贸易条件、开放度、货币供给增长、政府支出与投资比重之间存在长期稳定的协整关系,根据标准化的协整向量(1, 0.630982, -0.364759, -0.031521, -0.010329, 0.293523, 0.376441, -4.752193),因此,可以得到人民币均衡实际汇率的协整方程为:

$$\ln RER = 4.752193 - 0.630982\ln TOT + 0.364759\ln OPEN + 0.031521\ln PROL + 0.010329\ln M - 0.293523\ln EXPG - 0.376441\ln INVE \quad (3-39)$$

方程(3-39)描述了人民币实际汇率与基础经济变量之间存在长期均衡关系。具体来看,贸易条件的改善会使实际汇率升值,平均而言,贸易条件改善 1% 会引起实际汇率升值 0.63%。开放度的增加会使人民币实际汇率贬值,开放度增加 1%,引起实际汇率平均贬值约 0.36%。劳动生产率的提高引起人民币实际汇率较小的贬值,人均生产率增加 1% 引起实际汇率贬值约 0.03%。货币供给量的增加会使实际汇率贬值,货币供给增长每上升 1% 引起实际汇率贬值约 0.01%。政府支出占 GDP 比重越大引起人民币实际汇率升值,反映了中国政府支出主要用于非贸易品支出,引起非贸易品物价上涨从而实际汇率升值,政府支出比重每增加 1%,引起人民币实际汇率升值约 0.29%。投资比重占 GDP 比重越高引起人民币实际汇率升值,投资比重增加 1%,人民币实际汇率升值约 0.38%。

3. 均衡实际汇率的误差修正模型(VECM)

由于式(3-38)存在协整关系,可以在协整方程的基础上建立均衡实际汇率的滞后两期的 VAR 模型,则误差修正模型如下:

$$\Delta \ln RER_t = \beta_0 + \beta_1 \Delta \ln TOT_{t-1} + \beta_2 \Delta \ln OPEN_{t-1} + \beta_3 \Delta \ln PROL_{t-1} +$$

$$\beta_4 \Delta \ln M_{t-1} + \beta_5 \Delta \ln EXPG_{t-1} + \beta_6 \Delta \ln INVE_{t-1} + \beta_7 ECM_{t-1} + \mu_t \qquad (3-40)$$

式中，ECM 为误差修正项，其误差项数值可以通过估计结果式（3 – 39）计算，根据 Eviews 估计的结果，我们得到均衡实际汇率的 VECM 为：

$$\Delta \ln RER_t = -0.705327 ECM_{t-1} + 0.524849 \Delta \ln RER_{t-1} - 0.216411 \Delta \ln TOT_{t-1} -$$
$$0.190751 \Delta \ln OPEN_{t-1} - 0.343348 \Delta \ln PROL_{t-1} +$$
$$0.130491 \Delta \ln M_{t-1} + 0.093116 \Delta \ln EXPG_{t-1} -$$
$$0.032559 \Delta \ln INVE_{t-1} + 0.058312 \qquad (3-41)$$

VECM 模型说明了短期均衡实际汇率形成机制，它既受影响实际汇率因素的短期变化的影响，也受在这些因素影响下的均衡实际汇率的长期趋势值的影响。上一期实际汇率对均衡值的偏离会在下一期得到一定的修正，在式（3 – 41）中，误差修正项 ECM 的系数为 – 0.705327，说明实际汇率具有向长期均衡恢复机制。如果均衡汇率在上一期高于其均衡值，那么在下一期误差修正项为负值，下一期的实际汇率向下变化以纠正均衡误差。同样，如果均衡汇率在上一期低于其均衡值，那么在下一期误差修正项为正值，下一期的实际汇率向上变化以纠正均衡误差，而 ECM 的绝对值表明了短期实际汇率恢复均衡的速度，0.705327 的调整速度较快。

4. 均衡实际汇率与汇率错位的测算

式（3 – 39）和式（3 – 41）都可以用来估计人民币均衡汇率及汇率错位程度，不过，式（3 – 39）估计出的是长期均衡实际汇率，而式（3 – 41）估计出的是短期均衡实际汇率。由于我们的目的是分析人民币实际汇率对长期均衡的偏离程度，所以，采用式（3 – 39）对人民币均衡实际汇率进行测算。为了测算，需要将各解释变量的可持续值或均衡值代入方程，即可估算出对应期间人民币的均衡实际汇率。而现实中的各经济变量数据显然不是长期均衡值，有很多方法可以用来估计时间序列的可持续值，例如，移动平均法、科德里克—普雷斯科特（Kodrick – Prescott）滤波法以及政策模拟法等（林伯强，2002）。其中，HP 滤波法主要用于提取时间序列的长期趋势值，运用比较方便，被广泛地用于宏观经济分析。我们运用 HP 滤波法对 TOT、OPEN、M2、EXPG、INVEST 进行过滤，提取出一个变量的长期趋势值，代入协整方程（3 – 39），估算出人民币各期的均衡实际汇率 ERER，然后利用下式测算出 1980—2016 年各期人民币实际汇率错位情况。

$$Misalignment = \frac{RERt - ERERt}{ERERt} \tag{3-42}$$

式中，RER 为现实中的实际汇率，ERER 为估算出的均衡实际汇率，结果为正表明当期实际汇率出现低估，为负表明当期实际汇率出现高估。计算出的均衡实际汇率与实际汇率错位情况如表 3-9 和图 3-9 所示。

表 3-9　　1980—2016 年均衡实际汇率和实际汇率错位测算结果

时间	1980 年	1981 年	1982 年	1983 年	1984 年	1985 年	1986 年
ERER	2.21	2.35	2.49	2.65	2.81	2.98	3.14
RER	1.76	2.13	2.37	2.45	2.88	3.31	3.55
MIS（%）	-20.53	-9.37	-4.99	-7.53	2.36	11.08	13.15
时间	1987 年	1988 年	1989 年	1990 年	1991 年	1992 年	1993 年
ERER	3.28	3.41	3.51	3.60	3.67	3.72	3.76
RER	3.65	3.2	2.88	3.68	3.96	3.88	3.59
MIS（%）	11.28	-6.04	-18.02	2.20	7.87	4.21	-4.45
时间	1994 年	1995 年	1996 年	1997 年	1998 年	1999 年	2000 年
ERER	3.77	3.77	3.76	3.74	3.72	3.70	3.70
RER	4.38	3.75	3.53	3.42	3.36	3.44	3.62
MIS（%）	16.09	-0.56	-6.03	-8.45	-9.59	-7.13	-2.16
时间	2001 年	2002 年	2003 年	2004 年	2005 年	2006 年	2007 年
ERER	3.70	3.70	3.70	3.69	3.67	3.62	3.57
RER	3.64	3.58	3.73	3.81	3.98	3.99	3.8
MIS（%）	-1.63	-3.31	0.77	3.23	8.58	10.10	6.54
时间	2008 年	2009 年	2010 年	2011 年	2012 年	2013 年	2014 年
ERER	3.50	3.41	3.33	3.23	3.13	3.02	2.91
RER	3.6	3.26	3.34	3.29	3.15	3.03	2.97
MIS（%）	2.98	-4.52	0.43	1.85	0.72	0.36	2.14
时间	2015 年	2016 年					
ERER	2.80	2.69					
RER	2.76	2.81					
MIS（%）	-1.30	4.53					

注：ERER 为测算出的均衡实际汇率，RER 为用式（3-37）计算出的现实实际汇率，MIS 为根据式（3-40）计算出的汇率错位程度。

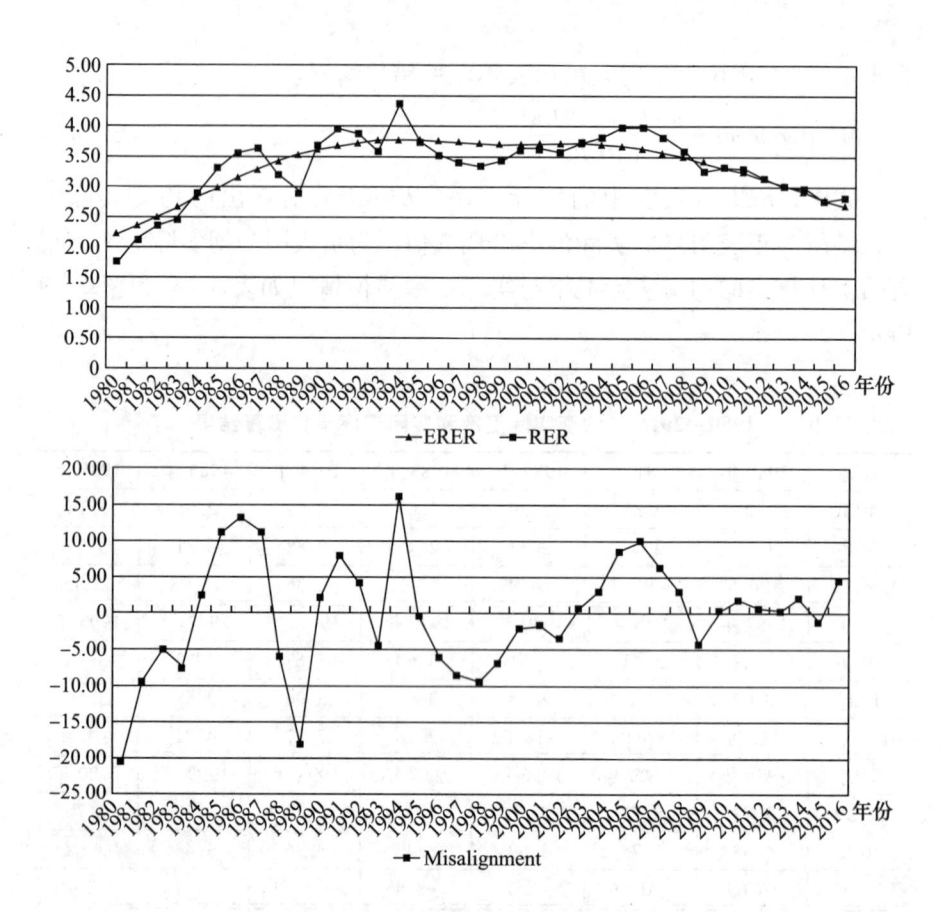

图 3-9　人民币实际汇率错位程度

根据测算出的均衡实际汇率和汇率错位情况，1980—2016 年，人民币实际汇率相对均衡汇率交替出现高估和低估的情况。1983 年以前、1988—1989 年和 1995—2003 年，人民币实际汇率是高估的，其中，1980 年、1989 年实际汇率高估程度超过 10%。1984—1987 年、1990—1992 年、1994 年和 2004—2008 年人民币实际汇率是低估的，其中，1985—1987 年和 1994 年低估程度也在 10% 以上，其他年份人民币实际汇率接近均衡水平。1994 年以前，人民币实际汇率波动比较大，这与当时计划经济体制下价格与汇率的人为调整有很大关系，在每一次大幅度汇率错位后都有实际汇率的回归调整。实际汇率持续性错位比较严重的时期是 1995—2003 年，在近十年内人民币实际汇率出现高估，这种高估向均衡的回归比较缓慢，而这一个时期正是人民币实行实际盯住美元的汇率制度安排时期。2004—2008年，实际汇率出现了较为严重的低估，主要是因为这个时期中国经济的高速发展，出现国际收支双顺差，但汇率一直盯住美元，货币当局也力图维持汇率稳定，从而导致人民币汇率低估。当然，自2005年汇率制度改革以来，人民币汇率不断升值，低估的程度在逐渐减小。此后，人民币汇率在实际均衡汇率周围小幅波动，基本平稳。

从以上对人民币均衡实际汇率以及汇率错位的测算可以看出，在中间汇率制度安排下，中国在大部分时间里实际汇率出现了大幅度的错位，这是遭受投机资金的冲击的一个重要隐患。而且在实际盯住美元的1995—2004年，人民币出现了持续10年的实际汇率错位，这是招致国际投机资金冲击的另一个致命隐患。中国之所以能够免予投机冲击和货币危机的灾难，只是因为中国对资本项目兑换仍然实行严格管制。在资本管制这道防火墙拆除后，人民币实现自由兑换，如果继续出现这种汇率的大幅度或者长时期的错位，中国将面临极大的货币危机风险。而这种投机资金的涌入与外逃，在目前资本管制较严的背景下，已经显现出相当的规模，也给中国的经济带来压力与冲击。

二 中国已经存在大量投机资金的跨境流动

引发货币危机的另一个直接因素是国际投机资金的大量频繁流动。中国虽然截至目前仍然对资本项目进行比较严格的管制，但是，由于经常项目已经实现自由兑换，部分资本项目也放开了管制，所以，已经出现相当大规模的投机资金通过其他交易渠道非法进入和流出中国。

（一）投机资金流动的形式与流动渠道

投机资金的跨境流动表现为资金的大规模流出和流入两种情况。当本国管制严格，本币汇率出现高估，市场对本币有贬值预期时，会有资金大量撤离本国；当本国经济发展过热，本币出现低估，市场对本币有升值预期时，会有资金大量涌入本国。这种资金短期内的大规模流入与撤出，会给本国经济尤其是金融市场带来非常大的冲击，带来货币危机隐患。

目前，我国实际存在的资本外逃方式多种多样，主要有以下几类：以"价格转移"等方式通过进出口渠道进行资本外逃；虚报外商直接投资形成事实上的外逃；通过"地下钱庄"和"手机银行"等境内外串通交割方式进行非法资本转移；金融机构和外汇管理部门内部违法违规操作形成的资本外逃和通过直接携带的方式进行资本外逃（任惠，2001）。"热钱"流入的渠道与以上基本相似，境外投机资金的进入渠道包括利用地下钱庄进入；进行假贸易，寻找管理宽松的银行将资金投入中国；通过预收货款、延付货款、推迟付汇、低报进口价、高报出口价进入；通过直接投资渠道进入；通过个人因私外汇收入，携带现钞入境；以及通过跨国公司关联交易、垫款等方式流入中国。2000年以前，中国的资本外逃现象严重。杨胜刚等（2003）估计，1990—2000年中国的资本外逃规模达到1000亿美元左右。而2002年以后，大量"热钱"涌入中国，张明和徐以升（2008）测算了2003—2008年第一季度流入中国的"热钱"规模，总计大约为1.2万亿美元，加上投机利润，"热钱"规模占外汇储备的104%，大规模的"热钱"一旦群集流出，无疑会给人民币汇率和中国金融市场以及经济发展带来极大的冲击。

（二）进出中国的投机资金规模测算

国际上通常采用的测算模型方法包括直接测算法和间接测算法，前者直接通过一个或几个对国内异常风险反应迅速的短期资本外流项目来估计资本外逃。它直接从国际收支平衡表中采集数据，必要时参考使用"误差与遗漏"项目数值来反映资本外逃规模，亦称国际收支平衡表法。

间接测算法是通过国际收支平衡表中四个项目的剩余部分来间接估算资本外逃额。它由世界银行（1985）首创，所以又称世界银行法。由于简便易行，间接法已成为国内学术界测算资本外逃规模的主要方法。该方法中的四个项目分别是外债增加额 ΔD、外国直接投资净流入 FDI、经常项目逆差 CA 和官方储备增加额 ΔR，将一国外部资本来源与对外资本运用之差视为该国的资本外逃额，用公式表示为：

$$资本外逃额 = 外汇资本来源 - 外汇资本运用$$
$$= (\Delta D + FDI) - (CA + \Delta R)$$

由于中国从1985年才开始按照国际货币基金组织的要求编制公开的国际收支平衡表，我们对1985—2016年将中国的投机性资金流动进行简单估算，以进一步验证中国存在的货币危机隐患。中国不允许短期投机资金的自由流入与流出中国，因此，没有合法渠道统计进出中国的投机资金规模，一般只能通过估算得到相关数据，我们通过直接测算和间接测算方法进行估计，直接测算使用"错误与遗漏"项目（EO）+

私人非银行短期资本流动项目（NSC），间接测算使用世界银行法。使用数据来源于国家外汇管理局网站。

1. 直接测算

根据中国1985—2014年的国际收支平衡表，利用"错误和遗漏"项目与私人非银行短期资金流动项目，计算出中国的投机资金规模，如果项目符号为正说明投机资金的流入，为负表示投机资金的外逃。测算过程和结果如表3-10和图3-10所示。

表3-10　　直接法测算1985—2014年中国的投机资金规模　单位：亿美元

时间	1985年	1986年	1987年	1988年	1989年	1990年	1991年	1992年
EO	-24.9	-12.3	-13.7	-10.1	0.9	-31.3	-67.6	-82.5
NSC	37.5	-21.07	-32	-21.28	8.66	-94.68	-34.19	-13.56
总计	12.6	-33.37	-45.7	-31.38	9.56	-125.98	-101.79	-96.06
时间	1993年	1994年	1995年	1996年	1997年	1998年	1999年	2000年
EO	-98	-97.8	-178.3	-155.5	-223	-187.4	-177.9	-118.1
NSC	-45.36	-34.9	5	-22.2	-338	-387.3	-144.2	-228.9
总计	-143.36	-132.7	-173.3	-177.7	-561	-574.7	-322.1	-347
时间	2001年	2002年	2003年	2004年	2005年	2006年	2007年	2008年
EO	-48.6	77.9	82.2	129.7	229.2	36.3	132.9	188.4
NSC	96.5	-83.7	412.3	150.65	28.8	59.05	-660.6	-1221.5
总计	47.9	-5.8	494.5	280.35	258	95.35	-527.7	-1033.1
时间	2009年	2010年	2011年	2012年	2013年	2014年		
EO	-413.8	-529.4	-137.7	-870.7	-629.2	-668.7		
NSC	1237.8	902.3	465.4	-2042.3	966.1	-2057.2		
总计	824	372.9	327.7	-2913	336.9	-1388.5		

资料来源：国家外汇管理局各年国际收支平衡表。

2. 间接测算

根据中国1985—2016年的国际收支平衡表，利用世界银行间接估算法公式计算出中国的投机资金规模，计算公式为：资本外逃额＝对外债务增加(ΔD)＋外国直接投资净流入(FDI)－官方储备增加(ΔR)－经常项目逆差(CA)，如果结果为正表明资本外逃，为负表明有"热钱"流入。测算过程和结果如表3-11和图3-11所示。

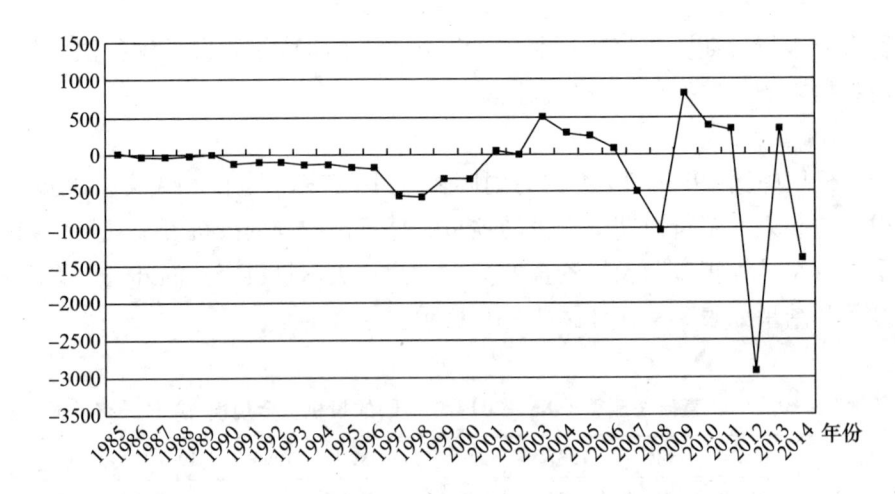

图 3-10 直接法测算 1985—2014 年中国投机资金规模

表 3-11 间接法测算 1985—2016 年中国的投机资金规模 单位：亿美元

时间	1985 年	1986 年	1987 年	1988 年	1989 年	1990 年	1991 年	1992 年
ΔD	46.4	56.5	87.2	98	13	112.5	80.1	87.6
FDI	13.3	17.9	16.7	23.4	26.1	26.6	34.5	71.6
ΔR	54.2	17.3	-16.6	-4.6	-22	-60.9	-110.9	21
CA	-114.2	-70.4	3	-38	-43.2	120	132.7	64
总计	-0.3	21.3	90.3	78.8	-26.1	198.2	136.4	244.2
时间	1993 年	1994 年	1995 年	1996 年	1997 年	1998 年	1999 年	2000 年
ΔD	142.5	92.4	137.8	96.9	146.8	150.8	57.9	-61
FDI	231.2	317.9	338.5	380.7	416.7	411.2	369.8	374.8
ΔR	-17.7	-305.3	-224.6	-316.6	-357.2	-64.3	-85.1	-105.5
CA	-119	76.6	16.2	72.4	369.6	314.7	211.1	204.3
总计	237	181.6	267.9	233.4	575.9	812.4	553.7	412.6
时间	2001 年	2002 年	2003 年	2004 年	2005 年	2006 年	2007 年	2008 年
ΔD	575.7	-6.7	167.3	436.3	335.5	420.5	506.3	9.4
FDI	373.6	467.9	494.4	601.4	903.8	1001.5	1390.9	1147.9
ΔR	-473.3	-755.1	-1061.5	-1900.6	-2506.5	-2847.8	-4607	-4795.4
CA	174.1	354.2	430.5	689.4	1323.8	2318.4	3531.8	4205.7
总计	650.1	60.3	30.7	-173.5	56.6	892.6	822	567.6

续表

时间	2009年	2010年	2011年	2012年	2013年	2014年	2015年	2016年
ΔD	384.9	1202.9	1460.6	419.9	1261.8	322.9	-3969.2	376.8
FDI	871.7	1857.5	2316.5	1762.5	2179.6	1449.7	681	-466.5
ΔR	-4003.4	-4717.4	-3878	-965.5	-4313.8	-1177.8	3429.4	4436.6
CA	2432.6	2378.1	1361	2153.9	1482	2360.5	3041.6	1963.8
总计	-314.2	721.1	1260.1	3370.8	609.6	2955.3	3182.8	6310.7

资料来源：国家外汇管理局网站，各年国际收支平衡表和外债数据。国际储备增加 ΔR 为负，国际储备下降 ΔR 为正。总计结果为正表示有资本外逃，为负表示有"热钱"流入。

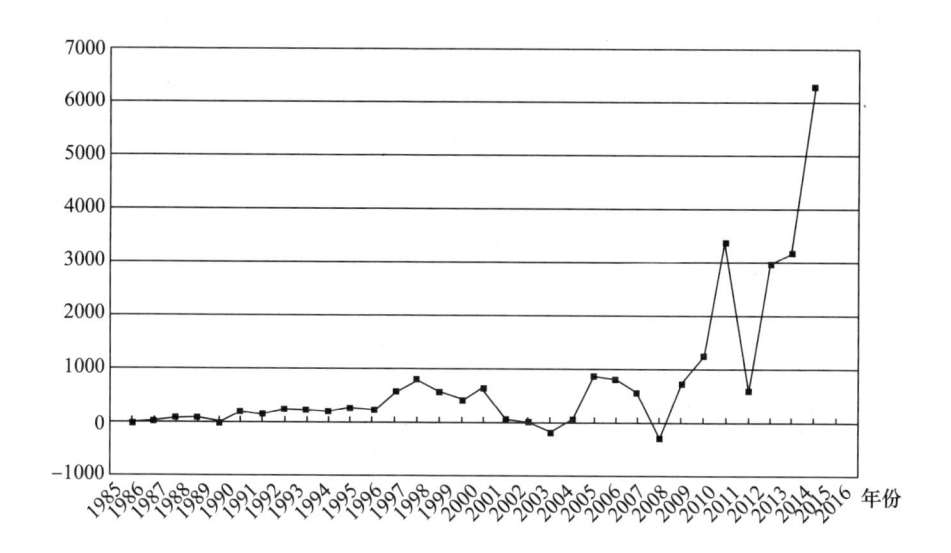

图 3-11　间接法测算 1985—2016 年中国投机资金规模

无论通过直接法测算还是间接法测算，1985—2000 年、2005—2008 年和 2010—2016 年，中国存在大规模的资本外逃；而 2002—2004 年则有大量"热钱"涌入中国。由于直接测算法只包含部分短期资金流动，从总体上看，低估了投机资金规模；而间接测算法的资本外逃包含正常资金，高估了资本外逃，"热钱"流入没有区分经常项目和投资渠道进来的"热钱"，低估了"热钱"规模。可以看出，中国 1997—1998 年出现了资本外逃高峰，年规模在 330 亿—800 亿美元；2006—2008 年也出现了大规模资本外逃，年规模在 560 亿—900 亿美元。此后的 2010—2016 年，资本外逃规模也一直增大，但是，由于 2014 年我国调整了外债统计口径，所以，不具有确切的可比性，只能判断资本外逃的大致趋势，而"热钱"流入集中于 2003—2004 年，年规模超过 400 亿—500 亿美元。

以上只是测算了投机资金流动的净额，考虑到投机资金既有流入也有流出，实际投机资金规模比估算得更大。可以预计，随着中国经济的进一步开放，尤其是资本项目可兑换的放开，进出中国的投机资金规模会更加庞大和便利。如果在资本项目放开的背景下仍然实行中间汇率制度，持续的或者大幅度的汇率错配现象就可能依然存在，大规模的投机资金的流入和突然撤出，必然会加大人民币货币危机的隐患。

三 人民币汇率水平、汇率预期与投机资金规模关系的实证分析

由上文可知，我国近年来投机资金规模不断加大，而人民币汇率水平和汇率预期显然是影响其规模的重要因素，为了具体了解人民币汇率水平和汇率预期变动影响我国投机资金规模及程度大小，接下来，对人民币汇率水平、汇率预期和投机资金规模的关系，运用 VAR 模型进行脉冲响应分析和方差分解分析。

（一）数据说明

我们选取 1999—2016 年人民币实际汇率（RER）、汇率预期（FER）数据和投机资金规模（SPF）数据，建立 VAR 模型进行分析，考察投机资金规模与汇率水平和汇率预期之间的动态关系，其中，人民币汇率预期使用人民币兑美元一年期的远期汇率数据，投机资金规模采用上文间接计算法得出的数据，人民币实际汇率水平数据由上文计算得到。

（二）构建 VAR 模型

1. 单位根检验

由于所分析的序列均是时间序列，所以，先进行平稳性检验，ADF 检验各序列平稳性的结果见表 3 – 12。

由表 3 – 12 可知，RER 序列和 SPF 序列均是非平稳序列，但一阶差分后的序列是平稳的，即为 I（1）序列，而 FER 序列是平稳的，所以，对 RER 序列和 SPF 序列取一阶差分，然后建立 ΔRER、ΔSPF 和 FER 之间的 VAR 模型，滞后期根据 Eviews 8 给出的滞后长度准则（Lag Length Criteria）确定，用 Eviews 8 得到的 VAR（2）方程如下：

表3-12 人民币汇率、远期汇率和投机资金规模各变量ADF检验结果

序列	ADF统计值	检验形式（C, T, L）	1%临界值	5%临界值	10%临界值
RER	-1.005508	(0, 0, 0)	-2.708094	-1.962813	-1.606129
ΔRER	-2.860105**	(0, 0, 0)	-2.717511	-1.964418	-1.605603
FER	-2.829854**	(0, 0, 0)	-2.708094	-1.962813	-1.606129
SPF	3.448240	(0, 0, 3)	-2.740613	-1.968430	-1.604392
ΔSPF	-5.704004**	(c, t, 2)	-4.800080	-3.791172	-3.342253

注：检验形式（C, T, L）中，C、T、L分别代表常数项、时间趋势项和滞后阶数。滞后阶数根据SC标准和AIC标准选择。＊＊＊表示显著性。

$$\Delta SPF = -0.792947 \times \Delta SPF(-1) + 0.035798 \times \Delta SPF(-2) + \\ 3758.575 \times \Delta RER(-1) + 2351.506 \times \Delta RER(-2) + \\ 1738.607 \times FER(-1) - 2937.704 \times FER(-2) + 9772.194$$

(3-43)

2. 稳定性检验

用Eviews 8对式（3-43）使用单位根表和单位根圆检验其滞后结构的稳定性，发现全部VAR模型特征方程的根的倒数值均在单位圆之内（见图3-12），说明该VAR模型是稳定的，因此，可以对该模型进行脉冲响应函数分析。

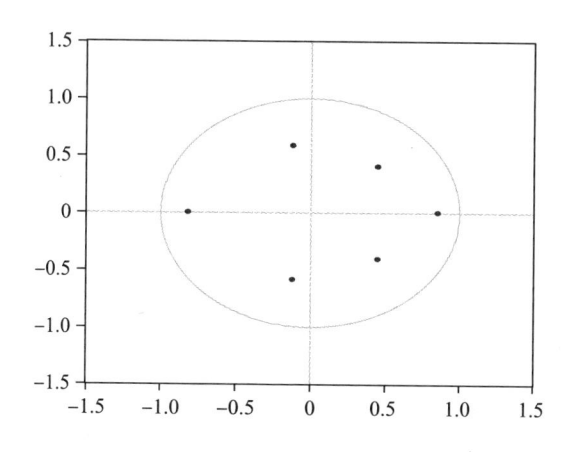

图3-12 投机资金规模VAR模型的单位圆检验

(三) 脉冲响应分析和方差分解

1. 脉冲响应分析

脉冲响应函数可以较好地描述一个变量的变化是如何通过该模型影响其他变量变化的，对建立的 VAR 模型进行脉冲响应分析，可以考察人民币汇率水平以及汇率预期变动对投机资金规模的动态影响路径。这里着重考虑投机资金规模受到汇率水平冲击和汇率预期变动冲击的影响，所以，考虑汇率和预期的分别冲击结果，模型（3-43）的脉冲响应函数变化情况如图 3-13 和图 3-14 所示。

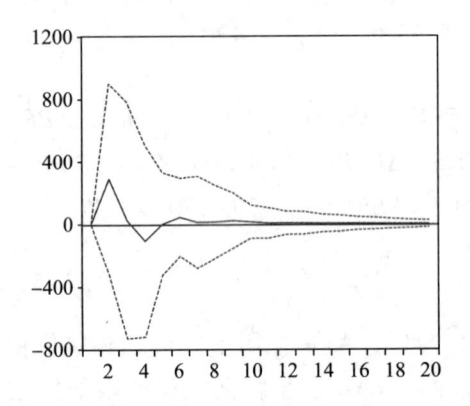

图 3-13　ΔSPF 对 ΔRER 的脉冲响应曲线

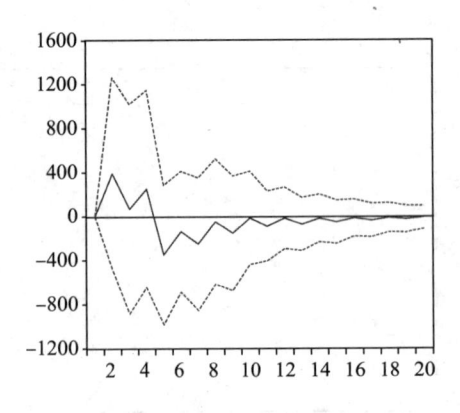

图 3-14　ΔSPF 对 FER 的脉冲响应曲线

由图 3-13 可以看出，投机资金规模变动对人民币实际汇率水平变动的冲击在第一年的反应为正，直到第三年也一直为正，也即意味着人民币汇率上升（人民币贬值）会使投机资金规模变动增加，资本外逃增加，此后几年汇率波动冲击带来的影响逐渐减小。由图3-14可以看出，投机资金规模变动对人民币汇率预期的冲击在第一年有正向响应，在第五年之前一直为正，意味着人民币汇率预期上升（预期人民币贬值）会使投机资金规模变动增加，资本外逃规模增加，此后几年汇率预期冲击的影响逐渐减小。

2. 方差分解

除了脉冲响应函数，方差分解也能够描述系统动态变化，两者侧重点不同。脉冲响应函数能够描述随机误差项对一个内生变量的冲击效果，方差分解则将VAR模型中任意一个内生变量的预测均方误差分解为系统中各变量的随机冲击所做的贡献，并计算出各变量冲击的贡献占总贡献的比重。因此，方差分解图能够直观地反映一个变量的变化在多大程度上是由于自身的冲击及多大程度上是由于其他变量的冲击。我们主要侧重于投机资金规模的影响因素，所以，主要考察投机资金规模的方差分解，图3-15显示了方差分解的结果。

由图3-15可以看出，投机资金规模变动的预测方差在第一年基本上是由其自身变化来解释，由自身扰动引起的预测方差比重超过90%，而由人民币实际汇率水平和汇率预期引起的预测方差比重不到10%。随着时间的推移，投机资金规模变动自身变化的解释程度逐渐减小，接近80%；而人民币汇率水平和汇率预期的解释程度逐渐增加，且汇率预期的解释程度要高于汇率水平，但是，我们应该意识到影响投机资金规模因素很多，尤其是中国仍然实行一定程度的资本管制，汇率水平和汇率预期对投机资金规模的影响程度是有限的。此外，我们还应看到，汇率预期影响投机资金规模的比重较大，甚至是高于汇率水平的，所以，我们应该重视汇率预期的管理，从而合理控制投机资金的规模。

时期	S.E.	DSPF	DRER	FER
1	1239.256	100.0000	0.000000	0.000000
2	1603.492	90.80259	3.283567	5.913847
3	1725.090	91.87637	2.857788	5.265840
4	1814.063	90.38979	2.928828	6.681379
5	1881.697	87.60417	2.722294	9.673532
6	1919.053	87.49622	2.670833	9.832950
7	1959.659	86.33934	2.565631	11.09503
8	1970.568	86.42415	2.542931	11.03292
9	1985.959	86.01367	2.517428	11.46890
10	1990.787	86.06875	2.511383	11.41987

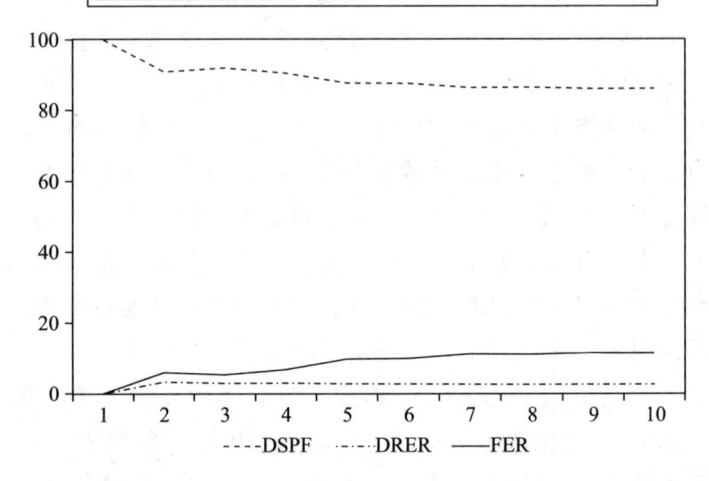

Cholesky Ordering: DSPF DRER FER

图 3 – 15 ΔSPF 的方差分解结果

第四章　货币可兑换约束下人民币固定汇率制度的非均衡性

在人民币可兑换性逐步加大的条件下，政府的经济政策自主性也会受到很大的影响，而政策的自主性对于实现政府的效用或利益目标，尤其对于政策的有效性和宏观经济绩效目标是至关重要的。有的国家为了实现政府利益最大化，会选择放弃政策自主性，而有的国家则会选择坚持政策的自主性。本章分析在货币可兑换条件约束下固定汇率制度对中国货币政策自主性的限制，以及货币政策自主性视角下人民币固定汇率制度的非均衡性。

第一节　不同汇率制度下货币政策的有效性和自主性比较

一　货币可兑换条件下不同汇率制度的政策有效性分析

汇率制度不仅通过汇率稳定性影响进出口、通货膨胀渠道直接对宏观经济绩效产生影响，还会通过对货币政策和财政政策的约束间接地影响宏观绩效目标。蒙代尔—弗莱明模型（M—F模型）分析了在资本完全自由流动条件下，不同汇率制度对财政政策、货币政策调节宏观经济的有效性的影响。该模型将IS—LM模型与国际收支均衡分析相结合，研究了开放经济条件下内外均衡的实现问题。

（一）基本模型

M—F基本模型由下列几个市场均衡条件构成。商品市场均衡条件为：

$$y = C + I + G + B(y, q) \tag{4-1}$$

式中，y为总产出水平，C、I、G分别为总消费、总投资和政府支出，$B(y, q)$ 为经常账户盈余，q 代表为实际汇率。因为假定国内外价格水平不变，所以，实际汇率的变化就是名义汇率的变化。经常账户盈余的规模与实际汇率（名义汇率）的变化正相关，与实际收入 y 的变化负相关。

假设实际货币需求取决于国内收入和国内利率水平。货币供给是外生性的，由货币当局控制。货币市场的均衡可用下式表示：

$$m - p = l = \varphi y - \lambda r \tag{4-2}$$

式中，m 为名义货币供给量的对数，p 为总价格水平的对数，l 为实际货币需求的对数，r 为国内利率，φ、λ 为大于零的参数。

另外，国际收支均衡可表示为：

$$B = B(y, q) + k(r) = 0 \tag{4-3}$$

式中，国际收支余额 B 等于储备的变化，在纯粹浮动汇率制度下等于零，$B(y, q)$ 为经常账户盈余，$k(r)$ 为资本账户盈余。由于假定资本完全流动，且国外利率 r^* 保持不变，所以，资本流动的国内利率弹性无穷大。

在完全资本流动条件下，非抵补的利率平价条件成立，即：

$$r = r^* + E\dot{e} \tag{4-4}$$

式中，$E\dot{e}$ 为预期汇率的变化率。由于蒙代尔假定是静态预期，所以，$E\dot{e} = 0$，因而有：

$$r = r^* \tag{4-5}$$

式（4-5）表明，由于完全资本流动，该小国经济的利率水平是由世界利率水平所决定的，该小国经济无法使其国内利率水平持续地保持与世界利率水平不同。

以上几个方程构成了 M—F 基本模型。其中，式（4-1）和式（4-2）表示内部均衡；方程（4-3）表示外部均衡；方程（4-4）是该模型的假定条件，反映了该模型的特点。M—F 模型可以通过图 4-1 表示。

图 4-1 中，IS 和 LM 线分别为假定汇率不变条件下的国内商品市场和货币市场的均衡线，BP 线为在假定完全资本流动条件下的国际收支平衡线。在完全资本流动条件下，由于资本流动的利率弹性无穷大，这时，为了保证国际收支平衡，必须使国内外的利率水平相等，即满足

方程（4-5），所以，在（r，y）空间中 BP 线是一条与横轴的平行线。

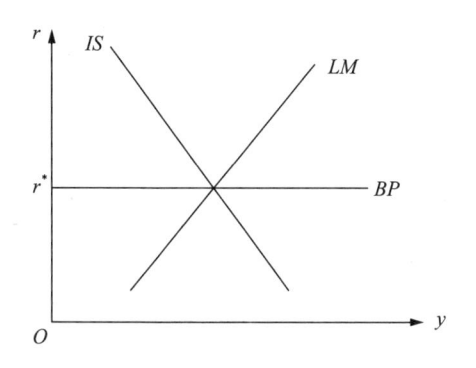

图 4-1 蒙代尔—弗莱明模型

（二）财政政策和货币政策在不同汇率制度下的有效性

M—F 模型证明，如果一国实行固定汇率制度，而政府希望利用货币政策来调节国内通货膨胀或产出，其结果是无效的。相反，财政政策调节国内经济是非常有效的。例如，政府用扩张性货币政策来刺激经济，利率下降，导致资本外流，本币有贬值压力。然而，在固定汇率制度下，货币当局有责任维持汇率不变。这时，中央银行必须卖出储备，购回本币以干预外汇市场，阻止汇率下降。在这一过程中，本币的供给量由于中央银行的购买而下降，直到总的货币供给量恢复到原来的水平（见图 4-2①）。这时，在固定汇率制度下，货币政策的最终效应是：收入不变；资本外流和中央银行外汇储备下降。因而可以说，在固定汇率制度下，扩张性货币政策对宏观经济刺激无效。而如果使用扩张性财政政策来刺激经济，在货币供给不变的条件下，使国内利率上升，资本大量流进本国，本币有升值的压力。此时，为了维持汇率不变，中央银行必须扩张货币政策，增加货币发行来降低国内利率，一直到利率恢复至世界利率水平，资本流动达到均衡，汇率回到以前水平。财政扩张使货币政策必须扩张，最后使国内产出较大幅度提高，而汇率可以维持在固定水平，所以说，固定汇率制度下财政政策刺激经济非常有效（见图4-2②）。

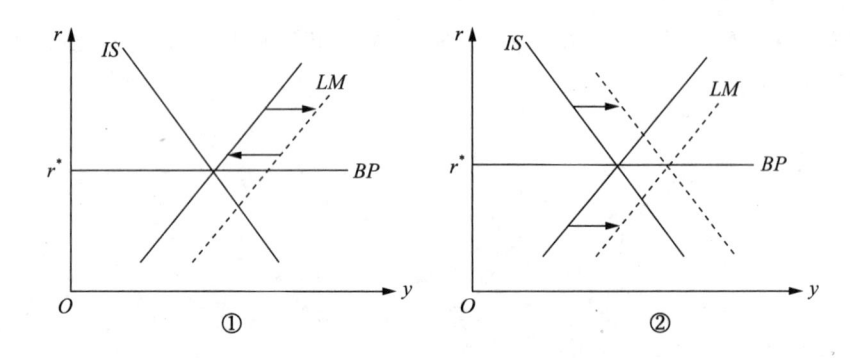

图 4-2　固定汇率制度下货币和财政政策的有效性

同样，M—F 模型也证明，在浮动汇率制度下，货币政策可以有效地调节国内经济，不仅货币扩张可以刺激经济，而且利率下降引起的货币贬值可以促进出口。而单独的财政政策对于调节国内经济是无效的，因为虽然扩张的财政政策对经济有拉动作用，但是，财政扩张会引起本币利率升高，从而使本币汇率出现升值，导致本国出口下降，这最终抵消了财政扩张对经济所起的刺激作用。

二　政策自主性的比较与不可能三角理论

（一）货币政策和财政政策的自主性比较

根据 M—F 模型的分析，我们得出的初步结论是：在资本自由流动前提下，一国如果实行固定汇率制度，那么货币政策是无效的；如果实行浮动汇率制度，那么财政政策是无效的，因此，无法判定哪种汇率制度安排下宏观政策对国内经济调节效率更高。但是，进一步分析可以发现，在固定汇率制度下，货币政策调节国内经济无效是因为在固定汇率制度下货币政策失去了政策运作的自主性。此时，无论出现什么经济情况，货币当局必须维持汇率稳定。因此，想用货币政策来自主调节经济是不可能的，货币的扩张和紧缩都会引起汇率不稳定。而当用财政政策调节经济时，货币政策仍然是不自主的，它必须随着财政扩张（紧缩）而扩张（紧缩），财政政策之所以能非常有效地调节经济，有很大程度上是由货币政策的不自主地跟随操作而引起的。如果独立地说固定汇率制度下财政政策非常有效，实际上夸大了财政政策的效用。

同样，M—F 模型的直接结论认为，在浮动汇率制度下，虽然货币政策很有效，但是，财政政策无效。此时，财政政策仍然是独立的，之所以无效，是因为它对汇率带来了影响，抵消了其对经济所起的拉动作用。不过，这里，M—F模型忽视了货币政策的作用，虽然浮动汇率制度下货币政策没有维持汇率稳定的义务，但是并不意味着货币政策不能调节汇率，也不意味着货币政策不可以配合财政政策。如果在财政政策扩张的同时，用扩张的货币政策配合，可以达到和固定汇率制度下一样的效果，所以说，实行浮动汇率制度并不意味着我们失去了财政政策这个重要的调节工具。

总之，对M—F模型的进一步分析，我们可以得出两点结论：第一，固定汇率制度下货币政策是完全不自主的，但是，浮动汇率制度下的财政政策仍然是自主的；第二，固定汇率制度下财政政策之所以非常有效，是因为有货币政策的刚性配合；而浮动汇率制度下财政政策之所以无效，是因为没有考虑货币政策的可能配合，而后者是允许的。因此，M—F模型很好地说明了固定汇率制度下货币政策的不自主性，但是并不能完全说明浮动汇率制度下财政政策的不自主性和无效性。

因此，在货币自由兑换条件下，从政策的可操作性和有效性考虑，浮动汇率制度比固定汇率制度更有优势。浮动汇率制度可以实现货币的自主性和有效性，同时不会失去财政政策的自主性，而财政政策的有效性也可以通过货币政策配合来实现。而且，与货币政策相比，财政政策对国内经济的调节要缓慢得多，它需要通过收入效应、相对价格效应以及利率效应来实现，而每个效应的实现又有较长的时滞，这"使其无法有效地实现稳定政策，也意味着其很少被用来稳定经济"。[①]

（二）不可能三角理论

资本自由流动条件下，为了有效地调节国内经济，获得货币政策的自主权，必然选择浮动汇率制度。克鲁格曼（1998）在M—F模型基础上提出的"永恒的三角形"直观地表达了这个论断，永恒的三角形也被称为"不可能三角"和"三元悖论"，它表明汇率稳定、货币政策自主性与资本自由流动是不可能同时满足的。在图4-3中，三角形的三条边分别表示三个独立的经济目标，对应的三个角分别代表与

---

① Dornbusch, Stanley Fisher and Richard Startz, *Macroeconomics*, Seventeenth Edition, Irvin Megraw - Hill, 1998.

三条边相反的三种政策选择，每个国家只可能选择三角形的两条边作为目标，同时实行两边之间的政策进行组合。即：(1) 资本管制＋汇率稳定＋货币政策自主性；(2) 无独立法定货币安排＋汇率稳定＋资本自由流动；(3) 浮动汇率制度＋货币政策自主性＋资本自由流动。可见，要保持货币政策的自主性，只能选择组合(1)和组合(3)，而在货币自由兑换、资本完全流动的约束下，最佳选择也只能是组合(3)。

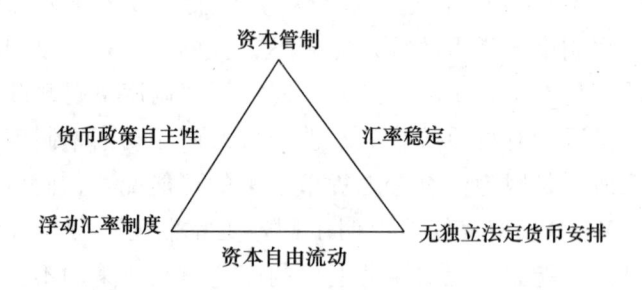

图 4-3 克鲁格曼不可能三角

(三) 资本不完全流动情况下不可能三角理论的扩展

克鲁格曼提出的三元悖论说明三个处于角点的政策目标不可能兼顾，但是，在现实经济中，资本可能是不完全流动的，这就为货币政策的自主性和汇率的稳定提供了部分的选择空间，从而可能出现"一般的稳定性和一般的自主性"。① 易纲和汤弦 (2001) 对不可能三角理论进行了扩展，从政府目标函数角度，分析了在资本流动外生给定条件下其余两种政策目标之间的取舍。用 X、Y、M 分别表示汇率的稳定性、货币政策独立性和资本流动性，并将各变量取值标准化为 (0, 1)，例如，汇率稳定取值为 1，浮动汇率取值为 0。每一种汇率制度与资本流动性、货币政策自主性的组合可以用 (X, Y, M) 来描述。

由于不可能三角的约束，有 $X + Y + M = 2$。这样，可以得到扩展的三角形（见图 4-4），三角形中的每一点到三边的距离分别为 ($1-X$, $1-Y$, $1-M$)，不同汇率制度安排可以在图中找到相应位置，如欧盟和

---

① Frankel, 1999, "No Single Currency Regime is Right for All Countries of at All Time", *NBER Working Paper* No. 7338.

中国香港基本位于位置1,中国大概位于位置2。

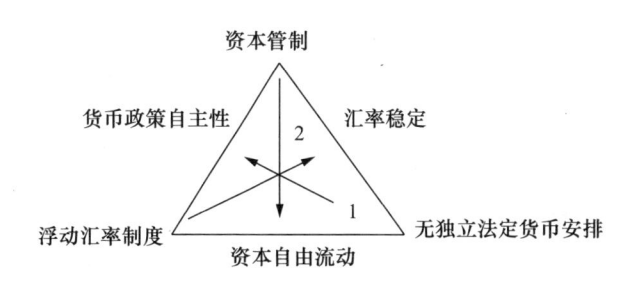

图4-4 不可能三角的扩展

在一定的资本流动条件下,政府面临汇率稳定和货币政策自主性之间的选择,政府丧失货币政策自主权意味着无法自主解决经济增长和就业问题,损失函数为:

$$w = c - y^{\alpha} \tag{4-6}$$

式中,c、α 为正参数,c 为完全失去货币政策自主权的成本,α 为损失指数,α 越大丧失货币政策自主权成本也越大。

另外,实行浮动汇率制度意味着汇率风险,设汇率风险成本函数为:

$$R = r\gamma\rho/f \tag{4-7}$$

式中,$r = (1-x)^{\beta}$,β 为汇率风险指数的倒数,γ 为贸易集中度,ρ 为开放度。政府的问题变为最小化成本函数:

$$C = \lambda w + \delta R = \lambda(c - y^{\alpha}) + \delta(1-x)^{\beta}\gamma\rho/f$$
$$\text{s.t.} \ x + y = 2 - m, \ m \in [0, 1] \tag{4-8}$$

式中,λ 为政府对两种成本的相对重视程度,δ 为风险厌恶系数。

在各个参数区不同数值时,可以得到政府的最优政策选择解。特别地,当资本流动性 m 趋近于 0 时,汇率制度会收敛于固定汇率制度;在资本自由流动时,如果 $\alpha \geq \beta$,政府会选择完全固定汇率制度或完全浮动汇率制度,如果相反,政府则可能选择中间汇率制度或完全浮动汇率制度。在资本流动 m 给定,如果 $\alpha < \beta$,而且 $\beta > 1 - m(1-\alpha)$,政府也可能会选择中间汇率制度。

第二节 货币政策自主性视角下人民币固定汇率制度的非均衡性

一 不同汇率制度下人民币货币政策自主性表现

自1978年以来，中国逐步放开了对部分资本项目的限制，资本流动性在逐步扩大，不过，截至作者完稿时为止，中国对资本的跨境流动仍然存在较严的管制。按照IMF划分的资本账户的7大类43项，到2005年，在43个项目中严格管制的和有较多限制的比重超过55%，而可兑换的只占18.6%。在中国资本项目可兑换逐步放开过程中，对中国货币政策的自主性和汇率制度的选择无疑会带来越来越大的影响，下面我们拟根据1978年以来的历史数据，检验在中国资本账户逐步放开进程中汇率制度与货币政策自主性之间的关系。我们可以从中央银行货币政策的两个重要构成来看中国货币政策的自主性及变化：一是从利率政策看人民币的利率政策是否受到汇率盯住国（美国）利率政策的约束；二是从货币供给政策看汇率制度给货币供给的自主性带来了多大压力。

（一）从中美利差角度看不同汇率制度下中国货币政策的自主性

从利率政策角度看，如果本国利率政策缺乏自主性，则表现为本币利率会跟随国外某货币的利率一起变化，本国货币当局失去对本币利率的调控权。在固定汇率制度下，如果允许资本自由流动，则本币利率必然随着锚币国利率变化而同向同幅度变化，而不论国内经济状况如何。

下面我们比较一下1978年以来人民币利率和美元利率差及其波动情况，利率差变化见图4-5，利率差波动见表4-1和图4-6。利率差波动用一年内不同月份人民币一年期定期存款利率与美国联邦基金利率差异的标准差表示。中美两国之间的利率差异波动性越小，说明利率政策缺乏自主性。

无论从图4-5中的人民币与美元的利差数据来看，还是从表4-1和图4-6中的利差波动状况来看，我们发现，人民币利率与美元利率的关系和人民币汇率制度间没有明显的对应关系。虽然在1997—2004年人民币实际盯住美元的时间段内，人民币与美元的利差位于相对属于比较低的区间,两国利差的波动(标准差)也不大,但是,在2005年人民币汇率弹性增加后,这一现象并没有发生变化。

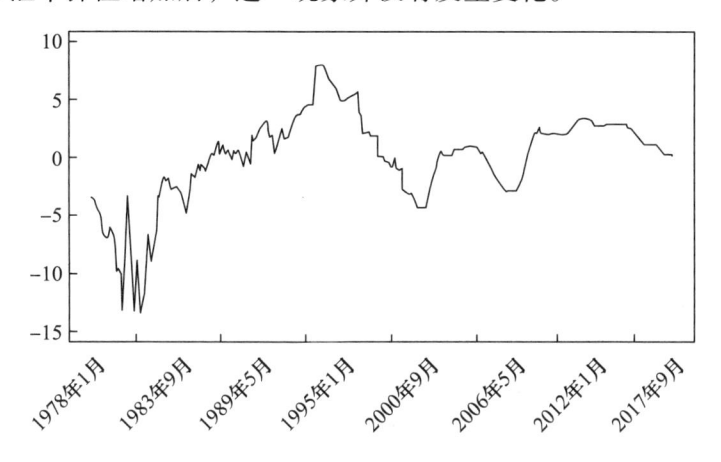

图4-5　1978—2017年人民币与美元利率差变化

资料来源:中国人民银行官方网站,美元利率来源于美国联邦储备局官方网站。

表4-1　　　　1978—2017年中美两国利率差波动变化

时间	1978年	1979年	1980年	1981年	1982年	1983年	1984年	1985年
RSD	1.11	1.33	3.61	2.22	2.57	0.38	0.91	0.37
RSD/MEAN	0.24	0.18	0.45	0.21	0.45	0.17	0.27	0.33
时间	1986年	1987年	1988年	1989年	1990年	1991年	1992年	1993年
RSD	0.72	0.35	0.44	0.85	0.97	0.46	0.40	1.54
SD/MEAN	1.82	0.65	3.96	0.45	0.57	0.22	0.10	0.24
时间	1994年	1995年	1996年	1997年	1998年	1999年	2000年	2001年
RSD	0.76	0.16	1.49	0.81	0.34	0.97	0.36	1.30
RSD/MEAN	0.11	0.03	0.40	0.52	0.94	0.46	0.09	0.79
时间	2002年	2003年	2004年	2005年	2006年	2007年	2008年	2009年
RSD	0.18	0.12	0.31	0.58	0.25	0.85	0.62	0.03
RSD/MEAN	0.53	0.14	0.44	0.60	0.10	0.49	0.33	0.02
时间	2010年	2011年	2012年	2013年	2014年	2015年	2016年	2017年
RSD	0.15	0.28	0.25	0.03	0.10	0.48	0.05	0.21
RSD/MEAN	0.07	0.09	0.08	0.01	0.04	0.25	0.04	0.42

注:RSD表示人民币与美元利率差的标准差,RSD/MEAN表示标准差除以当年平均利差。

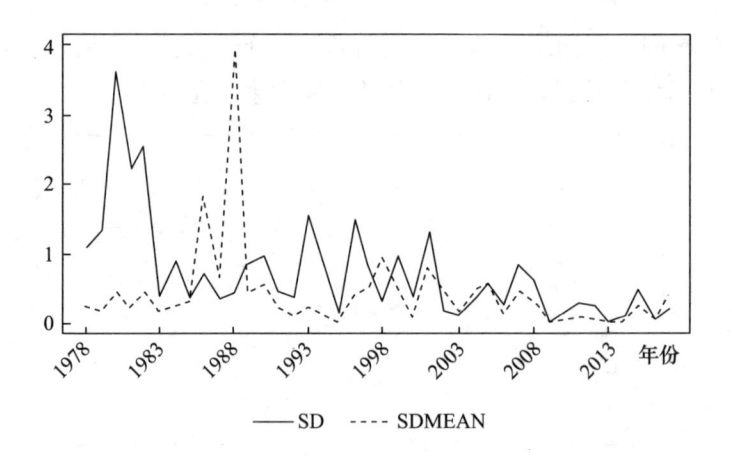

图 4-6　1978—2017 年人民币与美元利率差波动

上述现象说明，人民币汇率制度对中国利率政策的自主性并没有明显影响。之所以出现这一现象，可能是因为中国的资本项目并没有开放，资本不能自由流入流出中国，所以，中国的利率政策的自主性在固定汇率制度下和在相对灵活的汇率制度下没有明显差别。不过，我们也可以看出，从整体时间趋势来看，人民币与美元的利差是缩小的。1981 年以前，人民币利率与美元的利率差平均几乎达到 10%，之后两国利差幅度减小，在 1993—1994 年两国利率差较大时期，平均利率差也只有 6%—7%，到 1996 年后，两国利差均小于 5%。两国利率差波动也呈现逐渐下降的趋势。这都说明中国的利率水平是越来越接近于美元利率的变化，也就意味着中国的利率政策受到美国利率政策的影响越来越明显，自主性越来越低。这反映了随着中国对外开放的扩大，资本项目管制的逐渐减少，资本流动对中国利率政策的约束会越来越明显，而随着资本流动性增加，固定汇率制度对利率政策的约束性也会越来越明显。

（二）从外汇占款对中国货币发行的约束看不同汇率制度下中国货币政策的自主性

在固定汇率制度下，由于货币当局必须利用外汇储备的增减对市场给汇率带来的压力进行干预，所以，外汇储备变化较大，而外汇占款是一国货币当局投放基础货币的渠道之一，外汇储备的大幅频繁增减会给本国货币发行带来很大的影响，使货币当局要么增减货币发行总量影响通货膨胀，要么调整货币的信贷投放影响经济结构，从而影响货币政策的自主性。

为了分析 1978 年以来不同汇率制度对货币供给政策自主性的影响，我们就各个年份中国货币发行中外汇占款占基础货币投放比重与对应的汇率制度进行比较和回归分析。外汇占款占基础货币投放比重直观地反映了中央银行由于干预外汇市场而进行的公开市场操作所导致的外汇储备变化对货币发行的影响，比重越大说明货币供给政策的自主性越低，1978—2016 年人民币外汇占款占基础货币投放比重变化见表 4-2 和图 4-7，相关数据来源于国泰安数据库。

表 4-2　　1978—2016 年人民币外汇占款占基础货币投放比重

时间	1978 年	1979 年	1980 年	1981 年	1982 年	1983 年	1984 年	1985 年
比例	0.07	0.11	-0.02	0.23	0.50	0.50	0.33	0.09
时间	1986 年	1987 年	1988 年	1989 年	1990 年	1991 年	1992 年	1993 年
比例	0.03	0.09	0.07	0.11	0.22	0.37	0.24	0.23
时间	1994 年	1995 年	1996 年	1997 年	1998 年	1999 年	2000 年	2001 年
比例	0.54	0.76	0.99	1.15	1.08	0.93	0.93	1.12
时间	2002 年	2003 年	2004 年	2005 年	2006 年	2007 年	2008 年	2009 年
比例	1.19	1.40	1.99	2.40	2.90	3.49	4.03	4.21
时间	2010 年	2011 年	2012 年	2013 年	2014 年	2015 年	2016 年	
比例	4.25	4.16	3.90	4.07	4.03	3.56	2.93	

注：外汇占款数据来自货币当局资产负债表中的外汇资产，基础货币数据来自表中的货币投放负债。

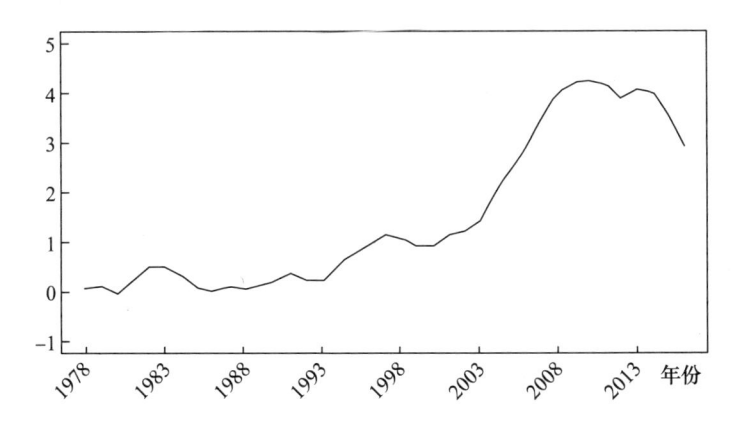

图 4-7　1978—2016 年人民币外汇占款占基础货币投放比重

从表4-2和图4-7中数据来看，1978—2007年，人民币外汇占款占基础货币投放比重呈现逐渐上升趋势，这与人民币汇率制度之间也没有确定的对应关系。这种上升趋势也说明中国对外开放度的增加给人民币货币供给政策的自主性带来越来越大的限制。

二 人民币货币政策自主性、开放度与汇率制度的 VAR 模型分析

上述分析显示，无论是从利率政策角度还是从货币供给政策角度，人民币汇率制度的变化从现象上看对货币政策自主性没有直接影响，而对外开放度随时间变化对货币政策自主性的约束却非常明显。我们需要进一步了解，如果考虑开放度影响，汇率制度是否对货币政策自主性带来了约束？

（一）基础模型和数据的检验

下面我们通过分别建立1978—2017年人民币货币政策自主性变量（POLICY）与对应人民币汇率制度之间的 VAR 模型，加入对外开放度（OPEN）作为外生变量，来分析在不同开放度下不同的人民币汇率制度安排对货币政策自主性的影响。货币政策自主性分别用中美利差波动（RSD）、外汇占款占基础货币变化比重（RATIO）表示，开放度使用对外贸易和引进外资总额与 GDP 比值表示，数据来源于《中国统计年鉴》。① 汇率制度使用 RR 事实汇率制度划分方法，中国1978—2001年 RR 实际汇率制度的类型见表4-3，对于2002—2006年的 RR 汇率制度，我们根据人民币汇率变化的相似性，将其划分为不同的汇率制度类型，2002—2005年7月人民币汇率制度与1997—2001年是基本一致的，属于实际盯住美元汇率制度。根据第三章的分析，2005年以后，人民币汇率属于围绕以美元为主的篮子货币浮动，而且人民币基本呈小幅度的频繁升值趋势，所以我们认为，按照 RR 实际汇率制度分类，2005年以后的人民币汇率制度属于爬行区间汇率制度，类似于1992—1994年的汇率情况。根据汇率制度灵活性程度赋予其数值，一共有三种汇率制度安排，将浮动程度最低的盯住美元汇率制度取值为1，中间的爬行区间汇率制度取值为2，浮动程度最高的管理浮动汇率制度取值为3。

最终使用 VAR 模型（4-9），其中，REGIME 表示汇率制度，POL-

---

① 由于数据的可得性限制，开放度的数据最早只能得到1984年的相关数据。

ICY 表示货币政策，货币政策分别用 RATIO（外汇占款占基础货币投放比重）和 RSD（中美利差波动）表示，m 表示内生变量的滞后期，滞后期根据 Eviews 5.0 给出的滞后长度准则（Lag Length Criteria）确定。$\varepsilon_{1,t}$ 和 $\varepsilon_{2,t}$、$\varepsilon_{3,t}$ 为独立的白噪声序列。

表 4-3　　RR 分类法下确定的 1978—2001 年中国汇率制度

时间	分类	注释
1974 年 1 月至 1981 年 2 月	实际围绕美元的爬行区间汇率制度	区间宽度 +2%
1981 年 3 月至 1992 年 7 月	管理浮动汇率制度	
1992 年 8 月至 1994 年 1 月 1 日	围绕美元的爬行区间汇率制度	区间宽度 +2%，升水在 1991 年 6 月达到最高，为 124%
1994 年 1 月至 2001 年 11 月	实际盯住美元汇率制度	市场统一，存在平行市场，后者升水只有一位数

资料来源：Carmen M. Reinhart and Kenneth S. Rogoff, "The Modern History of Exchange Rate Arrangements: A Reinterpretation", *NBER Working Paper* 8963 (2002)。

$$POLICY_t = \sum_{i=1}^{m} a_{i,t} POLICY_{t-i} + \sum_{i=1}^{m} b_{m,t} REGIME_{t-i} + \sum_{i=1}^{m} c_{m,t} OPEN_{t-i} + \varepsilon_{1,t}$$

$$REGIME_t = \sum_{i=1}^{m} \alpha_{i,t} POLICY_{t-i} + \sum_{i=1}^{m} \beta_{m,t} REGIME_{t-i} + \sum_{i=1}^{m} \delta_{m,t} OPEN_{t-i} + \varepsilon_{2,t}$$

$$OPEN_t = \sum_{i=1}^{m} \phi_{i,t} POLICY_{t-i} + \sum_{i=1}^{m} \phi_{m,t} REGIME_{t-i} + \sum_{i=1}^{m} \gamma_{m,t} OPEN_{t-i} + \varepsilon_{3,t} \qquad (4-9)$$

由检验结果表 4-4 可知，RATIO、OPEN、REGIME 的原序列皆是不平稳的，而 OPEN、RIGIME 的一阶差分拒绝了单位根原假设，是平稳的；RATIO 的一阶差分在 10% 的显著性水平下也可以认为是平稳的；另外，RSD 的原序列即是平稳序列。由平稳性检验可知，货币政策自主性研究中的三个变量均不平稳，利率政策自主性模型中的三个变量也不平稳，而 VAR 模型要求变量均平稳，因此，不能对其直接使用 VAR 模型来研究彼此间的关系。为了获得变量之间的关系式，我们采用协整检验来进行分析，分析变量之间是否存在长期的关系，从而得出变量间的相互影响。从表 4-5 的结果来看，利率政策检验和货币政策检验中变量之间的协整关系均不存在。

表 4-4　货币及利率政策自主性检验各变量 ADF 平稳性检验结果

变量	ADF 统计值	检验形式 (C, T, L)	1% 临界值	5% 临界值	10% 临界值
RATIO	-2.888905	(C, T, 3)	-4.243644	-3.544284	-3.204699
ΔRATIO	-1.854474***	(0, 0, 0)	-2.628961	-1.950117	-1.611339
RSD	-3.853596***	(C, T, 2)	-4.234972	-3.540328	-3.202445
OPEN	-1.368812	(C, T, 0)	-4.226815	-3.536601	-3.200320
ΔOPEN	-3.918798***	(0, 0, 0)	-3.621023	-2.943427	-2.610263
REGIME	-1.411794	(C, T, 0)	-4.219126	-3.533083	-3.198312
ΔREGIME	-3.193744***	(0, 0, 0)	-2.630762	-1.950394	-1.611202

注：检验形式（C, T, L）中，C、T、L 分别代表常数项、时间趋势项和滞后阶数。滞后阶数根据 SC 和 AIC 标准选择。***表示显著性。

表 4-5　货币政策自主性检验约翰森协整检验结果

	协整关系个数假设	特征值	迹统计量	5% 临界值	概率
利率政策检验	0	0.363638	23.45892	29.7907	0.2243
	最多一个	0.115714	6.735381	15.49471	0.6086
	最多二个	0.057352	2.185318	3.841466	0.1393
货币供给政策检验	0	0.430579	28.41353	35.19275	0.2233
	最多一个	0.128180	7.577500	20.26184	0.8573
	最多二个	0.065389	2.502136	9.164546	0.6771

注：变量之间不存在协调关系。

1. 人民币货币政策自主性的 VAR 模型和脉冲响应分析

由上文分析可知，由于货币政策自主性研究中的变量并不平稳，并且彼此之间不存在协整关系，因此，对 RATIO、OPEN 和 REGIME 三个变量取一阶差分，由于三个变量的一阶差分序列均是平稳的，满足使用 VAR 模型的条件，因此，采用这种办法可以得到开放度的变化（ΔOPEN）及人民币汇率政策弹性变化（ΔREGIME）对货币政策自主性变化（ΔRATIO）的影响。通过 Eviews 8.0 进行 VAR 估计，可以得到如下方程：

$$\Delta RATIO = 0.758623 \times \Delta RATIO(-1) + 1.877550 \times \Delta OPEN(-1) + \\ 0.053162 \times \Delta REGIME(-1) - 0.006965 \quad (4-10)$$

用 Eviews 8.0 对式（4-10）使用单位根表和单位根圆检验其滞后结构的稳定性，发现全部 VAR 模型特征方程的根的倒数值均在单位圆之内（见图 4-8），说明该 VAR 模型是稳定的，因此，可以对该模型进行脉冲相应函数分析。在模型估计中，汇率制度的灵敏度对货币政策自主性变化的影响结果为正值，但是，P 值不显著，汇率制度对政策自主性没有影响。式（4-10）的脉冲响应函数如图 4-9 所示，其中，横轴表示冲击作用的滞后期间数（单位：年），纵轴分别表示 ΔRATIO 变化。

从图 4-9 中可以看出，货币政策自主性变动产生冲击后，对其自身的影响在第一年有较大程度的增加，从第二年开始会逐渐下降，并最终消失。汇率制度的灵活性增加在第一年会增加货币政策自主性变动，而第二年开始则迅速下降，最终转变为负，但这种负向的影响较小。另外，开放度变动的提高，将会促使货币政策自主性在前两年有所提高，从第三年开始影响逐渐消退。

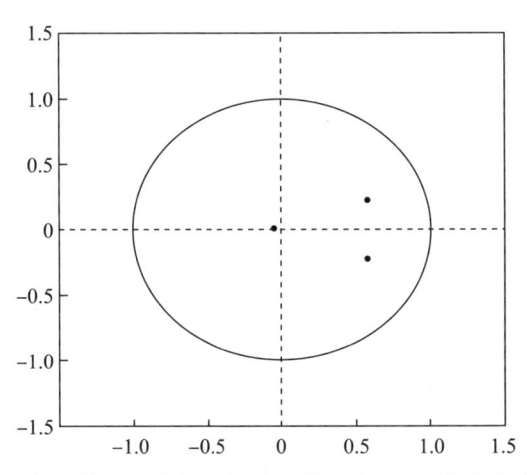

图 4-8　外汇占款占基础货币投放比率变动 VAR 模型的单位圆检验

(a) 外汇占款占基础货币投放比重对自身的脉冲响应

(b) 外汇占款占基础货币投放比重对开放度的脉冲响应

(c) 外汇占款占基础货币投放比重对汇率制度的脉冲响应

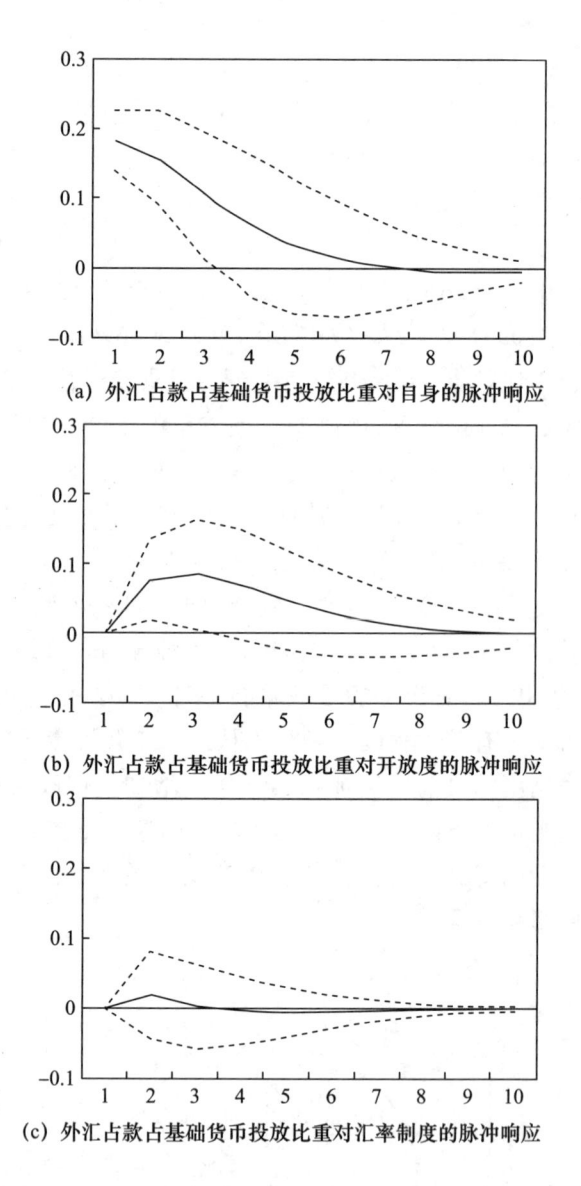

图 4-9　各变量对外汇占款占基础货币投放比重 ΔRATIO 的脉冲响应曲线
注：图中虚线表示在5%的显著性水平下的置信区间。

（二）人民币利率政策自主性的 VAR 模型和脉冲响应分析

与货币政策自主性模型类似，由于 OPEN 与 REGIME 不平稳，而且 RSD、OPEN 与 REGIME 之间不存在协整关系，所以，不能对原序列建立 VAR 模型，因此，对不平稳的 I(1) 序列 OPEN 与 REGIME 取一阶差分，然后建立 RSD、ΔOPEN 与 ΔREGIME 之间的 VAR 模型。通过 VAR 估计得到中美两国利差的波动（RSD）与开放度变化（ΔOPEN）、人民币汇率制度弹性变化（ΔREGIME）之间的 VAR 方程如下：

$$RSD = 0.427675 \times RSD(-1) + 3.181915 \times \Delta OPEN(-1) + 0.279889 \times \Delta REGIME(-1) + 0.371568 \quad (4-11)$$

同样，根据单位圆检验，发现全部 VAR 模型特征方程的根的倒数值均在单位圆之内（见图 4-10），说明该 VAR 模型是稳定的，因此可以对该模型进行脉冲响应函数分析。式（4-11）的脉冲响应函数如图 4-11 所示，其中，横轴表示冲击作用的滞后期间数（单位：年），纵轴分别表示 RSD 的变化。

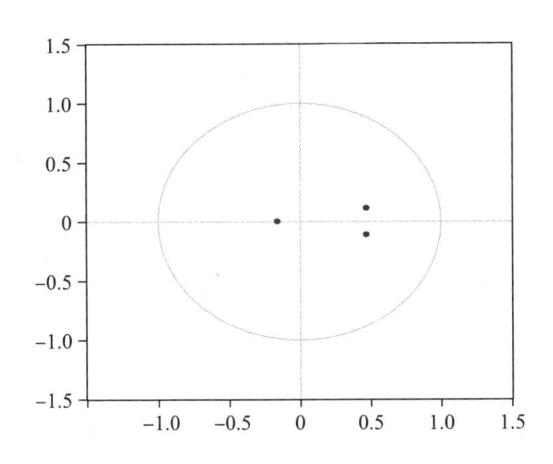

图 4-10　中美利差波动 VAR 模型的单位圆检验

根据脉冲响应曲线的结果，利差波动的冲击会使自身在第一年产生正向的影响，从第二年开始这一影响逐渐衰退直到消失。来自开放度变动的一个百分点的提高，会使中美利差波动在前两年出现显著的上升，从第三年开始这一变化下降。而汇率制度灵活性的增加，会使利差波动出现持续两年的提高，之后这一变动最终将消失。

（三）结论

根据图 4-9 和图 4-11，可以发现，当考虑了开放度这一外生变量后，人民币汇率制度对利率政策和货币供给政策的自主性影响表现如

(a) 中美两国利差对自身的脉冲响应

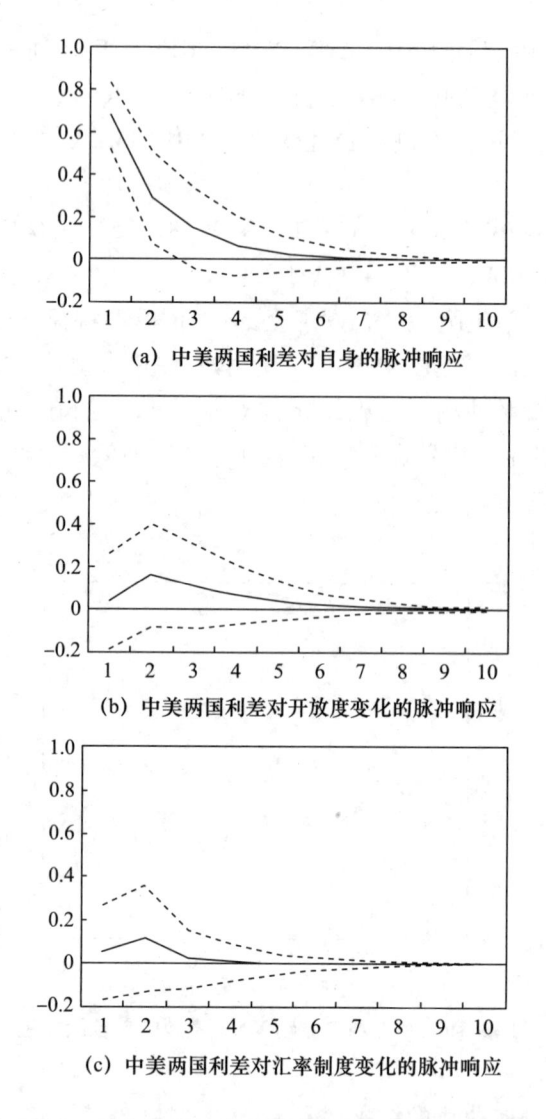

(b) 中美两国利差对开放度变化的脉冲响应

(c) 中美两国利差对汇率制度变化的脉冲响应

图 4-11　各变量对中美利差波动 RSD 的脉冲响应曲线

下：REGIME 灵活性变化对中美利率差波动 RSD 的影响在初期为正，即随着人民币汇率制度灵活性的增加，人民币利率与美元利率变化差异增加，也就是说，人民币利率政策的自主性在上升，这与三元悖论的结论刚好相同。从长期来看，汇率制度的灵活性变化对中美利率差波动 RSD 的影响为正，即随着人民币汇率制度灵活性的增加，人民币利率政策的自主性增加。另外，货币政策自主性研究显示，汇率制度系数并不显著,从这方面来看,说明汇率制度对货币政策自主性没有显著的影响力。

三 汇率制度与货币政策自主性:不同开放度下的 STR 分析

虽然我们已经分别分析了开放度和汇率制度变化对货币政策的影响,但还需要进一步关注的问题是,随着中国对外开放程度的不断提高,汇率制度尤其是固定汇率制度安排对货币政策的约束是否会越来越大?所以,接下来,我们分析在不同对外开放度下人民币汇率制度对货币政策自主性的影响。

(一)分析方法

我们使用 STR 模型即平滑转换回归模型对上述问题进行分析。STR 模型在线性模型基础上,考虑了非线性问题。标准的平滑转换回归模型的形式为:

$$y_t = \varphi' z_t + \theta' z_t G(\gamma, g, s_t) + \mu_t, \quad \mu_t \sim iid(0, \delta^2) \quad (4-12)$$

其中,$G(\gamma, g, s_t) = \{1 + \exp[-\gamma \Pi_{k=1}^{K}(s_t - g_k)]\}^{-1}$,$\gamma > 0$,$z_t = (w'_t, X'_t)$ 是一个 $[(m \times 1) \times 1]$ 的解释变量向量,$w'_t = (1, y_{1t}, y_{2t}, \cdots, y_{t-p})'$,$x'_t = (1, x_{1t}, x_{2t}, \cdots, x_{t-p})'$。其中,$\varphi$ 和 θ 依次为线性和非线性部分的参数向量。转换函数 $G(\gamma, g, s_t)$ 中 s_t 是转换变量,可以是 z_t 向量中的任何部分,也可以是其组成部分的函数形式或者不包含在 z_t 内的其他外生变量。γ 是平滑参数,表示不同状态之间转换的速度,当 γ 越大时,表示一个状态转换到另一个状态的速度越快,时间越短。g_k 是一个位置变量,类似于一种门限值,当转换变量的变化超过了这个门限值时,意味着模型开始从一个状态向另一个状态改变。

我们考虑不同开放度条件下的 STR 分析,其转换变量为开放度 OPEN,当开放度发生变化时,汇率制度和货币政策自主性模型中的方程也将发生相应的改变。

(二)货币供应政策自主性模型中的 STR 分析

货币供应政策模型中的变量为外汇占款比重 RATIO、汇率制度 REGIME 和开放度 OPEN。其中,REGIME 为自变量,RATIO 为因变量,开放度 OPEN 只作为转换变量,不直接进入线性部分和非线性部分。

根据 AIC 信息准则,确定模型的最优滞后项为 1。我们使用 JMulti 软件进行 STR 模型估计和分析。由于存在 1 期滞后,因此,在选取转换变量时,将开放度当期变量和滞后 1 期变量都进行非线性检验。结果如表 4-6 所示，最优转换变量选择为开放度滞后 1 期变量 OPEN（t-1），选择的模型形式为 LSTR1。LSTR1 的转换函数为 $G(\gamma, g, OPEN_t) = (1 + \exp[-\gamma(OPEN_t - g)])^{-1}$。当转换变量大于临界值 g 时，转换函数 G=0，此时非线性部分不存在；当转换变量等于临界值 g 时，G=1/2；当转换变量小于临界值 g 时，G=1，非线性部分完全体现。

表 4-6　　　　　非线性检验及模型选取

变量名	F	F4	F3	F2	推荐模型
OPEN（t）	4.5245e-04	4.3018e-01	8.8971e-01	4.9086e-07	LSTR1
OPEN（t-1）*	2.1421e-04	8.1699e-01	5.5531e-01	1.0210e-07	LSTR1

注：F 表示相关变量选取为转换变量后的非线性建议结果，F 与 F2、F3、F4 进行比较后可以得到非线性是否存在，以及相应的非线性部分的形式。

表 4-7　　　　　STR 模型估计结果

	变量	参数初始值	估计值
线性部分	常数项	-0.40921	-0.40097
	RATIO（t-1）	0.55122	0.56560
	REGIME（t）	0.39090	0.39133
	REGIME（t-1）	-0.24146	-0.24758
非线性部分	常数项	1.22888	1.23783
	RATIO（t-1）	0.53906	0.52766
	REGIME（t）	-0.57329	-0.58494
	REGIME（t-1）	0.20709	0.22216
	γ	1.14255	1.11631
	g	0.37316	0.37933

AIC = -3.5636　　SC = -3.1326　　R^2 = 9.9283

根据模型的估计结果，当 OPEN 的值大于 0.37316 时，不存在非线性部分，模型的形式为：

$$RATIO_t = -0.41 + 0.55 \times RATIO_{t-1} + 0.39 \times REGIME_t - 0.24 \times REGIME_{t-1} \qquad (4-13)$$

当 OPEN（t-1）的值小于 0.37316 时，非线性部分完全体现，模型的形式为：

$$RATIO_t = 0.83 + 1.09 \times RATIO_{t-1} - 0.18 \times REGIME_t - 0.037 \times REGIME_{t-1} \tag{4-14}$$

由模型分析可知，开放度变化会对模型的形式产生重要影响，当开放度大于 0.37316 时，当期汇率制度对外汇占款比重的影响为正值，汇率制度每上升 1，则 RATIO 将提高 0.39。汇率制度上升表明汇率制度朝着更有弹性的方向发展，RATIO 的提高表明此时外汇占款比重上升，货币供应政策自主性下降。当开放度大于 0.37316 时，货币政策的自主性呈上升趋势。这一结果表明，随着开放度提高到一定程度，货币政策自主性会随着汇率制度的提高有所下降，这与三元悖论所得的结论有一定的矛盾。在开放度小于 0.37316 时，会出现与三元悖论相同的结论。因此，开放度大小会使汇率制度与货币政策自主性之间的关系发生改变。

转换函数及转换变量动态变化情况如图 4-12 所示。

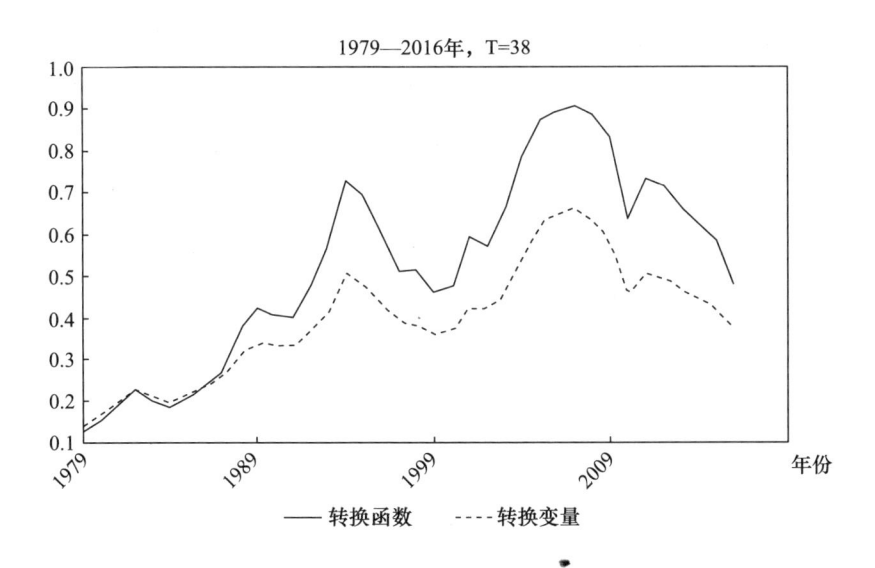

图 4-12 转换函数及转换变量动态变化

（三）利率政策自主性模型中的 STR 分析

在利率政策自主性模型中，根据 AIC 信息准则，最优滞后项选取为 2，与货币政策相同，选取 OPEN 的当期、滞后 1 期、滞后 2 期作为可选择的转换变量进行非线性检验,选取最优转换变量。结果如表 4 - 8 所示。

表 4 - 8 　　　　　　　　　非线性检验及模型选取

变量名	F	F4	F3	F2	推荐模型
OPEN (t)	3.4398e-01	4.8295e-02	2.9847e-03	4.8830e-01	LSTR2
OPEN (t-1)	1.9903e-02	3.9786e-01	1.5584e-01	3.9907e-01	LSTR2
OPEN (t-2)	7.1497e-03	3.6821e-01	1.0424e-03	1.3472e-01	LSTR2

注:F 表示相关变量选取为转换变量后的非线性建议结果,F 与 F2、F3、F4 进行比较后可以得到非线性是否存在,以及相应的非线性部分的形式。

非线性结果显示,最优转换变量选择为开放度当期变量 OPEN (t),所选用的模型是 LSTR2。LSTR2 的转换函数为:

$$G(\gamma, g, OPEN_t) = \{1 + \exp[-\gamma(OPEN_t - g_1)(OPEN_t - g_2)]\}^{-1} \quad (4-15)$$

选取好转换函数后,进行模型估计,得到估计结果如表 4 - 9 所示。

根据模型的估计结果,当 OPEN 的值大于 0.24174 或者小于 0.22825 时,不存在非线性部分,模型的形式为:

$$RSD_t = 27.77 - 0.644 \times RSD_{t-1} + 0.404 \times RSD_{t-2} - 3.948 \times REGIME_t + 0.314 \times REGIME_{t-1} - 5.3638 \times REGIME_{t-2} \quad (4-16)$$

当 OPEN 的值小于 0.24174 且大于 0.22825 时,非线性部分完全体现为:

$$RSD_t = 0.5601 + 0.019 \times RSD_{t-1} - 0.01 \times RSD_{t-2} - 0.166 \times REGIME_t + 0.016 \times REGIME_{t-1} + 0.10381 \times REGIME_{t-2} \quad (4-17)$$

利差波动与汇率制度的关系同样受到开放度影响,当开放度大于 0.24174 或者小于 0.22825 时,当期汇率制度对利差波动有正向影响,汇率制度越具有弹性,表明利差波动将增加,利率政策的自主性将提高。当开放度处于这两个值之间时,利率政策的自主性仍然会提高,但受到汇率制度的影响将大幅降低。图 4 - 13 显示,1980—1990 年,中国对外开放度刚好位于 0.22825—0.24174 之间,因此,这一时期汇率制度对利率政策的自主性影响呈现出非线特点。

表 4-9　　　　　　　　　STR 模型估计结果

	变量	参数初始值	估计值
线性部分	常数项	27.7731	29.87904
	RSD (t-1)	-0.64364	-0.68073
	RSD (t-2)	0.40378	0.41859
	REGIME (t)	-3.9480	-4.50037
	REGIME (t-1)	0.31437	0.54699
	REGIME (t-2)	-5.36380	-5.74243
非线性部分	常数项	-27.21303	-29.31849
	RSD (t-1)	0.66342	0.70046
	RSD (t-2)	-0.41344	-0.42839
	REGIME (t)	3.7820	4.34870
	REGIME (t-1)	-0.298292	-0.53156
	REGIME (t-2)	5.46761	5.84626
	γ	10	10.76
	g_1	0.22545	0.22825
	g_2	0.24164	0.24174

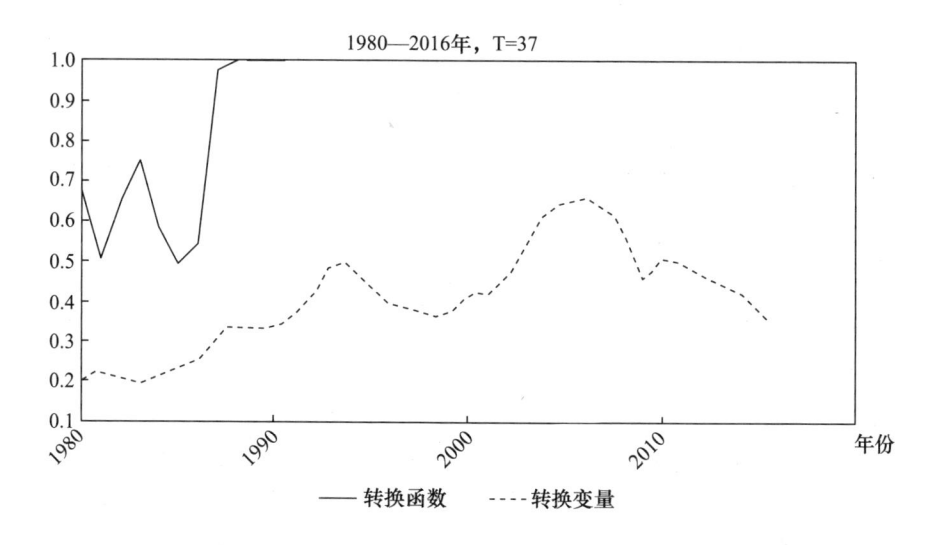

AIC = -3.5636　　SC = -3.1326　　R^2 = 9.9283

图 4-13　转换函数及转换变量动态变化

（四）结论

通过对利率政策和货币政策自主性进行 STR 模型分析后，发现开放度变动会对政策自主性和汇率制度之间的关系产生明显的影响。货币公用政策中，较低的开放度会使汇率制度与货币政策自主性产生相反的影响；当开放度较高时，两者的关系呈现正向关系。在利率政策中，较高和较低的开放度都会使政策自主性与汇率制度出现负向关系；而当开放度处于中间区域时，这种负向关系仍然存在，但效果有了明显减弱。

第三节 货币可兑换条件下中国的选择：货币政策自主性

基于以上理论与中国实践的分析，中国在未来资本自由流动、货币实现自由兑换条件下对汇率制度的选择需要解决的一个重要问题就是货币政策自主性与汇率稳定之间的取舍。我们认为，从中国国内和国家的实际经济条件来看，坚持货币政策的自主性更符合中国经济和政治发展的长期需要，因此，浮动汇率制度是中国政府一个相对均衡的汇率制度选择。

一 中国不能放弃货币政策自主性和货币主权

中国是一个经济大国，需要解决的经济问题是多层次、多方面的。米德冲突描绘了一个国家经常会面临内部经济和外部经济不平衡矛盾的现象，中国还面对着多重的国内经济不平衡的矛盾。中国目前拥有世界约 1/5 的人口，人均国民收入仍然非常低，经济增长是中国经济发展中需要长期关注的首要问题。而且中国的经济发展还面临着许多结构性不平衡问题，社会贫富差距较大，城市农村差距大，东部、中部、西部发展不平衡，国民经济各产业各部门之间发展不平衡。根据丁伯根原则，为达到一个经济目标，政府至少要运用一种有效的政策；为达到几个经济目标，政府至少要运用几个独立、有效的经济政策。中国经济不仅面临外部经济发展和平衡问题，内部的经济发展和平衡问题更紧迫，这就需要国家有充足的、有效的政策工具来解决这些问题，货币政策是一项重要的宏观经济政策，中国当然不能放弃独立自主的货币政策。

另外，中国的经济长期属于政府主导型经济，市场化程度较低，微观企业制度不完善,风险管理能力较差,在向市场化经济转轨和实现资本账户自由化过程中,更离不开政府的宏观调控。相对于财政政策,货币政策可以较少地受地方政府的干预,政策时滞较短,时效性较高;货币政策可供操作的政策工具也更多,操作更具有灵活性,尤其对外部经济调节相对财政政策更有效。

最后,货币政策自主权也是一国经济主权的象征,中国作为一个国土、人口和经济总量上的大国,不可能也不应该放弃自己的货币和政策自主权。所以,从政策自主性和有效性角度看,中国不可能实行类似货币局制度的安排;从货币主权角度看,中国不可能实行类似的美元化安排。

二 实行货币联盟在中国不现实

对于中国来说,实行货币局制度和美元化安排是不可能的,硬盯住汇率制度中唯一可能的选择就是货币联盟。从理论上说,实行货币联盟具有很大的吸引力,它在具有经济紧密联系的国家之间发行单一货币,避免了汇率波动对对外贸易和投资带来的汇率波动风险,而对其他经济体实行浮动汇率制度,缓冲外部经济冲击。1999年以后,欧元的启动和运行,加速了欧盟内部经济一体化进程,在这以后欧盟的成员国向东继续扩展,说明货币联盟的吸引力是巨大的。诺贝尔经济学奖得主蒙代尔(Mundell,2000)曾经预测,在未来20年内,将形成美元区、欧元区和亚洲货币联盟三足鼎立的局面。

在亚洲地区或者只在东亚地区是否有可能建立一个亚元区?中国是否能加入这样一个货币联盟?亚洲地区在经济贸易合作和一体化方面已经有了显著的进展,例如,1975年签署的《曼谷协定》、1992年组建东盟自由贸易区(AFTA)、2002年中国与东盟10国决定组建中国—东盟自由贸易区等。亚洲的货币合作在东亚国家取得了一些实际进展,1990年,马来西亚总理马哈蒂尔提出了组建东亚经济决策委员会(EAEC)的设想,但是,在美国政府的公开反对下"夭折"了。日本1997年向IMF提出建立亚洲货币基金(AMF)设想,但是,大多数东亚国家对日本的动机深感怀疑,美国与IMF也担心日本在亚洲的影响过大,所以遭到搁浅。东亚货币合作的突破性进展是"10+3"国家2000年在泰国签订的《清迈协定》,提出了要加强各国的资本信息交换,扩大各国间的货币互换协定,构建货币互换交易网和债券交易网,设立货币互换和回购双边条约。《清迈协定》主要是一个东盟国家和中日韩之间的货币互换安排协定，主要是为成员国解决流动性困难。虽然东亚货币合作取得了一些进展，但是，这种合作只是一种初级形态，它主要用于成员国防范金融危机，解决短期资金流动问题。关于亚元的建立或者亚洲货币联盟的建立并没有真正列入议事日程，亚洲甚至是东亚或者东盟的货币联盟前途到目前为止仍然是一片渺茫。

从理论层面看，Eichengreen 和 Bayoumi（1996）的研究表明，东亚国家的内部贸易和投资已经达到很高水平，从这方面来看，东亚国家和欧洲国家一样，满足最优货币联盟的标准。不过，东亚国家没有欧洲那样完善的国内金融体系，金融压抑和资本控制普遍存在，政府经常直接干预支持银行体系，这又意味着无论是实行单方面盯住还是集体盯住都有很大困难，而且，它们缺少一个像德国马克那样的外部驻锚。另外，Eichengreen 和 Bayoumi 还指出，欧洲货币一体化进程表明，政治上的团结可以克服经济上不满足最优货币联盟标准的缺陷，东亚国家缺少政治上的联系和传统，因而实施共同货币为时尚早。黄梅波（2001）根据最优货币区理论对东亚货币合作的可能性进行了分析。认为从各国经济相互依存度角度来看，东亚地区与欧盟相比还存在差距。东亚地区在一体化道路上的主要障碍在于其经济发展水平的层次性和差异性。从政治角度来说，东亚各国也不具备组成货币区的条件，这些都使东亚货币合作仅能在较浅的层次上进行。李晓（2011）指出，东亚货币合作本身存在的固有矛盾或问题如对现行"美元体制"的依赖等，是影响其未来发展的长期性因素，决定了在今后相当长时期内东亚地区在整体上不具备推进货币合作深化发展的前提条件。

还有一些对于东亚货币一体化的研究表明，在整个东亚实行货币联盟的经济和政治基础基本不具备，不过，小范围的货币联盟基础是存在的，但中国不在其列。白当伟（2002）运用货币区的收益和成本分析法对东亚地区建立货币联盟的可能性进行了探讨，结果表明：东亚地区目前整体上不适于建立货币联盟，但是，在几个国家（地区）之间建立货币联盟则是可行的。李晓洁（2004）以 VAR 模型分析了包括中国在内的 9 个东亚国家与地区总需求冲击和总供给冲击的对称性，判断东亚实现区域货币联盟的可行性。发现从东亚各国整体看，外部冲击并不对称，东亚虽然存在冲击高度相关的东盟集团，但是，由于经济规模有限，不具备对东亚诸国的辐射力和领导能力，不足以构成一个核心集团。经济实力强大的东北亚国家日本与韩国表现出经济冲击有相当的相关性，但是，与东盟国家的相关性不够，中国与任何东亚国家的相关性太弱。王小雪（2012）指出，由于受到实体经济发展水平的制约，在经济发展水平、劳动生产率和通货膨胀率等指标偏好、财政金融体系的完备程度等方面的诸多差异在短期内无法消除，可能导致部分国家在组建货币联盟过程中不得不付出高昂的成本，进而成为阻止其进入的最大障碍。即便进入货币联盟，联盟的稳定性在面对外部冲击时也将遭到质疑。

龙远朋和敖翔（2014）基于最优货币区理论，从建立最优货币区的条件和欧洲货币一体化的现实缺陷出发，引出了人们对建立最优货币区理论的质疑。最后，通过对这两个维度的分析得出结论：东亚国家或地区目前还不适合建立区域内最高形式的货币联盟——东亚货币一体化。

所以，从理论上说，东亚还不可能组建最优货币区，中国也不适应加入任何一个层次的货币联盟。

三 固定汇率制度对中国的积极作用有限

以上分析了中国不可能实行货币局制度、美元化安排，也不具备加入货币联盟的条件。虽然硬盯住汇率制度被很多国家和地区采用，但这是因为，这些国家和地区的汇率稳定相对于货币政策自主性更为重要。对于中国来说，一方面货币政策自主性非常重要，另一方面实行硬盯住汇率制度的积极作用也非常有限。

根据最适度货币区理论和实际选择硬盯住汇率制度的国家或地区来看，一般来说，实行硬盯住汇率制度的经济体都有经济规模小而开放程度高的特点（McKinnon，1963），典型如香港特别行政区和欧盟内部各国，为了避免外部不利经济的冲击给本地区带来大的波动和不稳定，需要实行稳定的汇率汇率制度。或者产品多样化程度低（Peter Kenen，1969），或者长期较高的通货膨胀水平和惯性，需要借助汇率的名义锚作用来控制通货膨胀，典型如阿根廷1992年开始实行货币局制度，以及拉美一些国家实行的美元化安排。这些国家和地区实行硬盯住汇率制度对本地区经济的稳定和通货膨胀的控制具有重要作用，而对于中国来说，并不具备传统的OCA理论强调的实行固定汇率制度或货币联盟的条件，实行硬盯住汇率制度对中国经济的发展和稳定也没有明显的积极作用，更没有紧迫性。

首先，中国是一个大型经济体而不是小型经济体。虽然中国到现在也还不能称为经济强国，而且中国到目前为止才跨入中等偏下收入国家行列，仍然只是一个发展中国家。但毋庸置疑，从经济总规模来看，中国是一个大型经济体，或者说接近于经济大国。张伯里（2008）指出，作为一个世界经济大国，至少要具备两个条件：一是要有相当巨大的国民经济总量规模，其主要衡量指标是国内生产总值占世界生产总值的5%以上。二是要有相当密切的国际经济联系，其一个重要衡量指标是对外贸易总额占世界贸易总额的5%以上；其另一个重要衡量指标是本国货币作为国际储备货币占世界外汇储备总额的5%以上。这"3个5%"的两个条件，是世界经济大国的经验数字。① 中国虽然还不能满足这样的标准，但是，随着我国经济、贸易、金融迅速的发展，在未来5—15年，我国将越来越接近于同时具备世界经济大国的包括3个主要衡量指标的两个条件。美国高盛公司的经济学家在2003年将目前已有较大经济实力规模并且发展势头强劲的中国、印度、俄罗斯、巴西称为"金砖四国"（BRICs），并且中国的实力仅次于美国。作为这样一个经济总规模和相对规模较大，而国内经济部门齐全、产品多样化程度非常高的大型经济体，抵抗外部经济冲击的能力是比较强的，汇率波动也不至于给中国的生产和就业、价格带来大的冲击。

其次，除新中国成立初期不稳定经济时期外，中国也没有恶性通货膨胀的历史和记录，中国政府的信誉和经济调控能力一直非常高。1978年以来，中国的通货膨胀水平一直在政策可控制范围内，虽然其间也出现过几次较高的通货膨胀时期（1979—1980年、1986—1988年、1992—1994年和2007—2008年），但都在财政和货币政策的调控下得到了有效治理。而且，中国政府并不存在公信力问题，相反，中国政府对经济的宏观调控能力是比较高的，中国人民银行也不存在纪律性问题，中国不需要从国外进口"公信力"与"财经纪律"。因此，硬盯住汇率制度的反通货膨胀效用在中国也没有太大的发挥余地。

---

① 张伯里：《科学发展观与战略机遇期》，《光明日报》2008年8月24日第6版。

第五章 微观产权主体福利视角下的均衡人民币汇率制度

前面两章从货币危机和经济绩效的宏观利益视角分析了人民币自由兑换产权约束下的均衡汇率制度,这是人民币在可预见的产权约束下的均衡汇率制度需要考虑的主要方面。不过,中国未来的产权制度发展还有一个重要特点,就是进一步建立健全"归属清晰、权责明确、保护严格、流转顺畅"的现代产权制度,"要依法保护各类产权,健全产权交易规则和监管制度,保障所有市场主体的平等法律地位和发展权利",这意味着微观产权主体的利益将得到进一步确立和保障,也意味着微观主体的福利会在一系列制度变革包括均衡汇率制度形成中起着越来越重要的影响。因此,有必要进一步分析微观产权主体福利对人民币均衡汇率制度形成的影响。

从理论层面看,在市场经济条件下,单纯以宏观经济利益为标准来进行制度和政策制定也缺乏坚实的微观基础,使汇率制度的选择同样面临着卢卡斯(1973)提出的问题。弗拉德和马里昂(Flood and Marion, 1982)因此指出,政府在选择汇率制度时应该考虑微观经济主体的反映,即建立的模型要有微观基础。这一思想在20世纪90年代以后形成开放经济的宏观经济学中得到了充分体现,其中宏观经济政策选择的研究视角转向了微观福利方面,包括汇率制度选择。

第一节 不同汇率制度下的微观福利比较

一 传统分析框架下不同汇率制度的微观福利表现

在新开放宏观经济学发展以前,对于汇率制度的研究已经出现了基于微观福利视角的分析,这些研究都从个体最优化行为来推导出预期效用表现，从而评价不同汇率制度的优劣。最早的分析可见费希尔（Fisher，1976），笔者以消费稳定为目标，从外部冲击来源角度分析了汇率制度的表现，发现如果外部冲击是实际的冲击时，实行固定汇率制度导致的消费的波动最小；而如果外部冲击是货币性冲击时，实行浮动汇率制度有更稳定的消费。

赫尔普曼和拉辛（Helpman and Razin，1979）建立了一个小型开放经济模型，假设有相似的金融市场结构，并从跨期效用最大化中推出需求函数，并比较不同汇率制度下的福利。对汇率制度的福利评判是建立在以消费衡量的均衡效用水平基础上的，结果表明，浮动汇率制度的表现要优于固定汇率制度。之后，基于微观经济基础的汇率制度研究包括卡雷肯和沃拉斯（Kareken and Wallace，1978）、拉潘和恩德斯（Lapan and Enders，1980）、珀松（Persson，1980）、赫尔普曼（1981）和卢卡斯（Lucas，1981），这些分析都使用个人效用最大化推导得到的效用水平（预期效用）来比较汇率制度的福利，而这些研究最终形成的一个共同的结论是，如果预期是自我实现的，并且不存在不完备性，所有汇率制度的效率都是相同的。

但现实中金融市场是具有不完全性的，而这种不完全性很可能会影响到汇率制度的福利属性。赫尔普曼和拉辛（1982）、Aizenman 和 Hausmann（2001）引入了这个因素，在不确定的环境中分别用微观福利标准和社会福利标准评价了不同汇率制度的优劣，研究表明，市场的不完全性确实会影响汇率制度的福利属性和最优汇率制度安排。赫尔普曼和拉辛（1982）考虑了不确定性和金融市场的不完全性，对浮动汇率制度和单边盯住汇率制度的福利比较表明，在多种的经济环境下，浮动汇率制度的表现要强于固定汇率制度，而关于是否存在固定汇率制度的表现要优于浮动汇率制度的经济环境，该分析并不能得出确定性结果。Aizenman 和 Hausmann（2001）假定国内资本市场与国际市场分割，而生产者依赖信贷提供资本需要，劳动力市场则是合同制的，结果发现，汇率制度的选择与金融结构密切相关，对资本投入的依赖越大，本国与国际市场分割越严重，稳定的汇率越有利，因为稳定的汇率降低了生产者面临的实际利率，提高了产出。而如果本国市场与国际市场一体化程度越高，汇率稳定带来的实际利率好处越少，而增加了浮动汇率制度的合意性。

赫尔普曼（1981）考虑了市场交易中需要货币作为支付手段这一摩擦的存在，比较了浮动汇率制度、单边盯住汇率制度和合作性的固定汇率制度的福利表现，福利用消费水平表示。分析显示，在完全的预期条件下（这要求政府不会突然改变其政策），所有汇率制度下的均衡都是帕累托有效的，但是，不同汇率制度下福利的分配表现不同。在浮动汇率制度下，形成的福利分配和不需要货币作为支付手段条件下一致，政府事先制定的政策也不会影响均衡消费水平；在单边的固定汇率制度下，只要外汇政策保持平稳，完全预期形成的均衡福利分配同样和不需要货币作为支付手段条件下一致，不过，在单边固定汇率制度下，需要有汇率政策和财政货币政策的配合；在合作性的固定汇率制度下，均衡的福利分配依赖于汇率水平和各国的财政货币政策，只有在特定的政策条件下，合作性的固定汇率制度下的福利分配才会与不需要货币作为支付手段条件下一致。

Frenkel 和 Aizenman（1982）将福利标准定为实际消费冲击最小化，但其分析的不是两种汇率制度的比较，而是固定和浮动的不同混合问题。结果表明，汇率制度的选择取决于影响经济的动态冲击的特点和起源。对于只生产贸易品的简单小型开放经济，如果影响产品供给的实际冲击的波动越大，实行固定汇率制度越好，因为国际收支可以缓冲这一冲击，减轻冲击对消费的影响。但是，随着该经济体与世界资本市场一体化程度的加深，这一因素的重要性会减弱。货币的需求、供给、国外价格和购买力平价的冲击对消费的影响被称为"有效货币冲击"，有效货币冲击越大，则实行浮动汇率制度更合适。另外，如果临时性收入的储蓄倾向越高，浮动汇率制度也更合适。但是，对于生产贸易品和非贸易品的经济体，随着非贸易品相对于贸易品比重的增加，以及对两类产品需求和供给弹性的下降，实行浮动汇率制度的优势会减弱。

Aizenman（1994）注意到了标准的多维性问题，同时考虑了消费给经济主体带来的正效用水平和劳动所带来的负效用。他指出，生产能力和就业方面的考虑会降低浮动汇率制度的相对优势，这在经济存在实际冲击和货币冲击的情况下也是成立的。Chin 和 Miller（1998）利用动态一般均衡模型比较了浮动汇率制度和固定汇率制度的福利表现，发现汇率制度的福利区别来源于各自对货币政策的要求，货币政策的不同导致了对财政预算约束的不同，而且不同的货币政策对福利会产生水平和分配效应。对汇率制度的选择取决于那些决定劳动力在不同部门间分配的条件，在不同的时期，汇率制度的选择可以是不同的，固定汇率制度的特点是在多个时期保持汇率稳定，笔者认为，有两个因素会导致固定汇率制度的合意性：一是固定汇率制度会给政府预算带来约束；二是固定汇率制度能够保护下几代人的利益。

二　新开放经济宏观经济学（NOEM）框架下汇率制度的微观福利表现

传统的分析框架下对汇率制度与微观福利的研究都有一个特点，即大多以价格的完全弹性和商品市场的完全竞争为假设前提（刘晓辉、范从来，2007），而这两个假设都是不符合现实的，因此，其结论也是不确定的。多恩布什和吉奥瓦尼尼（1986）曾言："在完全竞争的商品市场和资产市场条件下，不同汇率制度对福利的影响并没有什么不同。"奥布斯特费尔德和罗戈夫（1995，1996）开创了新开放宏观经济学（NOEM）研究方法，将20世纪80年代发展起来的跨时分析方法与Mundell - Flemming - Dornbusch传统相结合，并引入了价格黏性与商品市场垄断竞争的假设，NOEM框架同样可以分析不同汇率制度的微观福利属性。

（一）基准模型

1995年，奥布斯特费尔德和罗戈夫发表了题为《汇率动态回归》的文章，开辟了 NOEM 的分析范式，一般将该文建立的模型简称为 Redux 模型。在弹性价格、垄断竞争条件和一系列假设约束下，Redux 模型包括本国生产函数、本国价格函数、世界消费支出函数、世界政府支出函数、本国的总消费函数和对本国产品的消费函数、政府支出构成函数，以及以下形式的个人预算约束和个人效用函数：

$$P_t F_t + M_t = P_t(1 + r_t - 1)F_t - 1 + M_t - 1 + p_t(z)y_t(z) - P_t C_t - P_t T_t$$

$$Ut = \sum_{s=t}^{\infty} \beta^{s-t} \left[\log C_s + \frac{\chi}{1-\varepsilon}\left(\frac{M_s}{P_s}\right)^{1-\varepsilon} - \frac{k}{2} y_s(z)^2 \right]$$

式中，$y(z)$ 代表产出，p 代表国内价格指数，C 代表消费，$p(z)$ 代表个人提供商品的价格，M 代表货币供给，F 代表债券，U 代表效用，T 为税收，r 为实际利率。χ、k、β 和 ε 为参数，且 $0 < \beta < 1$，$\varepsilon > 0$。

在跨时预算约束条件下，每个人通过决定他的消费、货币持有量、劳动供给以及确定其产出的价格,努力使其一生的效用最大化。根据最大化问题的一阶条件,可以得到均衡的消费函数、实际货币余额和均衡产出条件。在稳定状态下,给定所有外生变量,可以求解上述一阶条件方程的各个稳态水平值。为进一步研究不对称的政策冲击的动态效应以及黏性价格的影响,奥布斯特费尔德和罗戈夫进一步建立了一个动态的对数线性模型,该模型可以用来分析不对称的政策(如货币政策、财政政策等)冲击对各国经济的影响。

奥布斯特费尔德和罗戈夫(1998)提到了定价方式不同可能对分析结果有影响,并且加入了不稳定随机变量因素,首次提到基于 NOEM 框架对汇率变动的福利影响进行分析的可行性,尽管该书并没有直接进行扩展和延伸,但为以后的有关汇率制度选择的研究提供了条件。

(二)定价方式、汇率制度与微观福利

德弗罗和恩格尔(Devereux and Engel, 1998)在 Redux 模型基础上,以消费者效用最大化为目标,用一个两国动态模型分析了不完全竞争的生产者采用不同货币定价时,浮动汇率制度和固定汇率制度的福利比较。结论是:在按生产者货币定价(PCP)时,固定汇率制度和浮动汇率制度各有利弊,浮动汇率制度下的消费波动较小,但平均消费水平较低;固定汇率制度下消费的波动较大,但平均消费水平较高;在按消费者货币定价(LCP)时,浮动汇率制度总是优于固定汇率制度。

恩格尔(2000)对定价方式做了动态考察,对汇率制度选择进一步展开分析,认为汇率制度选择关键取决于名义价格在短期内如何对汇率变动做出反应,并进而得出结论:(1)汇率制度的稳定性和汇率制度对经济效率的影响取决于价格确定的类型,并且这种价格的确定类型与金融市场的一体化程度是相互影响的;(2)如果一国无法控制本国货币,那么固定汇率制度可能是更合意的;(3)如果存在一定程度的汇率传递,当冲击仅仅是货币冲击时,浮动汇率制度存在自动稳定的特性,汇率传递到最终产品价格越少,固定汇率制度越合意。

(三)资本管制、汇率制度与微观福利

恩格尔(2000)对资本市场与最优汇率制度的关系进行了研究,认为资本流动程度对汇率制度选择的重要性仍然取决于产品如何定价,对固定汇率制度而言,尽管它可以减小或消除国家间某种特定的风险,但是,该国总的风险可能不受影响甚至会增加。对浮动汇率制度而言,如果对所有产品而言一阶定律都成立，那么即使不存在国际资本市场，仍然会有一种完全的消费保险存在，那么汇率变化并不会对宏观经济稳定性产生不利影响；但如果是当地货币定价，则即使存在完全的国际名义债券市场，仍然没有消费保险，从而汇率变化将会对宏观经济稳定性产生不利影响。

秦宛顺、靳云汇与卜永祥（2003）分析了存在资本管制情况下的德弗罗和恩格尔模型，从本国消费者期望消费的波动程度、期望消费水平大小和消费者效用三个层面对不同汇率制度下、不同资本管理制度下和不同定价行为下消费者福利状况进行比较。对于消费者消费波动的程度，在资本管制情况下，虽然固定汇率制度下消费波动的幅度仍然大于根据市场定价下消费的波动，但固定汇率制度下消费波动的幅度有可能小于国内货币定价下消费波动的程度，这种情况下固定汇率制度优于浮动汇率制度。就期望消费水平而言，在资本管制情况下，占全球经济比重较小的国家的期望消费水平仍然遵循"固定汇率制度＞生产者定价的浮动汇率制度（PCP）＞根据消费者市场定价"的浮动汇率制度（LCP）的次序，但这时有两个新特征：一是资本管制情况下的期望消费水平低于资本自由流动下的水平，管制程度越深，则期望消费水平的下降越大；二是本国经济相对规模扩大对固定汇率制度下的期望消费水平仍然没有影响，但对浮动汇率制度的 LCP 定价下的消费水平有促进作用。从期望效用角度看，在相对风险回避系数较小的时候，PCP 定价下的浮动汇率制度的期望效用高于固定汇率制度的期望效用，一国经济规模越大，浮动汇率制度越好，相对风险回避系数越大，固定汇率制度越好。LCP 定价的浮动汇率制度带来的期望效用总是大于固定汇率制度下的期望效用。但无论是采用固定汇率制度还是浮动汇率制度，消费者效用水平都比资本自由流动情况下的效用水平低。

Tille（2005）在名义刚性假定下分析了全球资本市场一体化对福利的影响，并指出，这种一体化并不一定有益，它取决于汇率波动对消费物价的传导程度。在极端汇率制度下（完全固定汇率制度或完全浮动汇率制度），无论汇率传导是完全的或者是不存在，福利都不会受到影响。这意味着当汇率传导效应处于极端状态（完全传导和完全不传导）时，资本市场对汇率制度选择将无足轻重，可以忽略。这和恩格尔（2000）的结论部分相同，即当存在完全的传导效应时，从福利角度来看，汇率制度选择将与资本市场无关。

(四) 其他条件对汇率制度与微观福利的影响

除了考虑定价方式、资本流动性对汇率制度福利的影响，一些研究利用 NEOM 框架，分析了其他条件对汇率制度福利的作用。例如，在影响消费资格福利的因素中，消费者的风险厌恶程度在不确定性条件下，影响其在长期内的期望福利，而且这种影响在不同的汇率制度下是不同的。德弗罗和恩格尔（1998）在福利最大化的基础上，考虑了消费者的风险厌恶程度对汇率制度选择的影响，指出消费者越厌恶风险，则越倾向于固定汇率制度。德弗罗和恩格尔（1999）在当地市场定价的前提下分析了不同的生产国际化程度对汇率制度选择的影响，指出在浮动汇率制度下，生产国际化程度较高的国家相对生产国际化程度较低的国家而言，其所受到的外部冲击要小。Sutherland（2005）考虑了国内外商品之间的替代弹性对汇率政策的影响，发现如果替代弹性很低，"盯住生产价格"是最优的；如果替代弹性处于中间水平，则"盯住消费价格"是最优的；如果替代弹性很大，那么"固定汇率制度"是最优的。

第二节 基于微观福利视角的均衡人民币汇率制度

一 不同汇率制度下人民币汇率制度的微观福利表现

无论是理论分析还是实证分析，对于微观福利视角下的人民币汇率制度选择和变迁分析非常少，这一方面是由于中国的产权制度历史和现状决定了在人民币汇率制度形成中微观产权主体的福利和利益的作用非常小，另一方面是由于新开放宏观经济学本身的发展比较缓慢。在已有研究中，专门针对人民币汇率制度的微观福利进行的研究只有姚斌（2007）。

姚斌（2007）在其博士学位论文中分析了经济冲击在不同汇率制度下会对经济系统产生怎样的作用和影响，进而如何影响到我国居民的福利水平，并且从动态角度分析了随着我国经济逐渐发展和融入全球经济一体化程度的逐渐加深，我国的居民福利水平在不同的汇率制度下会受到哪些不同的影响，这种动态变化实际上反映了货币产权可兑换性变化对汇率制度微观福利的影响。这种动态变化是通过"小国"和"大国"两个模型来说明的。

（一）小国模型

在短期来看，由于中国的经济规模占世界的比重相对较小，金融市场的一体化程度不深，资本账户仍不开放，在世界商品市场和金融市场上的话语权尚显不足，因此，中国从经济学的分析对象特点看属于小国经济。小国模型主要考察国际实际需求和国际价格指数等外生经济冲击在不同的汇率制度下对我国居民的福利会产生怎样的影响，分析的外生冲击主要包括国际价格水平冲击、国际商品需求冲击和劳动生产率冲击三种类型。

笔者不仅建立了中国作为小型经济体的开放经济条件下的模型，从消费者的福利最大化角度出发，采用均衡分析方法来对模型进行求解，利用对数化的技术方法获得了居民消费、名义汇率等宏观经济变量的递归形式的解，并且利用中国的历史实际数据来拟合或确定了各个待定参数的具体取值；在确定有关参数的具体数值之后，还利用基于这些参数的具体模型在数量上计算出在每一种汇率制度下消费者的不同数值，以此仿真计算为基准作为从福利角度出发评判汇率制度选择的标准。

比较分析发现，在长期均衡状态下，固定汇率制度与浮动汇率制度对消费者福利的影响是相同的，他们都取决于生产率变化和国际需求变化带来的福利冲击，无论在哪种汇率制度下，冲击对福利带来的影响在两种汇率制度下没有区别。

在短期均衡状态下，各种冲击对固定汇率制度与浮动汇率制度下的福利影响是不同的。虽然短期国际需求冲击会增加固定汇率制度下的消费者福利，但是，固定汇率制度下的短期均衡状态下消费者福利优势会随着我国国内生产率的上升而下降，随着国际实际需求增长而下降。也就是说，尽管在绝对值上固定汇率制度要优于浮动汇率制度。从动态来看，随着国际实际需求和我国生产率的提高，浮动汇率制度的优势将逐渐凸显。短期国际价格冲击对汇率制度下福利表现的影响与需求冲击相似。而在单一的国内生产率外生冲击下，固定汇率制度和浮动汇率制度对消费者福利的影响是无差别的。

(二) 大国模型

从长期来看,随着中国经济的不断发展和综合国力的不断上升,以及融入全球经济一体化的程度不断加深,中国对世界经济的影响越来越大,在国际商品市场上的话语权逐渐加大,因此,有必要分析随着中国经济规模的变化,各种汇率制度下微观福利表现是否会发生变化。笔者把国家规模、对外开放度以及国际资本市场等因素纳入模型的考察范围内,并着重分析了我国经济规模的不断扩大以及对外开放度的不断上升对我国汇率制度选择的影响,并把变化后的模型称为"大国模型"。

在大国模型下,主要分析了生产率冲击和货币供给冲击对福利的影响,结论是如果本国规模极大或者本国开放度极小,则固定汇率制度和浮动汇率制度对福利的影响没有差别;如果本国规模极小并且本国开放度极高,则固定汇率制度和浮动汇率制度对福利的影响也没有差别。如果开放度小于 0.5,则固定汇率制度更优,更为一般的,当开放度 $\gamma < 0.5/(1-n)$ 时(n 为开放度),固定汇率制度更优;反之,浮动汇率制度更优,如果 $\gamma = 0.5/(1-n)$,则两种汇率制度等效。该分析的结论见表 5-1。

表 5-1　国家规模、开放度对汇率制度福利表现影响

			对外开放度			
			极端情况		一般情况	
			完全封闭	完全开放	开放度较小	开放度较大
国家规模	极端情况	规模极小	等效	等效	固定汇率制度更优	浮动汇率制度更优
		规模极大	等效	等效	等效	等效
	一般情况	规模较小	等效	浮动汇率制度更优	固定汇率制度更优	开放度 $\gamma < 0.5/(1-n)$ 时固定汇率制度更优;反之则浮动汇率制度更优
		规模较大	等效	固定汇率制度更优	固定汇率制度更优	固定汇率制度更优

资料来源:姚斌:《基于福利分析的人民币汇率制度选择研究》,复旦大学,博士学位论文,2007 年。

二 微观福利视角下人民币浮动汇率制度的均衡性

对于汇率制度优劣的比较,微观福利角度的理论研究并没有形成一个确定的结论。总结上述研究结果,可以发现,基于福利视角的汇率制度优劣比较的结论大体有三类:第一类观点认为,汇率制度的选择是中性的,对消费者福利的影响没有显著区别,这些研究主要是基于完全的预期和市场的完备假设得出的结论(Kareken and Wallace,1978;Lapan and Enders,1980;Persson,1980;Lucas,1981),或者从长期均衡的角度进行的分析(姚斌,2007);第二类观点认为,浮动汇率制度要优于固定汇率制度(Helpman and Razin,1979;Helpman and Razin,1982;Helpman,1981 等);第三类观点认为,在不同的经济冲击或结构约束下,固定汇率制度和浮动汇率制度的表现不同,结论见表5-2。

表5-2 不同经济冲击和经济结构下汇率制度的微观福利表现

代表性文献	固定汇率制度更优条件	浮动汇率制度更优条件
费希尔(1976)	实际冲击	货币冲击
弗兰克尔和 Aizenman(1982)	实际冲击,小型开放经济体	货币冲击
德弗罗和恩格尔(1998)	PCP下消费水平更高	PCP下消费波动小;LCP下强于固定汇率制度
德弗罗和恩格尔(1999)		LCP且生产国际化程度高
恩格尔(2000)	本国失去对货币的控制	存在汇率传递,货币冲击
Aizenman 和 Hausmann(2001)	国内外市场分割严重	国内外市场一体化
秦宛顺、靳云汇与卜永祥(2003)	资本管制下的PCP定价①	资本管制下的LCP定价
	期望消费水平标准	
	风险回避系数大②	风险回避系数小,经济规模大
姚斌(2007)	短期国际需求冲击③ 短期货币冲击	需求增加,生产率提高

资料来源:根据相关文献整理。

根据以上文献整理结果,如何判断何种汇率制度对中国的微观产权主体福利比较有利呢?对于第一类观点和第二类观点,显然,浮动汇率

---

① 期望消费波动标准。
② 期望效用标准。
③ 基于小国短期均衡角度的标准。

制度是符合微观福利要求的。但是,根据第三类观点,我们还需要结合中国的具体经济冲击和经济结构特点才能得出结论。根据表5-2列出的不同经济条件,我们需要了解中国的对外开放度或国际一体化情况、中国市场的定价方式,以及中国经济主要面临的冲击来源,我们主要就前两个条件进行分析。

(一) 中国的对外开放度情况与发展趋势

德弗罗和恩格尔(1999)、Aizenman和Hausmann(2001)以及秦宛顺、靳云汇与卜永祥(2003)的分析都表明,从一国对外开放度而言,对外开放程度越高,尤其是本国资本市场与国际一体化程度越高,实行浮动汇率制度对于微观主体福利更优。结合中国的实际情况,一个显著的特点是中国的开放度自1978年以来是逐步在增加的,在第三章我们阐述了中国在经常项目、资本项目两个方面逐步实现可兑换的发展过程。下面再看一下中国开放度变化的具体数据,数据包括1983年以来中国的对外贸易开放度、投资开放度与总开放度,所有数据来源于《中国统计年鉴》。

表5-3　　　　　1984年以来中国对外开放度　　　　单位:%

年份	贸易	投资	总体	年份	贸易	投资	总体
1984	16.66	0.92	17.58	2001	38.47	3.75	42.22
1985	22.92	1.55	24.47	2002	42.70	3.78	46.48
1986	25.11	2.56	27.67	2003	51.89	3.42	55.31
1987	25.58	2.61	28.19	2004	59.76	3.32	63.08
1988	25.41	2.53	27.94	2005	63.82	2.85	66.67
1989	24.46	2.23	26.69	2006	66.52	2.52	69.04
1990	29.78	2.64	32.42	2007	66.82	2.39	69.21
1991	33.17	2.82	35.99	2008	56.31	2.07	58.38
1992	33.87	3.93	37.80	2009	43.15	1.79	44.94
1993	31.90	6.35	38.25	2010	48.83	1.78	50.61
1994	42.29	7.73	50.02	2011	48.31	1.55	49.86
1995	38.66	6.61	45.27	2012	45.18	1.32	46.50
1996	33.91	6.40	40.31	2013	43.37	1.23	44.60
1997	34.15	6.76	40.91	2014	41.03	1.14	42.17
1998	31.81	5.74	37.55	2015	35.62	1.14	36.76
1999	33.34	4.86	38.20	2016	32.73	1.12	33.85
2000	39.58	4.95	44.53				

资料来源:贸易开放度用对外贸易总额/GDP得到;投资开放度用利用外资总额/GDP得到;总开放度为前两者之和。

从表 5-3 数据来看，中国的贸易开放度和总开放度呈现明显的上升趋势，这不仅表明中国的开放度在上升，也说明中国的生产国际化程度更高。而中国的投资开放度变化不明显，这一方面是因为中国目前仍然维持对资本项目的较严管制，另一方面是因为我们计算的数据只包括中国实际利用外资总额，没有包括中国对外的投资，也没有包括经常项目中的投资收益部分，这无疑低估了中国的资本开放度。在第二章已经说明，在可预见的未来，中国对资本项目的管制将逐步取消，以实现人民币可兑换，所以，中国的资本开放度也会呈上升趋势。所以，就对外开放度角度而言，浮动汇率制度将是更符合中国微观经济主体福利要求的选择。

（二）中国市场的定价方式

德弗罗和恩格尔（1998, 1999）以及秦宛顺、靳云汇与卜永祥（2003）的研究表明，在 PCP 的定价方式下，固定汇率制度的微观福利表现有可能强于浮动汇率制度；而在 LCP 定价方式下，浮动汇率制度下的微观福利要高。中国市场上的贸易品使用什么方式定价呢？

根据格罗斯曼（Grossman, 1973）的研究，发达国家间的贸易多使用出口国货币计价。通过较多国际发票样本的统计，塔夫拉斯（Tavlas, 1991）证实了格罗斯曼法则的存在，并归纳出以下规律：在差异性制成品贸易中，开具发票时大多用出口国货币。发达国家和发展中国家之间的贸易大多使用发达国家货币计价。在大宗均质商品市场上，"信息传递的经济性"要求采用单一货币。Swoboda（1968）指出，货币交易媒介的功能与交易成本有关，货币汇率的波动越小，交易费用越低。麦金农（Mckinnon, 1979）发现，由于难以削减合同的要素费用，出口商比进口商更有本币计价的动机，而差异性制成品通常由垄断厂商提供，他们较进口商处于有利地位，能够以本币计价，防止汇率风险。克鲁格曼（Krugman, 1980）发现，在高度替代的行业，出口商为避免汇率引起价格波动，倾向于与竞争者使用同种货币。人们愿意选取彼此熟悉的货币，一旦某种货币在国际贸易中确立主导地位，对其使用就具有惯性。

结合中国的具体情况，中国目前仍然属于发展中国家，而人民币不属于可自由兑换货币因而不是自由外汇，这决定了在国际贸易中，无论是进口还是出口大部分都不可能使用人民币直接定价，这限制了 PCP

定价。另外，对于那些能够经常使用生产者货币定价的厂家，其生产的产品要么是具有较大差异性产品，要么是厂商具有一定垄断地位的产品。例如，日本在对东亚出口中，在同质性商品如化工产品和金属制品的出口中，以日元计价的比例较低，而有着较大差异性的商品，如电子设备、精密仪器和运输工具，出口时使用日元的比例较高（曹勇，2007）。而中国的出口产品主要集中于初级制成品，品牌效应较低，技术含量比较低，产品差异化程度也低，中国的出口在世界市场基本没有占据较明显垄断地位的产业，因此，能够使用 PCP 定价的能力也低。

另外，还可以采用间接方法来验证 LCP 与 PCP 哪个定价方式更适合中国。根据两种定价方法的定义，可以判断的是，LCP 前提下购买力平价不成立，PCP 前提下购买力平价成立。换句话说，如果根据经验数据证明，购买力平价在中国不存在，LCP 的假定就是合理的（陈雨露、郑艳文，2006）。许多文献都发现，购买力平价关系在短期内难以成立（除非在超高通货膨胀情形下），只有在长期内才可能成立。也有些文献认为，即使在长期 PPP 也不会成立。麦奥维因和周（Melvin and Zhou，1989）最早关注到人民币汇率与购买力平价之间的关系，他们的结论拒绝了购买力平价。何泽荣、邹宏元（1996）分别利用1978—1994年、1985—1994年、1985年第一季度至1994年第一季度中美两国消费物价指数（CPI）数据进行实证分析，结果表明，购买力平价理论对人民币汇率行为缺少足够的解释能力。近年来，国内一些学者采用了较为复杂的计量分析工具，检验了人民币汇率与购买力平价理论之间的拟合性。但多数结果也认为，购买力平价在中国不成立，或者说，购买力平价无法解释人民币汇率（张晓朴，2000；胡援成，2003；徐立本、罗士勋，2005；等等）。购买力平价理论在中国不成立，可以从侧面说明，PCP 定价模型无法适用于中国。

综上所述，中国在目前以及将来的很长一个时期，LCP 定价方式将会是占据主导地位的定价方式，而在 LCP 定价方式占据主导地位的情况下，基于微观福利水平的考虑，实行浮动汇率制度是比较合意的选择。

第六章 宏观经济绩效目标视角下的均衡人民币汇率制度

无论在何种制度环境的约束下，政府的宏观经济绩效目标会对形成的均衡汇率制度有决定性影响，尤其是经济增长和通货膨胀表现，因为这是政府的目标函数中的最重要内容。本章在对传统的汇率制度与宏观经济绩效表现的分析基础上，从中国政府的利益均衡角度比较在人民币可兑换约束下浮动汇率制度和固定汇率制度的均衡性。

第一节 不同汇率制度下的宏观经济绩效比较

一 汇率制度与宏观经济绩效表现的传统理论分析

在汇率制度与宏观经济绩效表现的研究中，已有的理论研究和实证分析有两大相反的观点：一种观点认为，汇率制度对宏观经济无影响（汇率制度中性论）；另一种观点认为，汇率制度对宏观经济有影响（汇率制度非中性论）。汇率制度中性论的代表如赫尔普曼和卢卡斯等，他们认为，在不同汇率制度下福利相等，即汇率制度不会影响社会福利。Baxter 和 Stockman（1988）的实证研究验证了这一点，他们对第二次世界大战后49个国家的产出、消费、贸易等宏观变量在不同汇率制度下的表现进行的分析发现，除在浮动汇率制度下实际汇率的波动比固定汇率制度下大外，不同的汇率制度下其他宏观变量的表现并没有系统性差异。

更多的研究认为，汇率制度是非中性的，不同的国家选择固定汇率制度或浮动汇率制度会有不同的经济增长和通货膨胀表现，但是，具体的影响却不相同。这个争议贯穿在汇率制度选择理论的整个过程。不同汇率制度对经济增长和通货膨胀的影响主要体现在两个方面：

(一) 汇率制度对经济增长和通货膨胀水平的影响

米德（Meade，1951）和弗里德曼（Friedman，1953）认为，浮动汇率制度在经济增长和通货膨胀方面的表现都比固定汇率制度强。在固定汇率制度下，实际汇率的调整必须通过物价的变化完成，而在价格刚性的情况下，这种变化是缓慢和高成本的，这会对经济带来额外的负担，因此会减缓经济增长。在浮动汇率制度下，其他国家的通货膨胀冲击并不会直接传递给本国，因为大部分冲击会被汇率的波动吸收，所以，浮动汇率制度下有更低的通货膨胀，各个国家也具有制定国内经济政策的自主性。其他很多学者则认为，固定汇率制度更有利于经济增长和控制通货膨胀。弗兰克尔（1995）和爱德华兹（1996）认为，虽然在浮动汇率制度下货币政策能够保持较大的灵活性，但是，这种灵活性是以低信誉作为代价的，低的政府信誉会伴随出现通货膨胀偏差。卡尔沃（Calvo，2000）认为，固定汇率制度下价格不确定性较低，因而能带来较低的实际利率，这又会强化产出效应。Dornbusch（2001）认为，刚性汇率制度与较低的通货膨胀相联系，从而会降低利率和不确定性，刺激投资和增长。同时，当一个国家通过货币局安排与另一国货币紧密联系在一起时，会降低交易成本，进而促进双方的贸易。M. Bleaney 和 M. Francisco（2007）通过研究 73 个发展中国家 1984—2001 年的数据发现，硬盯住汇率制度下，通货膨胀率较小。陈浪南和柳阳（2012）认为，相对于固定汇率制度，浮动汇率制度更能发挥货币政策对于进出口的有效性和持续性作用。J. O. Adeniran、S. A. Yusuf 和 O. A. Adeyemi（2014）的实证发现，灵活的汇率制度对发展中国家经济增长有积极的影响。关欣（2016）提出，经验分析下固定汇率制度会提高通货膨胀率；在静态面板模型下，固定汇率制度对应的通货膨胀率比浮动汇率制度下通货膨胀率大约高 1 个百分点，比中间汇率制度条件下的通货膨胀率大约高 0.8 个百分点；在动态面板模型下，其他因素保持不变时，固定汇率制度下的通货膨胀变化率最大。

综合传统的对汇率制度和经济增长与通货膨胀水平的影响的研究（Poirson，2001；Rogoff et al.，2003；Frankel，2001；等等），可以归纳出以下结论：

1. 汇率制度对经济增长的影响

固定汇率制度可以降低国际交易中的汇率风险，降低交易成本，从而可以促进贸易和经济增长；同时，固定汇率制度下价格的不确定性小，因此，利率水平和波动性较低，这可以刺激经济增长；不过，如果一国有高通货膨胀历史，则固定汇率制度容易导致实际汇率升值，恶化本国出口和经济增长。

相对而言，浮动汇率制度下汇率的灵活变动可以吸收经济冲击，对经济增长起到保护作用，而且汇率波动使汇率水平的扭曲程度小，有利于调节经济增长。但是，浮动汇率制度下汇率波动本身可能会影响到实际经济，而汇率的易变性加大了贸易和投资的不确定性。

2. 汇率制度对通货膨胀水平的影响

可信的固定汇率制度具有反通货膨胀效应，因为对那些政府公信力不强、有长期通货膨胀水平的国家，它能强化货币政策纪律，提高货币当局可信度，从而降低通货膨胀水平，而且硬盯住汇率制度还可以对财政赤字的货币融资行为进行约束。但是，固定汇率制度下可能出现锚币国通货膨胀对本国的传递，而且可能由于国际收支的持续顺差而带来外汇占款的过度投放，带来高通货膨胀压力。

浮动汇率制度可能是不利于通货膨胀控制的一种选择，因为根据经典的"一价定律"，汇率波动会被传递到物价上来，汇率的频繁贬值很容易引发通货膨胀的螺旋式上涨。虽然大量的文献表明，汇率传递在很多国家的程度小于1，而且有下降的趋势（Krugman，1987；Knetter，1989；Goldberg and Knetter，1997；Ito et al.，2005；Froot、Klemperer and 1989；Devereux and James Yetman，2002；A. K. Dash and V. Narasimhan，2014；Hongbin Li et al.，2015），但是，汇率波动对通货膨胀的传递作用是客观存在的。

（二）汇率制度对宏观经济稳定性的影响

有相当的文献分析了汇率制度与经济增长、通货膨胀稳定性之间的关系，而此时汇率制度的表现与经济冲击的具体表现有关。在经济增长领域，费希尔（1976）以消费稳定为目标，从外部冲击来源角度分析了两种汇率制度的选择，认为如果外部冲击是实际冲击时，实行固定汇率制度消费的方差要小；而如果外部冲击是货币性时，实行浮动汇率制度有更稳定的消费。特诺夫斯金（Turnovsky，1976）分析了不同汇率制度下七种随机扰动对国内产出的短期影响。发现固定汇率制度和浮动汇率制度下面临各种随机冲击时产出的相对稳定性取决于冲击的根源，从短期看，如果冲击源于外贸或国外价格波动，浮动汇率制度下产出更稳定；如果冲击来自国内货币因素，固定汇率制度下产出更稳定。弗兰克尔和艾曾曼（1982）认为，汇率制度的选择取决于影响经济的动态冲击的特点和起源。对于只生产贸易品的简单小型开放经济，影响产品供给的实际冲击的波动越大，实行固定汇率制度越好。但是，随着该经济体与世界资本市场一体化程度的加深，这一因素的重要性会减弱。有效货币冲击越大，则实行浮动汇率制度更合适。同样，如果对临时性收入的储蓄倾向越高，浮动汇率制度也更合适。

在通货膨胀领域，弗拉德（1979）针对资本流动条件下面临基本的经济扰动时固定汇率制度和浮动汇率制度的价格稳定进行了比较。得出结论如下：首先，国内货币冲击和实际波动的上升会增加浮动汇率下的损失，但是，在固定汇率制度下无影响。但是，国外货币和实际冲击波动在两种汇率制度下对损失函数的影响不明确。艾曾曼（1983）分析了价格预期错误最小化目标下汇率制度与贸易政策的组合效应，结果显示，最佳的政策组合不仅取决于扰动的市场来源，还取决于冲击来源的地理结构。固定汇率制度可以防止货币冲击对其他市场的溢出，而浮动汇率制度可以通过贸易条件的变化缓和商品市场的过剩需求。所以，如果扰动主要来自对本国产品的需求，则浮动汇率制度加关税政策是最优的；如果扰动主要来自进口价格，则浮动汇率制度加配额政策是最优的；而如果扰动主要来自货币市场，则固定汇率制度是最好的选择。梅尔文（Melvin，1985）以价格稳定为目标，建立了一个开放经济的宏观模型，结果表明，是选择盯住汇率制度还是浮动汇率制度应依从以下假设：如果国内货币冲击越大，越倾向于盯住汇率制度；如果外国价格冲击越大，越倾向于浮动汇率制度。

沃尔夫（2001）根据巴罗—戈登（Barro - Gordon，1983）的框架，分析了汇率制度选择与经济增长、通货膨胀双重目标之间的关系。中央银行的目标函数为产出和物价的综合稳定：

$$\min L = \frac{1}{2} E[A(y - \bar{y})^2 + \pi^2] \qquad (6-1)$$

式中，E 表示中央银行的预期，A 表示赋予产出目标相对通货膨胀目标的权重，y 为实际产出，$\bar{y}$ 为产出目标，π 为实际通货膨胀，通货膨胀目标标准化为 0。

产出函数为：

$$y = \theta(\pi - \pi^e) + \eta \qquad (6-2)$$

式中，π^e 为公众形成的通货膨胀预期，且预期是理性的；η 为均值等于0，方差等于 σ_η^2 的随机扰动项；θ 为参数。

通货膨胀形成过程为：

$$\pi = \Delta m + \upsilon\, \pi^e + \varepsilon \qquad (6-3)$$

式中，Δm 为货币增加量，为简便起见，只考虑基础货币投放，$\Delta m = \Delta D + \Delta R$，等式右边两项分别为国内信贷投放货币量和外汇储备变化量。

另外，购买力平价成立：

$$\pi = \pi^* + \Delta e \qquad (6-4)$$

式中，π^*、Δe 分别为国外通货膨胀和预期汇率变化。在固定汇率制度下，中央银行选择 ΔD，维持汇率目标水平，因此 ΔR 是内生的。在浮动汇率制度下，中央银行选择 ΔD 和 $\Delta R(=0)$，因此，汇率水平是内生的。

根据式（6-1）至式（6-4）和理性预期条件，可以求解得出固定汇率制度和浮动汇率制度下的产出和通货膨胀。中央在两种汇率制度下银行面临的损失函数分别为 L_{peg} 和 L_{flex}：

$$L_{peg} = \frac{1}{2}[A(\sigma_\eta^2 + \bar{y}^2)] \qquad (6-5)$$

$$L_{flex} = \frac{1}{2}\left\{(1 + A\theta^2)\left[\frac{A\sigma_\eta^2}{(1 + A\theta^2)^2} + \sigma_\varepsilon^2 + \bar{A}\bar{y}^2\right]\right\} \qquad (6-6)$$

在最简单的假定 $\bar{y}=0$ 时，如果只有实际产出冲击而没有货币冲击，则浮动汇率制度下的损失更小；如果只有货币冲击而没有实际产出冲击，则固定汇率制度下的损失更小。

如果 $\bar{y}=0$，对于通货膨胀水平的比较结果是不确定的。它依赖于不同冲击的实现。不过，如果国外的通货膨胀水平 π^* 很低，浮动汇率制度下通货膨胀的波动会更大。但是，如果 $\bar{y}>0$，固定汇率制度下的通货膨胀则会更低，因为在固定汇率制度下具有更强的货币纪律，而浮动汇率制度下为了增长目标，中央银行有制造预料外通货膨胀的冲动，而理性预期导致会出现更高的通货膨胀却没有更高的产出。而产出水平在两种汇率制度下没有差异。

二 发展中国家汇率制度与经济绩效表现的特殊性

传统的汇率制度与经济增长、通货膨胀表现关系的分析没有考虑到发展中国家的特殊性。与发达国家相比，发展中国家有内部经济基础和经济结构的区别，还有外部国际经济地位和竞争力的不同。这些特殊性在汇率制度选择中起着不同于发达国家的影响，卡尔沃和莱因哈特（Calvo and Reinhart，2000）针对发展中国家的特殊性提出了"害怕浮动论"，并分析了害怕浮动的原因。而以豪斯曼（Hausmann，1999）为代表的分析针对发展中国家的特殊性更提出了"原罪论"，认为发展中国家存在"原罪"，导致其无论选择浮动汇率制度还是固定汇率制度都会面临困境。发展中国家汇率制度选择对经济增长与通货膨胀影响的特殊性集中表现在以下五个方面：

（一）汇率波动对贸易的影响更大

对于发展中国家，尤其是那些实行外向型经济战略的新兴经济体，国际贸易在本国经济增长中占据重要地位。而发展中国家由于一些自身的特性，使汇率波动对其贸易发展产生不利影响。这主要表现在发展中国家的外贸尤其是出口贸易大部分只能使用外汇，汇率波动对贸易的影响进而对经济增长的影响更大。麦金农（1979）提出，新兴经济体的外贸发票的形式和发达国家显著不同[1]，在对东亚经济体对外贸易中，大部分使用美元计价结算，而美国自身的进出口则大部分使用本币作为发票货币。因此，麦金农（1999）进一步指出："从世界经济层面看，制造业产品和新技术产品大都使用出口国货币作为发票计价货币，而初级产品则基本使用美元计价。"[2] 对于大部分发展中国家，出口主要依赖初级产品，即使它们对美国的贸易很少，其计价货币也主要使用美元。本币对美元汇率的变化，对这些国家进口和出口会带来较大的影响。另外，发展中国家大都缺乏发达的金融市场，汇率波动给进出口商带来的汇率风险无法通过市场操作来保值，所以，只有通过政府的汇率稳定担保来提供保值手段。

有大量文献考察了汇率波动和对外贸易之间的关系。对发达国家的

---

[1] McKinnon, Ronald I., 1979, *Money in International Exchange: The Convertible Currency System*, Oxford University Press, New York.

[2] McKinnon, Ronald I., 1999, "*The Eastern Asian Dollar Standard, Life after Death?*", Paper prepared for world bank seminar, Rethinking the Easter Asian Miracle, July 1999.

分析显示，汇率波动对外贸没有明确的影响（Brada and Mendez 1988；Mann, 1989；Frankel and Wei, 1993）。但是，对发展中国家的分析却呈现出一致性，表明汇率波动对对外贸易有恶化效应（Coes, 1981；Paredes, 1989；Gaobar, 1993；Arize et al., 2000）。罗斯（Rose, 1999）使用186个国家1975—1990年的数据分析表明，那些使用共同货币的国家的贸易量几乎是其他国家的3倍，也说明了汇率波动对贸易的不利影响。P. Mv（2011）通过研究西欧汇率波动与双边贸易的面板数据发现，汇率不确定性对国际贸易产生了负面影响。Y. Kurihara（2013）发现，汇率波动对发展中国家的国际贸易有负面影响，金融发展对发达国家的国际贸易有积极影响。戴金平、黎艳和刘东坡（2017）指出，汇率波动有助于资本全球流通，但阻碍了国际贸易的发展。

（二）货币错配现象严重，汇率贬值产生的资产负债表效应会引发经济衰退

发展中国家不只是对外贸易大部分使用外汇计价结算，由于发展中国家基本不能用本国货币在国际市场进行融资，所以，在融资中也主要使用外汇，而这些外债融资主要用于创造本币收入流，导致拥有外债的企业、金融机构以及国家的资产负债平衡表出现大量的净外债头寸。不仅如此，大部分发展中国家国内金融市场也不发达，难以确立长期利率水平，而且国内货币可信度低，在一些国家甚至国内债务都很大比例地使用外汇，因而国内债务也存在大规模外汇头寸。豪斯曼等（2001）用三种不同指标构建了他所提出的"原罪"指数，来衡量一国不能用本币进行借贷的能力。[①] 将美国不能用本币进行借贷的指数标准化为0，结果显示，G3国家（美国、德国、日本）使用本币借贷能力最强，"原罪"指数平均值为0.30，而新兴市场经济体的平均原罪指数达到0.95，其他发展中国家则高达0.99。

在这种背景下，汇率波动隐含着极大的风险和成本。如果一个企业或者政府借入大量美元外债，主要生产的是非贸易品，获得的收入是本币，本币的名义汇率贬值则会增加美元负债的成本，并可能导致企业的破产或者外债危机，引发经济衰退。在浮动汇率制度下，中央银行可以

[①] 这三个指标分别为本国货币发行的外债/所有货币发行的外债、银行部门的本币外债/银行部门所有币种外债和国际市场用本币发行的外债/本国在国际市场的外债。

通过利率政策来缓解本币贬值，但是，利率的提高同样会增加国内负债的利息成本，带来经济紧缩。而且，在紧缩性货币政策下，通货膨胀会下降，即使本币名义汇率没有下降，物价下降同样带来实际汇率的贬值，企业和国家的实际美元债务成本同样会增加，带来和名义汇率贬值一样的结果。发展中国家汇率的贬值带来的对经济的紧缩作用还会通过对外债抵押品的影响实现。由于发展中国家的公信度较低，国外美元债权人通常要求国内融资方提供抵押品来降低自己的风险，例如，土地或者股票。此时，实际汇率的贬值将降低抵押品的美元价值，引起国内信贷的进一步紧缩，加剧经济的不稳定。

Cavallo、Kisselev、Perri 和 Roubini（2002）的研究表明，那些拥有大量外汇债务的国家一旦遭受货币冲击，容易出现大幅度的汇率贬值，甚至出现超调，同时面临大规模的产出减缩。Cespedes（2004）的研究同样表明，大量的外债和实际汇率贬值的相互作用对产出有显著的紧缩作用。Honig（2005）提出，一些国家国内债务的美元化情况更严重，而且这种债务的逆转性更强，汇率波动更容易引发银行危机和经济衰退。路妍和陈宇（2013）通过实证发现，美元美国公共债务具有可持续性，但是，未来仍面临着巨大的挑战，美国公共债务违约风险在未来将会增加，这会对中国经济产生影响。托宾和韦伯（Towbin and Weber, 2013）通过实证发现，如果一国进口主要是低传递性商品并且外债较高，灵活的汇率无法更好地抵御外部冲击。

（三）发展中国家缺乏公信度，容易遭受外资流入的突然停止和反转，引发国内经济衰退

大幅度的汇率贬值会使发展中国家在国际市场的信用评级大幅度下降，引发流入发展中国家资本的突然停止[①]，这种资金流入的停止无疑会给经济带来紧缩影响。卡尔沃和莱因哈特（2000）对穆迪（Moody）投资公司和机构投资公司（II）对国家主权信用的评级进行了统计，在II评级中，货币危机时新兴发展中国家的信用评级不到发达国家的一半水平，而在危机过后的12个月里，新兴发展中国家的信用评级下降的幅度是发达国家的5倍。穆迪投资公司的信用评级结果显示，发展中国家与发达国家的差别更大，在危机开始时，发展中国家的信用评级平

---

① 卡尔沃（1998）将"突然停止"定义为资本流入的突然性大规模撤退。

均不到发达国家的 1/3；而在危机过后，发展中国家信用评级下降程度是发达国家的 9 倍。

根据国际收支恒等式，外资流入的下降必然对应着经常账户赤字的下降和外汇储备的下降。虽然根据国民收入恒等式 Y = AD + CA，当经常账户赤字下降时，会有产出的增加，但这种突然的和被迫的经常赤字下降，短期内更可能引起国内总需求的下降而不是产出的增加。对国内产品需求的下降又会引起价格的下降，在工资黏性假设下，这会进一步引起产出下降和失业增加。总需求下降和物价下降对产出的影响通过信贷渠道，或者费希尔渠道（Fisher Channel）带来的破坏性更大。由于贸易部门的超额供给可以通过国际市场消化，因此，总需求下降使非贸易部门的价格下降更快，在事先定好利率的贷款合同中，非贸易部门的实际利率上升，银行贷款坏账的份额就会上升。一方面，国际市场融资变得困难；另一方面，国内信贷投放下降，使发展中国家面临资金的极度紧缺，进一步引发经济衰退。Guidotti、Sturzenneger 和 Villar（2003）研究证明了债务美元化的国家在资本流入突然停止以后，产出会恶化。黄展绿（2013）将两国间债权债务关系引入到传统购买力平价模型中，通过实证发现，对外债权的增加将引起本币币值的下跌。Asonuma（2014）通过研究阿根廷，认为实际汇率贬值，源于一系列低贸易品冲击，主权债务占外国货币债务的比重较大，从而引发债务违约，而违约导致的产出成本和市场准入的丧失进一步导致实际汇率贬值。

（四）发展中国家汇率制度和汇率波动对通货膨胀的作用与影响不同

发展中国家汇率制度对通货膨胀的影响主要通过两条渠道：

一条渠道是汇率制度提供的政策纪律性和公信力。20 世纪 70—90 年代，许多发展中国家（阿根廷、智利、墨西哥、巴西、委内瑞拉、以色列、印度尼西亚等）使用固定汇率作为一种通货膨胀的名义锚。这些国家有着长期的高通货膨胀和货币贬值历史，政府缺乏公信力，凭借国内的政府信誉和经济政策无法将通货膨胀控制在正常的范围内，因此，这些国家希望依靠固定汇率"进口"经济纪律和货币信誉，从而控制国内的高通货膨胀水平。克罗克和戈德斯坦（Crocke and Goldstein，1976）指出，对于制度基础不健全的发展中国家和转轨国家，盯住汇率制度能沟通过两条渠道控制通货膨胀：一是对汇率稳定的承诺；二是对货币增长的纪律。爱德华兹（1996）解释了存在通货膨胀惯性的环境里，实行可信的基于汇率的通货膨胀稳定计划可以稳定通货膨胀，使国内通货膨胀和世界通货膨胀相等。即使在不完全可信度情况下，以固定汇率制度为基础的通货膨胀稳定计划也会减少通货膨胀惯性。

另一条渠道是汇率传递效应。汇率波动会通过国际贸易渠道直接影响到进口品的价格，还会通过相对价格变化引起的总需求变化而影响出口品的价格，通过对贸易品的价格传递，最终汇率波动的变化会传递到国内的总价格水平。对于发达国家的汇率传递有大量的研究，这些研究表明，发达国家存在汇率不完全传递的现象，而且汇率传递的程度是下降的（Krugman，1987；Knetter，1989；Goldberg and Knetter，1997；McCarthy，2000；Ito et al.，2005；M. B. Devereux and J. Yetman，2010；S. Mallick and H. Marques，2012 等）。对于发展中国家的汇率传递的研究相对较少，从研究结果看，一些研究也表明，发展中国家的汇率传递幅度是下降的（Choudhri and Hakura，2001；Goldfajn and Werlang，2000；Jui – Chuan Chang and Ching – Chuan Tsong，2010；Lian An and Jian Wang，2012）。但是，有关研究也表明，发展中国家的汇率传递程度比发达国家要高得多。卡尔沃和莱因哈特（2000）使用通货膨胀和汇率的双变量 VAR 模型估计了不同国家的汇率传递情况，结果显示，在滞后的汇率变化对通货膨胀有显著的影响条件下，发展中国家汇率对通货膨胀传递的影响系数达到 43%，而发达国家只有 13%。平均来看，发展中国家整体的汇率传递程度是发达国家的 4 倍。Frankel、Parsley 和 Wei（2005）选择了八类特定商品比较了汇率变化对通货膨胀的传递在发展中国家和发达国家的情况，发现发展中国家一直以来汇率传递程度要比发达国家高。例如，1990 年，发达国家的汇率传递系数约为 0.3，而发展中国家为 0.8，并且差异在统计上非常显著。

（五）发展中国家汇率制度选择面临的困境

上述汇率制度与发展中国家经济增长和通货膨胀表现的特殊性的分析的结论也是不确定的。虽然从表面上看，汇率波动对发展中国家的贸易有更大的副作用，汇率贬值对发展中国家的债务外币化带来的资产负债表负面效应会引发经济衰退，汇率贬值或贬值预期会导致外资流入的停止和反转，以及汇率波动对发展中国家而言有更高的价格传递效应，这些现象说明浮动汇率可能更不利于发展中国家内部经济目标的实现。或者说，这验证了卡尔沃等（2000）提出的害怕浮动现象在发展中国家的普遍性，但是，这并不能证明发展中国家就适合使用固定汇率制度。发展中国家汇率波动对经济带来的冲击最严重的并未表现在正常的汇率波动上，而是表现在大幅度的汇率贬值之后，也就是货币危机之后，尤其是资产负债表效应和资本的突然撤出效应。而在那些实行传统的固定汇率制度的发展中国家，更容易出现汇率对均衡的大幅度偏离，容易遭受投机冲击，因而导致本币大幅度的贬值和货币危机。

墨西哥1994年的例子很好地说明了这一点，1994年年初国际投资者对墨西哥投资的兴趣下降，但是，货币当局试图维持汇率目标不愿意调整汇率。结果导致：第一，墨西哥外汇储备急剧下降。第二，为了抚平投资者紧张的情绪，政府发行了与美元挂钩的短期国债交换投资者持有的比索国债，这导致了墨西哥美元外债的大幅度攀升，这直接导致了1994年12月的比索危机，并且使危机产生的资产负债表效应后果更严重。第三，投资者信心的下降导致短期债务币种的迅速上升（见图6-1）。弗兰克尔（2005）针对墨西哥的现象认为，墨西哥危机后导致的经济衰退，并不仅仅是因为一般意义上的比索大幅度贬值带来的资产负债表效应，很重要的一点就是因为货币当局延缓进行汇率调整而导致的资产负债表的不利变化（外债比例和短期债务比例上升）。

对于汇率制度和汇率波动对通货膨胀的作用，虽然传统研究表明，固定汇率制度可以作为稳定通货膨胀的"名义锚"，但是，这种名义锚的作用是有限的。其中最重要的一点，实行名义汇率锚的国家的历史证明，汇率锚稳定通货膨胀的作用只在计划的初期有效。由于汇率不能进行调整，而其他因素导致通货膨胀上升，时间越长，会导致本币实际汇率的高估，降低本国产品的出口竞争力，恶化本国国际收支，带来经济衰退，并容易导致对货币的投机冲击。而汇率波动对通货膨胀的传递研究虽然表明汇率传递效应在发展中国家反映更明显，但是，这种传递效应却是在下降的。弗兰克尔等（2005）的研究不仅证明了发展中国家的汇率传递比发达国家高，动态分析也表明，在20世纪90年代以后，发展中国家汇率传递下降的速度几乎达到发达国家的两倍，发达国家汇率传递系数每年平均下降0.025，而发展中国家的汇率传递系数每年下降达0.051。Fuentes（2007）通过研究阿根廷、智利、哥伦比亚和乌拉圭4个发展中国家，发现在一个季度内，汇率变动对进口价格的传递系数为75%；在一年内，汇率传递效应接近完全传递。并且发展中国家的汇率传递效应通常要高于发达国家。Ghosh 和 Rajan（2009）分析了汇率对韩国和泰国消费者价格及进口价格的传递程度。研究发现，泰国的汇率传递率高于韩国，两国汇率对进口价格的传递率都高于对 CPI 的传递率，并且两国的汇率传递率并没有随时间下降，在亚洲金融危机时期，两国的汇率传递率反而上升。

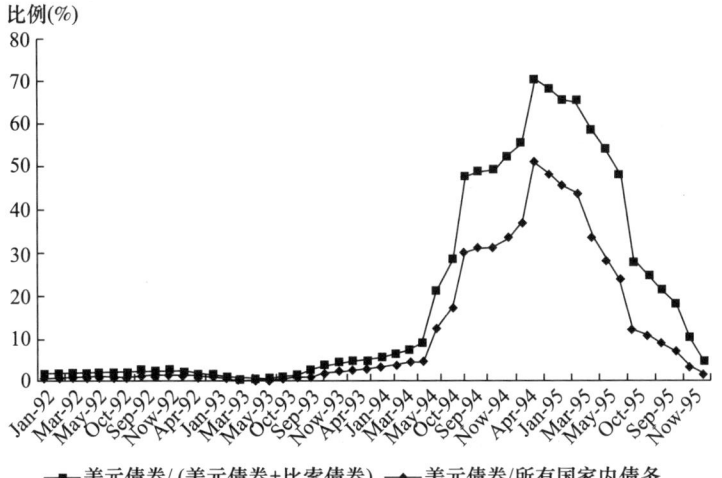

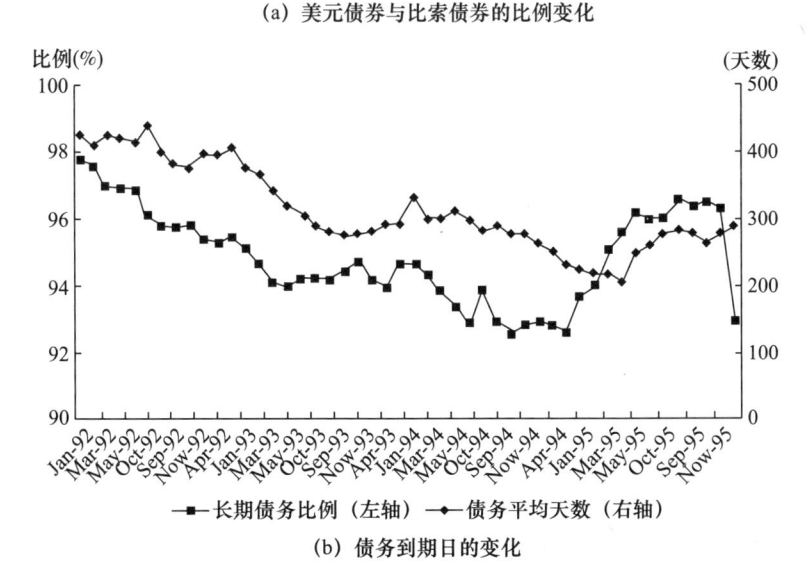

(a) 美元债券与比索债券的比例变化

(b) 债务到期日的变化

图 6-1　墨西哥 1994 年货币危机前后的债务比例变化

资料来源：Jeffrey A. Frankel, Contractionary Currency Crashes in Developing Countries, *NBER Working Paoer* 11508, June 2005。

所有这些现象，更证明了豪斯曼（1999）的原罪论观点：对于发展中国家，关键问题并不是汇率浮动或者是汇率固定的问题，而是发展中国家国内金融市场的落后，本币的信用低，不能有效地利用本币在国际国内市场进行广泛借贷的问题。要从根本上解决汇率波动给国内经济增长和通货膨胀带来的冲击，在资本自由流动的背景下，最终只可能有两个选择：一是放弃本国货币的独立性，实行完全的货币国际化，选择实行美元化或者加入货币联盟；二是在完善本国金融市场和经济基础的同时，实行独立自由的浮动汇率。

三 汇率制度与宏观经济绩效关系的实证表现

理论观点存在如此大的差异，使汇率制度与经济增长和通货膨胀之间关系的实证分析显得尤为重要，但是，实证分析同样也没有给出确切的答案。早期的实证检验没有考虑名义汇率制度与实际（de facto）汇率制度的区别。爱德华兹（1988）检验了汇率变动与经济增长之间的关系，发现布雷顿森林体系以后的时期，实际 GDP 增长与实际汇率变化之间有很强的负相关关系。另外，爱德华兹（1993）分析了 53 个发展中国家 1980—1989 年的经济运行，其结果表明，实行固定汇率制度的国家比实行浮动汇率制度的国家有更低的通货膨胀率。Coudert 和 Dubert（2004）构建 10 个亚洲经济体模型，发现大部分南亚国家金融危机后选择从固定汇率制度转向浮动汇率制度，说明汇率制度的选择也会受到经济金融危机的影响。Dosse Toulaboe（2013）通过实证发现，与浮动汇率制度相比，固定汇率制度下通货膨胀倾向较低。

后来的实证分析考虑到了事实汇率制度与法定汇率制度的区别，Ghosh、Gulde 和 Wolf（1996）首次明确将汇率制度分为法定汇率制度和事实汇率制度，使用 139 个国家 1960—1990 年的数据，来检验汇率制度与通货膨胀、经济增长之间的联系。对通货膨胀的波动的回归分析显示，名义固定汇率制度比中间汇率制度和浮动汇率制度有更低的通货膨胀波动性，并且实际汇率制度与法定汇率制度之间没有明显区别。对经济增长的波动分析显示，平均而言，在固定汇率制度下 GDP 和就业具有更大的波动。最终得出的结论是：通货膨胀在盯住汇率制度下要低而且稳定，这反映了盯住汇率制度下较低的货币增长和更高的货币需求；在盯住汇率制度下实际波动更高；相反，经济增长在不同汇率制度间差异不大。

Levy Yeyati 和 Sturzenegger（2002）提出了事实汇率制度划分的 LYS 方法，对事实汇率制度与产出和通货膨胀的实证分析覆盖了 1974—1999 年 154 个国家的年度观测变量样本。得出以下主要结论：对于工业国，汇率制度与经济运行之间没有显著联系。对于非工业国，长期的实际的盯住汇率制度有显著的低通货膨胀，但无论长期还是短期固定汇率制度与人均产出增加呈显著负相关。显然，通货膨胀与产出之间的取舍只适用于长期盯住汇率制度，在短期盯住汇率制度不如浮动汇率制度。硬盯住汇率制度比传统盯住汇率制度有更好的反通货膨胀效应，但与浮动汇率制度相比，它们同样显示出较慢的增长速度。

此外，一国汇率制度选择应同时考虑其言与行，因此可以根据一国政府在汇率制度上的言行一致与不一致来划分汇率制度（刘晓辉、索彦峰，2009）。Byung-Joo Lee 和 Nelson C. Mark（2010）采用了对汇率制度新的研究视角，统计了 104 个国家"言行一致"与"言行不一"的各种汇率制度下该国 GDP 和 CPI 及其波动情况，发现事实上和宣称的都是固定汇率制度的国家 CPI 最低。而宣称浮动而实际执行固定汇率制度的国家 GDP 增长最优。

Edwards 和 Levy Yeyati（2003）分析了贸易条件冲击对不同汇率制度下的经济运行的影响。使用的数据包括 1974—2000 年 183 个国家，汇率制度的划分使用 LYS（2002）方法。分析表明，贸易条件冲击对经济增长波动的影响是正向的，在加入不同汇率制度后，在固定汇率制度下贸易条件冲击对增长波动影响更大；区分工业国和新兴市场国分析，结论没有变化；使用 IMF 法定汇率制度的划分，结论仍然成立，但是显著性降低；使用法定汇率制度与文中的事实汇率制度一致的样本进行分析，结论同样成立，而且显著性提高。

莱因哈特和罗戈夫（2003）提出了实际汇率的自然划分方法，并对 1970—1999 年进行实证分析，结论显示，随着一国进入国际资本市场的程度加深和金融体系的健全，浮动汇率制度更具有吸引力。对于发展中国家，相对刚性的汇率制度看起来提高了政策的可信度，实现了较低的通货膨胀，并且没有明显的经济增长、增长波动性和危机的成本。对于新兴市场经济体，由于对国际资本流动的更高暴露，刚性汇率制度伴随更频繁的、高成本的银行和国际收支双危机。而且，刚性汇率制度并没有伴随显著的低通货膨胀或高增长。对于发达国家，自由浮动汇率制度比其他制度有更高的增长，而且没有招致高通货膨胀。

Courdea 和 Dubea（2004）以 1990 年 1 月至 2001 年 4 月 10 个亚洲主要经济体的数据作为样本，考察了汇率制度对经济增长和通货膨胀的影响。结果发现，盯住汇率制度较浮动汇率制度对应着较低的经济增长率和较低的通货膨胀率，浮动汇率制度下有着较高的通货膨胀率和并不算高的经济增长率。Huang 和 Malhotra（2004）对 12 个亚洲发展及新兴经济体和 18 个欧洲发达国家进行了对比研究，发现对欧洲发达经济体而言，选择什么样的汇率制度对其经济增长率并不重要，但对亚洲发展中经济体而言却是重要的，固定汇率制度和管理浮动汇率制度优于其他汇率制度。Husain 等（2005）的研究发现，汇率制度的表现在发展中国家、新兴市场国家和发达国家有所不同。随着一国收入水平的提高和金融的发展，弹性汇率制度的收益也在提高。阿吉翁等（2006）的实证分析涵盖了 83 个国家 1960—2000 年的数据，他们将注意力集中在汇率的易变性和金融发展水平与宏观经济冲击的关系上，结果发现，实际汇率的易变性对长期生产率增长有着重要影响，但是，影响程度取决于一国的金融发展水平。梅冬州和龚六堂（2011）提出，有管理的浮动汇率制度既可以避免浮动汇率制度下升值危机使经济陷入流动性陷阱，又比固定汇率制度的福利损失要小，是新兴市场经济国家最合适的汇率制度选择。刘晓辉、张璟和甘顺利（2015）考察了金融结构对汇率制度选择的影响，认为金融结构越趋向银行主导型的新兴市场经济体，越有可能实行固定汇率制度；反之，金融结构越趋向市场主导型的新兴市场经济体，其越可能实行更有弹性的汇率制度。

第二节　基于宏观经济绩效目标的人民币均衡汇率制度

以上理论与实证分析结果表明，汇率制度对经济增长和通货膨胀的影响结论不尽相同。但是，可以总结出一些一致性的结论：首先，一国的经济结构不同，面临的冲击不同，同种汇率制度对不同国家的影响是有差异的，各个国家应该根据自己的具体经济背景和经济目标选择合适的汇率制度。其次，相同的汇率制度安排对经济增长和通货膨胀的影响在发达国家和发展中国家是有差异的，因此，在一个国家发展的不同阶段，合适的汇率制度也会发生改变。一般而言，汇率制度选择对于新兴发展中国家更重要，发展中国家使用固定汇率制度可以较好地控制通货膨胀，但是，可能有较低的增长和较大的不稳定性。

对于中国而言，从经济增长和通货膨胀角度考虑，何种汇率制度安排是最优的呢？这对于中国政府选择的汇率制度的均衡性是非常重要的。当然，中国汇率制度的选择应该结合中国的经济结构和不同时期中国的经济发展水平，以及面对的不同经济冲击类型。下面拟从中国1978年以来的汇率制度实际安排情况和对应的经济增长及通货膨胀表现，总结出在中国特定的经济结构和发展阶段下从增长角度和通货膨胀角度而言均衡的汇率制度的特点。

一　不同汇率制度下中国经济增长和通货膨胀的表现

针对1978—2016年的实际数据，本节对人民币汇率制度安排区分名义分类法下的汇率制度和实际分类法下的汇率制度，综合说明其对经济运行的影响。人民币的名义上或法定汇率制度，1978—1980年实行的是盯住篮子货币汇率制度；1981—1984年实行内部结算价和官方汇率并存的双重汇率制度，其中官方汇率仍然盯住篮子货币汇率制度；1985—1993年恢复单一汇率，实行有管理的浮动汇率制度；1994年外汇管理体制改革后实行"以市场供求为基础的，有管理的浮动汇率制度"；2005年7月，人民币汇率制度再次进行调整，实行参考篮子货币的管理浮动。

由于人民币汇率一直以来受到官方的明显干预，官方公布的汇率制度在某些阶段与汇率制度的实际表现有明显偏离，所以，使用官方公布的汇率制度不能完全体现出汇率制度与实际经济运行的关系。因此，除了使用名义汇率制度，我们还根据事实上的人民币汇率制度来分析其对通货膨胀的影响。莱因哈特和罗戈夫（2002）对中国1935—2001年事实的汇率制度进行了区分，我们利用根据RR实际分类法确定的汇率制度类型，来分析观察期内事实上的人民币汇率制度对通货膨胀的影响。

可以看出，不论法定的汇率制度还是事实上的汇率制度，人民币汇率在此期间都属于中间汇率制度安排，所以，我们无法比较人民币汇率在三大类汇率制度安排下对中国经济的实际影响。笔者根据人民币汇率的浮动程度来分析汇率安排对经济的影响，如果汇率浮动程度越高，经济表现越好,那么可以推论实行浮动汇率制度更适合中国的经济特点;相反,则说明实行固定汇率制度符合经济运行的需要。

根据中经网提供的数据,得到中国 1978—2016 年的年度国内生产总值(GDP)和消费者物价指数(CPI)表示中国的经济增长和通货膨胀情况(见表 6-1 和图 6-2),分别计算出法定分类和事实分类法下各汇率制度对应的 GDP 和 CPI 平均数,结果见表 6-2。

表 6-1　　　　　　　1978—2017 年中国的 GDP 和 CPI

年份	GDP（亿元）	CPI	年份	GDP（亿元）	CPI
1978	3645.2	1.007	1998	84402.3	0.992
1979	4062.6	1.019	1999	89677.1	0.986
1980	4545.6	1.075	2000	99214.6	1.004
1981	4891.6	1.025	2001	109655.2	1.007
1982	5323.4	1.02	2002	120332.7	0.992
1983	5962.7	1.02	2003	135822.8	1.012
1984	7208.1	1.027	2004	159878.3	1.039
1985	9016	1.119	2005	183217.5	1.018
1986	10275.2	1.07	2006	211923.5	1.015
1987	12058.6	1.088	2007	249529.9	1.048
1988	15042.8	1.207	2008	319515.5	1.059
1989	16992.3	1.163	2009	349081.4	0.993
1990	18667.8	1.031	2010	413030.3	1.033
1991	21781.5	1.034	2011	489300.6	1.054
1992	26923.5	1.064	2012	540367.4	1.027
1993	35333.9	1.147	2013	595244.4	1.026
1994	48197.9	1.241	2014	643974.0	1.020
1995	60793.7	1.171	2015	689052.1	1.014
1996	71176.6	1.083	2016	743585.0	1.020
1997	78973	1.028	2017	827122.0	1.016

注:GDP 按现价计算,CPI 以上年为基础。
资料来源:中经网统计数据库。

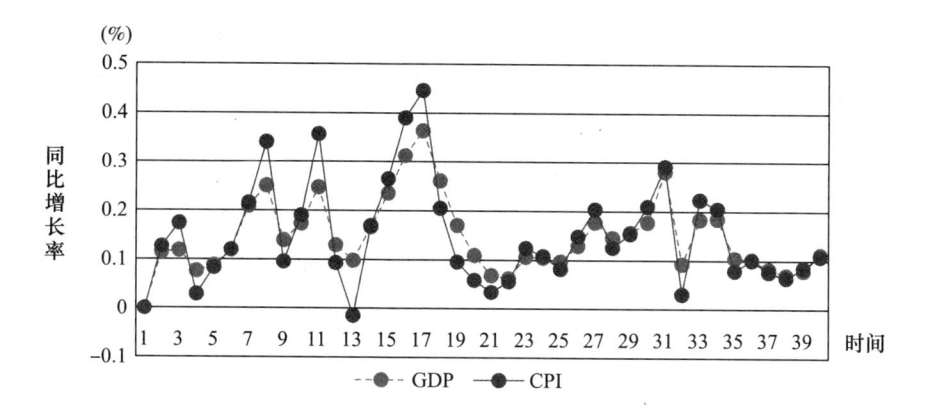

图 6-2 1978—2017 年中国 GDP 增长和通货膨胀表现

表 6-2 1978—2017 年中国不同汇率制度下的 GDP 和 CPI 均值

名义汇率制度划分	CPI	GDP（千亿元）	RR 汇率制度分类	CPI	GDP（千亿元）
1978—1984 年：盯住篮子货币汇率制度	102.76	5.0913	1978—1980 年，1992—1993 年，2006—2017 年：爬行区间汇率制度	103.75	361.5431
1985—2005 年：管理浮动汇率制度	107.12	67.0516	1981—1992 年：管理浮动汇率制度	107.23	12.8453
2006—2017 年：参考篮子货币浮动汇率制度	102.71	505.9603	1994—2005 年：盯住美元汇率制度	104.78	103.4994

从表 6-2 中数据来看，根据法定的汇率制度划分，经济增长在参考篮子浮动汇率制度下最高，在盯住篮子货币汇率制度下最低，汇率制度与经济增长间没有明显关系；通货膨胀表现：在参考篮子浮动汇率制度下最低，在管理浮动汇率制度下最高，汇率制度与通货膨胀间没有明显关系。根据 RR 分类法确定的汇率制度划分，经济增长在爬行区间汇率制度下最高，在管理浮动汇率制度下最低，汇率制度与经济增长间没有明显关系；通货膨胀表现：在管理浮动汇率制度下最高，在爬行区间汇率制度下最低，汇率制度与通货膨胀之间没有明显关系。

根据以上分析，我们不能得出汇率制度和经济增长之间与通货膨胀之间的关系。此外，影响经济增长和通货膨胀的因素很多，汇率制度即使对它有影响，也只是其中之一，我们必须综合考虑其他因素对经济运行的影响来分析。一个简便的方法便是将经济增长和通货膨胀对各影响因素进行回归分析。

二　人民币汇率制度对宏观经济绩效影响的回归分析

（一）基础模型

为了分析汇率制度与经济增长和通货膨胀表现的关系，我们需要分别对两者进行回归分析，但是，影响经济增长和通货膨胀的因素有很多，因此，除了汇率制度，我们还需要控制其他影响因素。

1. 经济增长

经济增长的因素分析是伴随新古典经济增长理论发展起来的，经济增长因素分析法中，最为主流、传统的方法就是新古典增长理论的主要代表人物索洛（Solow）提出的索洛法，这种方法将经济增长的重要因素，如资本和劳动等，引入生产函数，估计其对经济增长的贡献，将结果中不能被劳动、资本投入解释的部分称为"索洛剩余"，并认为，"索洛剩余"是技术进步的结果（1957）。此后，索洛法从不同方面得到了改进，包括根据增长理论的进展引入了一些新的解释变量，如人力资本等。

我们采用索洛提出的改进的柯布—道格拉斯（C—D）生产函数模型，在资本、劳动投入和技术变量之外，加入汇率制度变量分析。C—D生产函数的基本模型如下：

$$Y = A_t K^m L^n \qquad (6-7)$$

式中，Y、A、K、L 分别表示经济产出、技术变量、资本规模、投入的劳动力，m、n 为参数。对于技术变量 A_t，索洛考虑了随时间变化而出现的技术进步情况，假定 $A_t = A_0 e^{\lambda t}$。对式（6-7）两边取对数，然后取对时间 t 的微分，得到：

$$\frac{\mathrm{d}\ln Y}{\mathrm{d}t} = \lambda + m\frac{\mathrm{d}\ln K}{\mathrm{d}t} + N\frac{\mathrm{d}\ln L}{\mathrm{d}t} \qquad (6-8)$$

将式（6-8）变为差分形式，加入汇率制度变量 regime，最终建立经济增长的计量回归模型为：

$$y = \lambda_1 + \lambda_2 k + \lambda_3 l + \lambda_4 regime + \mu_1 \qquad (6-9)$$

式中，y、k、l 分别是产出、资本和劳动力的对数差分，λ_1 为截距项，μ_1 为随机扰动项。总产出用国内生产总值表示，资本用年度资本形成总额表示，劳动力用当年末的从业人数表示①，数据来源于中经网。根据经济增长理论，λ_1、λ_2、λ_3 为系数，应该有 $\lambda_1 > 0$，$\lambda_2 > 0$，$\lambda_3 > 0$。

2. 通货膨胀

对于通货膨胀影响因素，在传统的货币主义货币供求均衡模型中，物价水平由下式决定：

$$P = MsQ^{(-\alpha)} \times e^{(\beta r)} \qquad (6-10)$$

式中，P、Ms、Q、r 分别表示物价水平、货币供给、产出水平和利率，α、β 为参数。因此，我们选择货币供应量、国民产出和利率作为基本的控制变量，然后加入汇率制度变量分析其对通货膨胀的影响。在大多数汇率制度与通货膨胀的实证分析中，都采用这一模型作基础的回归分析。如 Ghosh 等（1996）在分析汇率制度与通货膨胀关系时，使用的通货膨胀决定模型即为货币模型。沃尔夫（2001）用通货膨胀对货币增长、GDP 增长、汇率制度等变量进行回归分析以考察汇率制度对通货膨胀的影响。对式（6-10）两边取对数，再对时间 t 取微分，得到：

$$\frac{\mathrm{d}\ln P}{\mathrm{d}t} = \frac{\mathrm{d}\ln M}{\mathrm{d}t} - \alpha \frac{\mathrm{d}\ln Q}{\mathrm{d}t} + \beta \frac{\mathrm{d}r}{\mathrm{d}t} \qquad (6-11)$$

将上式取差分形式，变为：

$$\ln P_t - \ln P_{t-1} = \ln \frac{P_t}{P_{t-1}} = \ln M_t - \ln M_{t-1} - \alpha(\ln M_t - \ln M_{t-1}) + \beta(r_t - r_{t-1})$$

加入汇率制度变量，得到通货膨胀最终使用的计量回归模型如下：

$$p = c + \alpha_1 m + \alpha_2 q + \alpha_3 r + \alpha_4 regime + \mu \qquad (6-12)$$

式中，p、m、q、r、$regime$ 分别代表物价水平、货币供给量、总产出、利率和汇率制度变量，其中，p 取对数形式，m、q 分别取对数差分形式，r 取差分形式，c 为截距项，μ 为随机扰动项。在各个变量的数据表示方面，用 CPI 表示通货膨胀（以上年为基准），货币供给用 M_2 代表，GDP 表示总产出，用一年期存款利率表示人民币利率水平。② 根据货币模型的理论意义，系数 α_1、α_2、α_3 先验性的有 $\alpha_1 > 0$，$\alpha_2 < 0$，$\alpha_3 > 0$。

在式（6-9）和式（6-12）中，对于 regime 变量，根据人民币汇

---

① 产出 GDP 和资本形成总额均按照 1978 年价格计算，以剔除物价变化影响。
② 对于一年内调整过的利率使用按时间加权计算的平均利率反映。

率制度浮动程度不同，我们首先对涉及的五种汇率制度分别赋予具体的数值代表，即盯住单一货币汇率制度、盯住篮子货币汇率制度、围绕美元的爬行区间汇率制度、参考篮子货币汇率制度和管理浮动汇率制度具体的数值为1、2、3、4、5。如果分析结果显示汇率制度变量显著为正，则说明越富有弹性的汇率制度在中国可能导致更高的经济增长（通货膨胀）；反之，如果汇率制度变量显著为负，则说明越固定的汇率制度更可能导致高经济增长（通货膨胀）。分析中所使用的软件为Eviews 8.0，采用数据来自国际货币基金组织《国际金融统计》、中经网、国家统计局网站和《中国金融统计年鉴》。

（二）数据分析

在对数据的处理上，由于使用的数据都是时间序列，我们首先对其进行平稳性检验。如果数据都是平稳的，就直接对数据进行最小二乘法回归分析；如果数据非平稳，则分别检验其单整性；如果所有数据序列都是同阶单整的，我们就对数据进行协整检验分析，判断数据间是否存在长期稳定的协整关系，并确定协整方程。

1. 数据平稳性分析

利用ADF方法对数据的平稳性进行单位根检验，结果见表6-3。分析表明，各变量在10%的显著性水平下都是平稳的，因此可以直接对式（6-9）与式（6-12）进行OLS回归分析。

表6-3　　　　　宏观绩效各变量单位根检验结果

	序列	ADF统计值	检验形式(C, T, L)	1%临界值	5%临界值	10%临界值
经济增长模型	k	-3.905946***	(c, 0, 1)	-3.621023	-2.943427	-2.610263
	l	-5.092627***	(c, 0, 0)	-3.615588	-2.941145	-2.609066
	y	-3.290467***	(c, 0, 1)	-3.621023	-2.943427	-2.610263
通货膨胀模型	P	-3.452098***	(c, 0, 0)	-3.621023	-2.943427	-2.610263
	m	-2.879543***	(c, 0, 0)	-3.615588	-2.941145	-2.609066
	q	-3.290467***	(c, 0, 1)	-3.621023	-2.943427	-2.610263
	r	-4.656403***	(c, 0, 0)	-3.615588	-2.941145	-2.609066

注：检验形式（C, T, L）中，C、T、L分别代表常数项、时间趋势项和滞后阶数。滞后阶数根据SC标准和AIC标准选择。***表示在10%的显著性水平下显著。

2. 不考虑汇率制度变量的基本分析

首先不考虑汇率制度的影响，分析模型中各变量对经济增长、通货膨胀的影响，然后再加进汇率制度变量分析，如果汇率制度变量自身在统计上是显著的，并且考虑汇率制度变量的分析提高了基础模型的解释力，则可以断定汇率制度对经济增长或通货膨胀有显著影响。

Eviews 给出经济增长计量模型（6-9）和通货膨胀模型（6-12）不考虑汇率制度常数项的 OLS 回归结果如表 6-4 所示。

表 6-4 不考虑汇率制度的 OLS 回归结果

	变量	系数	标准差	T统计量	概率
经济增长分析	k	0.563038	0.057586	9.777274	0.0000
	l	0.224001	0.208644	1.073604	0.2901
	常数项	0.023984	0.004726	5.074445	0.0000
	其他统计量：调整后的 R^2 = 0.713355，DW 统计值 = 1.101789，F 统计值 = 48.28402				
通货膨胀分析	m	0.224227	0.089342	2.509763	0.0169
	q	0.568476	0.101174	5.618771	0.0000
	r	0.001736	0.001816	0.956472	0.3454
	常数项	1.967805	0.007864	2.502261	0.0000
	其他统计量：调整后的 R^2 = 0.631914，DW 统计值 = 1.001654，F 统计值 = 22.74557				

基础分析表明，1978—2007 年，在中国经济增长中投资增长起到了显著的促进作用，投资增长 1% 引起中国经济增长约 0.56%，劳动力增长对经济增长的影响不显著。常数项为正，而且统计上非常显著，表明除了资本和劳动力因素，其他要素对中国的经济增长有显著促进作用，这些要素典型的包括技术进步，另外包括一些制度性因素。同一时期，中国的货币供应量和经济增长对中国的通货膨胀起到了显著影响，其中，货币供应量增加 1%，引起中国物价上涨约 0.22%，而经济增长 1% 引起物价上升约为 0.57%，利率对中国的通货膨胀的影响不显著。常数项为正，而且统计上非常显著。

3. 加入法定汇率制度变量的分析结果

在观察期间的人民币法定汇率制度涉及盯住篮子货币汇率制度、管理浮动汇率制度和参考篮子货币汇率制度。首先，根据浮动性取其数值分别为 2、5、4，利用式(6-9)和式(6-12)分别对经济增长和通货膨胀进行回归，结果见表 6-5。

表 6-5　　　　　　考虑法定的汇率制度的 OLS 分析结果

	变量	系数	标准差	T 统计量	概率
经济增长分析	k	0.555245	0.060364	9.198220	0.0000
	l	0.227084	0.210985	1.076305	0.2892
	Regime	0.001030	0.002115	0.487128	0.6292
	常数项	0.020134	0.009235	2.180255	0.0361
	其他统计量：调整后的 R^2 = 0.707150，DW 统计值 = 1.101007，F 统计值 = 31.58647				
通货膨胀分析	m	0.215798	0.089644	2.407283	0.0216
	q	0.532599	0.106940	4.980353	0.0000
	r	0.002512	0.001965	1.278733	0.2097
	regime	0.002398	0.002331	1.028505	0.3110
	常数项	1.960640	0.010501	1.867080	0.0000
	其他统计量：调整后的 R^2 = 0.632521，DW 统计值 = 1.012179，F 统计值 = 17.35182				

观察汇率制度变量的系数，在经济增长分析中，汇率制度数值越大，即浮动性越高，经济增长的速度越快。不过，从统计上，看这个影响不显著。投资仍然对中国经济的增长具有非常显著的促进作用，劳动力的增加对经济增长的影响不显著。剔除影响最不显著的劳动力变量后，法定汇率制度对中国经济增长的影响仍然不显著。

在通货膨胀分析中，汇率制度变量系数为正，而且统计上在 10%的显著性水平下也不显著，这也就意味着在 1978—2016 年，人民币汇率制度的浮动程度越高，中国的通货膨胀水平会越高，这表明汇率波动对中国的物价确实存在正向的传递效应。引入法定汇率制度变量后，其他解释变量 m、q 和 r 仍然显著，而且符号符合经济理论。同时，引入法定汇率制度变量后，通货膨胀回归方程的各个统计量的显著性都增加，说明人民币法定的汇率制度对中国的通货膨胀具有很好的解释力。

从稳健性出发，为避免对汇率制度赋予数据不当引起的分析偏差，我们再对汇率制度使用虚拟变量进行回归分析。由于样本数据太少，无法使用多分虚拟自变量进行分析，此处使用二元虚拟变量。虚拟变量的选择使用两种方法对比，首先将汇率制度划分为盯住篮子货币汇率制度和非盯住篮子货币汇率制度，实行了盯住篮子货币汇率制度为1，没有实行盯住篮子货币汇率制度为0；然后，将此期间人民币汇率制度浮动性最高的管理浮动取值为1，其他制度为0。两种二元虚拟变量回归分析的结果并未改变前面分析的结论，即1978—2016年法定的汇率制度对中国经济增长的影响是不显著的，但是，对通货膨胀有显著影响，即在灵活性越高的汇率制度安排下，中国的通货膨胀越高。

4. 加入RR分类法下的汇率制度变量的分析结果

根据RR分类法，观察期间的人民币汇率制度涉及爬行区间汇率制度、管理浮动汇率制度和盯住单一货币汇率制度。根据浮动性取其数值分别为3、5、1，分别对经济增长和通货膨胀进行回归，结果见表6-6。

表6-6　　　　考虑事实的汇率制度的OLS分析结果

	变量	系数	标准差	T统计量	伴随概率
经济增长分析	k	0.570334	0.058734	9.710466	0.0000
	l	0.309911	0.238760	1.297998	0.2028
	regime	-0.001253	0.001660	-0.754989	0.4553
	常数项	0.026579	0.005868	4.529884	0.0001
	其他统计量：调整后的R^2=0.709890，DW统计值=1.117750，F统计值=31.99487				
通货膨胀分析	m	0.215808	0.093756	2.301798	0.0276
	q	0.573951	0.103708	5.534275	0.0000
	r	0.001564	0.001906	0.820417	0.4177
	regime	0.000558	0.001626	0.343192	0.7336
	常数项	1.966522	0.008799	223.4922	0.0000
	其他统计量：调整后的R^2=0.622396，DW统计值=1.005051，F统计值=16.65862				

从符号上看，加入事实的汇率制度变量的分析得到与名义的汇率制度相似的结果，即汇率的浮动程度越高，中国的经济增长速度越低而通货膨胀越高，但是，从统计分析的显著性看，无论是对经济增长的影响还是对通货膨胀的影响，汇率制度变量都变得不显著，其他解释变量的

符号和显著性基本没有发生变化。如果剔除两个回归分析中最不显著的劳动力变量和常数项，不改变其他解释变量的符号和显著性。①

同样，再使用虚拟变量进行分析，将事实汇率制度划分为盯住单一货币汇率制度和没有实行盯住单一货币汇率制度，前者取1，后者取0；或者将此期间人民币汇率法定汇率制度浮动性最高的管理浮动取值为1，其他制度为0，分析结论都没有发生变化。也就是说，1978—2016年RR方法确定的事实汇率制度对中国经济增长没有显著影响，对通货膨胀也没有显著影响。

（三）格兰杰因果检验

由于汇率制度的选择也可能本身就与经济增长和通货膨胀有关，典型地，有的国家由于通货膨胀水平高，所以，选择把固定汇率作为名义锚以控制国内物价，也有的国家为避免国外通货膨胀的传递而使用浮动汇率。为确定汇率制度与通货膨胀之间是否存在因果关系，使用格兰杰因果检验来作为辅助分析。分析结果见表6-7。

表6-7　　汇率制度与宏观绩效的格兰杰因果检验结果

原假设	观察变量	F统计值	伴随概率
法定汇率制度不是y的格兰杰原因	28	6.35454	0.0268
y不是法定汇率制度的格兰杰原因		0.65514	0.7408
事实汇率制度不是y的格兰杰原因	28	1.18614	0.4533
y不是事实汇率制度的格兰杰原因		1.54772	0.3296
法定汇率制度不是p的格兰杰原因	30	4.84660	0.0084
p不是法定汇率制度的格兰杰原因		1.41393	0.2896
事实汇率制度不是p的格兰杰原因	30	0.82685	0.6061
p不是事实汇率制度的格兰杰原因		1.30107	0.3349

注：因果检验的滞后期取1根据Eviews给出的VAR模型的最佳滞后期确定。

从检验结果看，可以拒绝法定汇率制度是经济增长和通货膨胀表现的格兰杰原因，经济增长和通货膨胀表现也不是法定汇率制度的格兰杰原因。同样，事实汇率制度也不是经济增长的格兰杰原因，但是，在

---

① 剔除常数项后，实际汇率制度对通货膨胀的影响在10%的显著性水平下显著。

5%的显著性水平下,经济增长是中国事实汇率制度变化的格兰杰原因。而事实汇率制度的变化在5%的显著性水平下是影响中国通货膨胀表现的格兰杰原因,通货膨胀表现不是中国事实汇率制度变化的格兰杰原因。

从检验结果看,可以拒绝法定汇率制度是经济增长和通货膨胀表现的格兰杰原因,但是,在5%的显著性水平下,经济增长是中国法定汇率制度和事实汇率制度变化的格兰杰原因。而事实汇率制度的变化在5%的显著水平下是影响中国经济增长和通货膨胀表现的格兰杰原因,通货膨胀表现不是中国法定汇率制度和事实汇率制度变化的格兰杰原因。

三 不同汇率制度下的宏观经济表现:基于 BP 回归分析

(一) BP 多重结构变化检验

上述加入汇率制度变量的分析,虽然可以得到汇率制度对经济增长和通货膨胀表现的影响,但是,对汇率制度的赋值具有一定的主观性,而且汇率制度的阶段变化也受主观取值的影响。接下来,笔者将汇率制度变量剔除,直接基于数据本身的变化特征,分析不同时期中国的通货膨胀和经济增长表现,然后将这种表现和不同时期的汇率制度进行比较分析,间接地分析不同汇率制度下的中国宏观经济表现。为分析 1978 年以来人民币汇率制度变化对宏观经济表现的影响,刻画此期间出现的制度变化带来的结构性变化,我们拟使用 Bai and Perron (1998,2003) 提出的多重结构变化点检验方法(以下简称 BP 检验)进行分析。

传统的线性回归假设在观测期内所有变量间的关系是稳定的,因此,回归结果在不同时期没有区别。但是,现实经济中或者由于经济结构出现变化,或者由于外部经济出现大的冲击,经济变量间的关系很可能出现突变。Chow (1960) 和 Perron (1989) 较早提出了这一问题,认为在进行变量间关系分析时应该考虑可能存在的结构变化。不过,他们都是根据经济运行和数据变化的表现,外生选定一个或多个结构变化点,然后进行回归分析,这样的选择不免具有太大的主观性。后来的研究开始考虑根据数据自身的特点,运用算法内生性地寻找结构变化的断点。不过,限于技术,早期的该类研究都只考虑一个结构变化点 (Zivot and Andrews,1992;Andrews and Ploberger,1994)。随着计量研究的逐步发展和计算技术的进步,不少研究开始考虑存在多个结构变化点的回归分析，其中，Bai 和 Perron（1998，2003）提出的针对单方程线性回归的多个结构变化点的检验方法被广泛使用，该方法不仅考虑到了变量间关系存在多个结构变化点的情况，还考虑到了残差的自相关和异方差性，以及残差和变量的不同分布等情况。此外，该方法允许在结构变化前后只有部分变量的影响系数出现变化，这比其他方法假设所有变量在结构变化前后统一出现系数的变化更具有一般性。

BP 检验的基本原理是：考虑以如下形式的具有 m 个结构变化点的多元线性回归方程：

$$y_t = x_t'\beta + z_t'\delta_j + u_t$$
$$t = T_{j-1} + 1, \cdots, T_j$$
$$j = 1, 2, \cdots, m+1 \tag{6-13}$$

式中，y_t 为因变量，$x_t(P \times 1)$ 为系数固定的自变量，$z_t(q \times 1)$ 是系数会出现结构性变化的自变量，β 和 δ_j 为系数，u_t 为扰动项，$T_1, \cdots, T_m$ 为未知的 m 个结构变化点。如果 $p=0$，则式（6-13）为所有自变量系数都会出现结构变化的模型。现在需要估计系数（$\beta, \delta_1, \delta_2, \cdots, \delta_{m+1}, T_1, T_2, \cdots, T_m$），使得式（6-13）中 $m+1$ 个时间段的总残差平方和最小。

以在不同结构变化点下计算的各时间段残差平方和为基础，Bai 和 Perron（1998，2003）使用 Sup Wald 检验方法，构造了不同的统计检验量来确定结构变化点的个数和发生时间，并通过模拟试验得到临界值。

第一个检验称为 $SupF_T(k; q)$ 检验，原假设为不存在结构变化点，备选假设为存在任一主观给定的结构变化点个数 k。

第二个检验为 Double Maximum 检验，原假设仍然为不存在结构变化点，备选假设为在给定一个最高的结构变化点个数情况下（BP 设为 5 个）存在个数未知的结构变化点 m。

第三个检验的原假设为存在 l 个结构变化点，备选假设是存在 l+1 个结构变化点，简称为 $SupF_T(l+1/l)$ 检验。

（二）计量模型和数据说明

根据式（6-9）建立计量分析模型，经济增长受到投资增长和劳动力增长的影响，我们建立经济增长的计量模型如下：

$$y_t = \lambda_{1i} + \lambda_{2i}k_t + \lambda_{3i}l_t + \mu_1 \tag{6-14}$$

式中，y 表示产出，λ_1 为截距项，$i = 1, 2, 3 \cdots\cdots$ 表示断点的个

数，k_t 和 l_t 是系数会出现结构性变化的自变量，μ_i 为随机扰动项。λ_{2i} 和 λ_{3i} ($j=1,2,3,4$) 为待估计系数。

同理，根据式（6-12）建立计量分析模型如下：

$$p_t = c_j + \alpha_{1j}m_t + \alpha_{2j}p_t + \alpha_{3j}r_t + \mu_t \tag{6-15}$$

式中，p、m、q、r 分别代表物价水平、货币供给量、总产出和利率和汇率制度变量，$j=1,2,3……$表示断点的个数，m_t、q_t 和 r_t 是系数会出现结构性变化的自变量，c_j 为截距项，μ_t 为随机扰动项。

（三）BP 多重结构变化检验结果

运用 BP（1998，2003）检验方法和 1978—2016 年中国的数据对式（6-17）和式（6-18）进行结构突变检验，检验结果如表 6-8 所示。

表 6-8　　　　　　　　BP 多重结构变化检验

总体信息准则检验			
经济增长		通货膨胀	
SCH 标准确定的变化点两个：1994 年和 2001 年	LWZ 标准确定的变化点为 0 个	SCH 标准确定的变化点 5 个：1984 年、1989 年、1994 年、2001 年和 2011 年	LWZ 标准确定的变化点为 0 个

根据表 6-8 的检验结果，经济增长模型的检验中，根据数据的整体信息准则进行判断，SCH 标准确定的变化点有两个，分别位于 1994 年和 2001 年，而 LWZ 标准下无结构变化点。同理，通货膨胀模型中，根据数据的整体信息准则进行判断，SCH 标准确定的变化点有 5 个，分别位于 1984 年、1989 年、1994 年、2001 年和 2011 年，而 LWZ 标准下无结构变化点。

（四）回归估计

根据 BP 检验结果，我们对存在两个结构变化点的式（6-17）和 5 个结构变化点的式（6-18）进行估计。在估计之前，需要对数据的平稳性进行检验，常用的 ADF 平稳性检验假设数据生成过程不存在结构变化，但是，如果剧烈的外生冲击导致数据生成过程发生结构突变，会导致 ADF 检验失效。因此，我们根据得到的结构性突变点，对各变量进行去势后的 ADF 检验，结果表明，所有数据在 10% 的显著性水平下均平稳。

对于存在结构变化的回归估计，使用的方法一般有两种：一是采用分段回归估计；二是使用虚拟变量进行估计。我们采用分段估计方法进行回归估计。得到估计结果如表6-9所示。

表6-9　　　　　　　　BP回归分析结果

	时间段（年）	变量	系数	标准差	T统计量	伴随概率
经济增长分析	1978—1993	k	0.479471***	0.048772	9.830952	0.0000
		l	0.104473	0.172424	0.605909	0.5491
		常数项	0.030746***	0.005342	5.755622	0.0000
	1994—2000	k	1.244661***	0.133236	9.341804	0.0000
		l	6.765748	6.739035	1.003964	0.3234
		常数项	-0.02824	0.035938	-0.78565	0.4382
	2001—2016	k	0.618589***	0.096781	6.391605	0.0000
		l	-4.97656	3.008537	-1.65415	0.1085
		常数项	0.026457***	0.006904	3.832244	0.0006
	其他统计量：调整后的 R^2 = 0.874959，DW 统计值 = 1.497247，F 统计值 = 34.23768					
	时间段（年）	变量	系数	标准差	T统计量	伴随概率
通货膨胀分析	1978—1983	m	0.79704***	0.175092	4.552124	0.0004
		q	0.40256	0.24112	1.669542	0.1157
		r	-0.00065	0.002356	-0.27725	0.7854
		常数项	1.933375***	0.017263	111.9951	0.0000
	1984—1988	m	-0.74474***	0.172355	-4.32098	0.0006
		q	-0.15051***	0.139494	-1.07893	0.2977
		r	0.018158***	0.0052	3.49176	0.0033
		常数项	2.1055***	0.02295	91.7441	0.0000
	1989—1993	m	-0.96193**	0.228269	-4.21402	0.0008
		q	-0.8064**	0.167008	-4.82853	0.0002
		r	0.02021**	0.002357	8.574354	0.0000
		常数项	2.21687**	0.041241	53.75423	0.0000

续表

	时间段（年）	变量	系数	标准差	T统计量	伴随概率
通货膨胀分析	1994—2000	m	0.564026**	0.25576	2.205292	0.0435
		q	0.537386**	0.207741	2.586804	0.0206
		r	0.002116	0.002126	0.995297	0.3354
		常数项	1.949646***	0.007435	262.2225	0.0000
	2001—2010	m	0.032794	0.108593	0.30199	0.7668
		q	0.57203***	0.090192	6.342376	0.0000
		r	−0.0042**	0.00154	−2.72546	0.0156
		常数项	1.971818***	0.011846	166.4517	0.0000
	2011—2016	m	−0.01737	0.817921	−0.02124	0.9833
		q	0.350786	0.645468	0.543461	0.5948
		r	0.000677	0.008395	0.080693	0.9368
		常数项	1.997626***	0.01863	107.2249	0.0000
其他统计量：调整后的 R^2 = 0.974684，DW 统计值 = 2.540273，F 统计值 = 64.60995						

注：**、***表示显示性。

从表 6-9 可以发现，投资增长和劳动力增长对经济增长的影响可以分为三个阶段：第一阶段为 1978—1993 年、第二阶段为 1994—2000 年、第三阶段为 2001—2016 年。系数符号上，三个阶段投资增长对经济增长影响的系数符号始终为正并且显著，劳动力增长的系数从前面两阶段到第三阶段由正变负，三个阶段都不显著。系数大小上，资本增长和劳动力增长对经济增长的系数在 1994—2000 年都是最大的，并且劳动力增长对经济增长的系数在 2001—2016 年变为负数。显然，人民币汇率制度的变化在分段检验中并没有表现出对中国经济增长明显的影响。1994 年后，中国经济增长速度的加快，主要原因是市场经济体制的建立；而 2001 年后经济速度的增长发生变化则是中国加入世界贸易组织的结果。

通货膨胀分析上，BP 分析共存在 5 个断点：1984 年、1989 年、1994 年、2001 年和 2011 年。其中，2001 年以后货币供应量对通货膨胀的影响在 10% 的显著性水平下都不显著，1978—1983 年系数为正，1984—2000 年系数变为负数。1989—2010 年产出对通货膨胀的影响是显著的,并且系数由负转正,其余年份结果不显著。利率在1984—2010年是显著的,经历一个由正转负的过程。同样,如果只考虑不同时期中国通货膨胀成因的变化,人民币汇率制度改革的影响并未体现出来,所以,汇率制度对通货膨胀的影响并不明显。

四 政府经济绩效目标下人民币汇率制度的均衡性比较

通过以上利用中国1978—2016年实际数据的计量分析,我们可以认为,汇率制度与中国经济增长和通货膨胀表现的关系有以下特点,这有助于从政府利益目标函数中经济增长和通货膨胀目标来衡量汇率制度的均衡性。

(一) 人民币汇率制度变化对中国经济增长的影响不显著

无论是使用法定汇率制度还是事实汇率制度,回归分析显示,汇率的灵活性对经济增长的影响均不显著。而且因果关系分析也表明,法定汇率制度不是中国经济增长的格兰杰原因。不过,中国经济增长的变化却是人民币法定汇率制度和事实汇率制度变化的格兰杰原因,这表明,人民币汇率制度的实际调整大都是在经济增长的压力下进行的,但是,调整后的汇率制度运行一段时间后,随着经济背景的变化又对经济增长带来了压力,经济增长的要求使汇率制度发生再次调整。从图6-3来看,人民币汇率制度的调整基本都是在中国经济增长出现衰退以后。1978—1980年,中国经济增长放缓,人民币汇率制度增强了灵活性,这源于传统计划经济下高度集中的外汇管理体制已不适应商品经济运行的要求,人民币汇率灵活性需要提高。1984—1986年,经济再度衰退,使人民币汇率的波动性在1992年后降低,而亚洲金融危机前后,中国经济的放缓,使人民币汇率制度实行了近十年之久的盯住美元汇率制度。

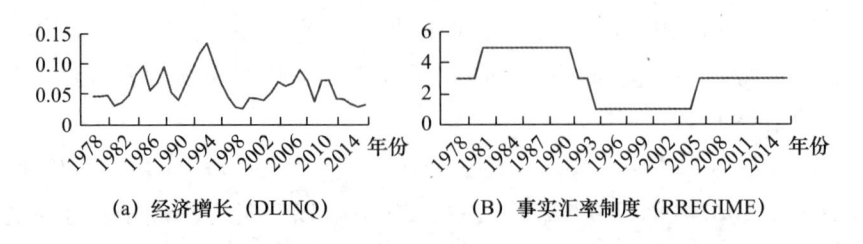

(a) 经济增长 (DLINQ)　　(B) 事实汇率制度 (RREGIME)

图6-3　1978—2016年中国经济增长和事实汇率制度变化

(二) 人民币汇率制度对中国通货膨胀表现的影响不确定

格兰杰因果检验表明，人民币法定汇率制度变化不是中国通货膨胀表现的原因，但是，事实汇率制度的变化确实引起了通货膨胀的变化。回归分析表明，人民币法定汇率制度和事实汇率制度灵活性的增加，提高了中国通货膨胀率水平，但统计上在10%的显著性水平下不显著。

为什么汇率制度对通货膨胀的影响表现得如此复杂？比较固定汇率制度和浮动汇率制度在稳定通货膨胀中的作用机制，可以发现：浮动汇率制度的优势在于它可以隔绝来源于国外的通货膨胀冲击，而固定汇率制度的优势在于它通过对汇率稳定的承诺和对货币增长的纪律约束，可以稳定源自国内预期和货币供给的通货膨胀。在不同的时期，中国通货膨胀的冲击来源是不同的，如在1988年和1995年前后，中国出现高通货膨胀，主要原因在于国内投资过热，货币政策过于宽松，这是源于国内的货币冲击带来的通货膨胀（见图6-4）；2005—2007年中国通货膨胀压力的增大主要是由于国际上对中国出口需求的增加，中国国际收支呈现持续顺差，在人民币实际实行固定汇率制度约束下，使中央银行在外汇市场购汇的压力加大，同时导致中央银行投放本国货币过多，带来了通货膨胀的巨大压力。

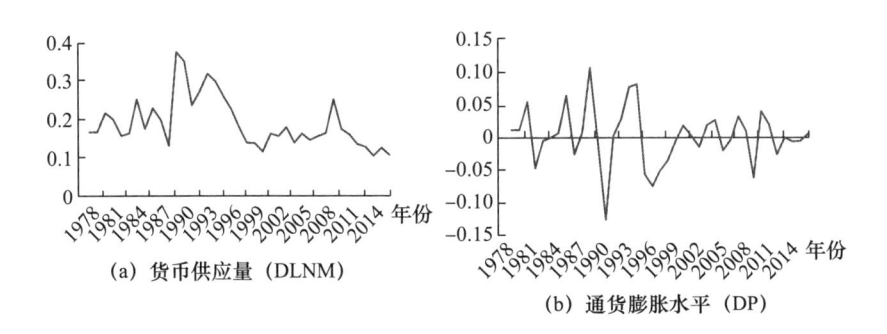

(a) 货币供应量 (DLNM)

(b) 通货膨胀水平 (DP)

图6-4　1978—2016年中国货币供应增长和通货膨胀率变化

综合人民币汇率制度对中国经济增长和通货膨胀影响的分析，我们认为，从1978—2016年的历史数据来看，人民币汇率制度对中国宏观经济绩效的影响是不确定的。这验证了本书提出的一个基本观点，随着中国产权结构和国内外经济冲击的变化，旧汇率制度对经济主体（首先是代表宏观经济利益的政府）带来的经济绩效会发生变化，人民币汇率制度会出现不均衡性，从而导致汇率制度发生变迁。历史数据分析的结果表明，对于中国而言，从经济增长和通货膨胀目标角度分析，对于哪一种汇率制度是符合宏观绩效目标的均衡汇率制度问题，不能得出简单的结论。

第七章 中国向浮动汇率制度变迁的方式与路径选择

前几章的分析表明,在人民币自由兑换的约束条件下,无论从政府和国际投机者利益博弈和定价能力角度考虑,还是从微观产权主体福利角度考虑,实行浮动汇率制度是一种相对均衡的选择。不过,前面的分析主要从中间汇率制度和固定汇率制度的非均衡性角度考虑,而对于实行浮动汇率制度的均衡性还须进一步分析。本章从发展中国家成功转向浮动汇率制度存在的定价能力约束条件入手,比较汇率制度变迁的不同方式和结果,结合国际上向浮动汇率制度转型的成功与失败的例子,探讨成功转向浮动汇率制度,实现微观经济主体的汇率定价权的变迁的方式选择与需要具备的条件,作为人民币向浮动汇率制度转换的借鉴。

第一节 固定汇率制度的退出战略研究

基于传统的固定汇率制度在金融市场一体化背景下的脆弱性,产生了大量关于传统固定汇率制度的"退出战略"研究。退出战略研究主要涉及固定汇率制度的退出方式、退出时间、退出条件和路径选择。

一 退出时机的研究

固定汇率制度的退出大体可以分为两种类型:一种是投机冲击下被迫退出,另一种是政府自主退出。对于不同类型的退出,其退出时机是不同的。

(一) 投机冲击下被迫退出

第一代货币危机模型实际说明的是固定汇率制度的被动退出情况。模型认为,在固定汇率制度下,即使没有投机冲击,它最终也将走向灭亡。如果该国初始外汇储备为 R_0,固定汇率制度的生命周期为 R_0/μ, μ 是外汇储备的下降速度，也是信贷过度扩张的增加速度。引入投机因素后，固定汇率制度的生命周期将大大缩短，具体的时间与投机冲击的选择时间有关。克鲁格曼（1979）认为，投机冲击的时间刚好为市场影子汇率与名义汇率相等的时刻，而这个时刻在外汇储备降为 0 以前。所以，投机冲击将使固定汇率制度的崩溃时间提前。

传统的第一代货币危机模型认为，由于财政的过度扩张最终导致了固定汇率制度下国际储备的减少，在国际储备下降到某一门槛值时，固定汇率制度会被放弃。Rebelo 和 Vegh（2008）结合很多实行财政扩张而退出固定汇率制度的国家实际上国际储备并没有显著下降的事实，指出传统的克鲁格曼—弗拉德—加珀（Krugman - Flood - Garber）模型提出的固定汇率制度退出时间是次优的。假定没有退出成本，最优的退出时间是立即迅速退出固定汇率；如果存在退出成本，最好的退出时间是财政冲击规模的减函数，即财政冲击越大，应该尽早退出固定汇率制度。

第二代货币危机模型将货币危机归结为政府决策优化选择的结果，模型将决策优化涉及在既定需求存量水平下通货膨胀与产出稳定之间的权衡，而何时退出固定汇率制度安排也取决于政府的优化选择。奥布斯特费尔德（1994）认为，政府会在汇率不变时的损失超过汇率变化的损失条件下主动放弃固定汇率制度，重新安排汇率。Ozkan 和 Sutherland（1994）结合欧洲货币体系危机期间的一些特征，认为虽然从固定汇率制度到浮动汇率制度的转换取决于政府的最优化选择，政府希望通过扩张的货币政策增加总需求。不过，外汇市场的主体知道政府的目标函数，并据此在利率差异中加入制度转换的预期，私人部门的预期和政府偏好之间的相互作用导致了固定汇率制度的崩溃时间要早于政府意愿的时间。

1997 年爆发的亚洲金融危机呈现出新的特点，第一代和第二代金融危机模型都不能解释，因此形成了第三代金融危机模型，主要对于汇率制度进行了分析，金融危机爆发主要强调了弹性较小的汇率制度下金融体系内部积累起来的金融脆弱性会导致金融恐慌，进一步发展为金融危机的可能性。代表性模型是道德风险模型，强调了金融结构扭曲的不良后果，同时突出了金融监管的不完善对于危机爆发的影响。麦金农和皮尔（McKinnon and Pill, 1998）指出，执行固定汇率制度或者中间汇率制度的新兴市场国家，中央银行保障汇率稳定，缺乏谨慎细致的金融监管，可能吸引大量短期国际资本渗透到国内金融市场中，造成动荡。

Tornell 和 Velasco（2000）的研究表明，缺乏弹性的汇率制度容易形成危机，固定的名义汇率使外部调节手段丧失，贸易收支恶化可能造成经济衰退，并且缺乏弹性的汇率制度在一定程度上抑制了财政政策的影响。

Bleaney 和 Gundermann（2007）在第二代货币危机模型的基础上结合一些国家实行的基于汇率的通货膨胀稳定计划进行了分析，认为这些基于汇率的稳定计划即使是成功的，也会面临可信度的问题，使这些国家在稳定计划的后期出现货币危机。政府同样在产出与通货膨胀目标下进行最优政策决策，而劳动力市场和金融市场对未来汇率变化的预期不同，劳动力市场预期汇率贬值的概率随着时间的延长而逐步下降，金融市场预期每期的贬值的概率不同。根据金融市场对汇率预期贬值的概率不同，以及在不同时间固定汇率和浮动汇率下的损失函数的表现不同，退出或者继续固定汇率的情形也会有所不同。

（二）自主退出的时机选择

大量的文献讨论了实行固定汇率制度作为通货膨胀名义锚的国家如何选择退出时机的问题，一般认为，在短期内实行固定汇率制度以后，应该采取更具有灵活性的汇率制度。例如，迈克尔·布鲁诺（Michael Bruno，1995）指出，"汇率只应该在稳定通货膨胀的初期作为名义锚使用"；Sachs、Tornell 和 Velasco（1995）也指出："盯住汇率制度的有效性是指在反通货膨胀计划的初期比较高"；Dornbusch（1997）谈到墨西哥金融危机的教训时说，"要么现在浮动，要么以后崩溃"；戈德斯坦（Goldstein，1998）指出，"考虑到所有因素，较早地转向更为灵活的汇率安排（在汇率高估过大以前）将是可取的做法"。

克莱因和马里昂（Klein and Marion，1997）使用一个双元 Logit 计量模型对拉美国家盯住汇率制度持续进行分析，得出的主要结论是：在实际汇率高估和储备降低时容易发生退出；贸易开放度和政治稳定会伴随更大的汇率稳定；制度持续的时间越长，退出越发不可能。艾肯格林等（1998）使用国际货币基金组织的年度汇率安排和汇率管制报告确定的发展中国家的汇率制度变化，认为退出国应该在经济情况较好时引进浮动汇率，也就是当汇率有升值压力并且储备增加时退出。艾肯格林

(2004)再次强调了这一观点。Asici 和 Wyplosz（2003）的分析结论也支持这种传统的观点，一国应该在宏观经济表现良好时退出，这样可以避免危机。不过，Detragiache、Mody 和 Okada（2005）分析说明，事实上，很多国家并没有听取传统的建议，在经济情况良好时退出固定汇率，而是在平价具有贬值压力时退出。而这样做的结果并不是破坏性的，因为在一半的退出事件里没有出现货币危机。

爱德华兹（2000）认为，定义一个从固定汇率制度的最优"退出战略"是要决定在何时盯住汇率制度的边际成本等于边际收益，其中，名义锚的最大收益是降低通货膨胀预期，同时限定了贸易品的上限价格，但是，这一效益随着时间变化呈递减趋势。固定汇率制度名义锚的最大成本表现在：如果存在通货膨胀惯性，实际汇率会出现升值，降低该国的对外竞争力。如果实际汇率的升值没有被基本面的改善所抵销，那么名义锚的成本会逐渐增大。最优的退出时间应该在固定汇率制度名义锚的边际成本和边际收益相等之时。Bleaney 和 Gundermann（2007）也分析了主动退出固定汇率制度的时机选择。政府既进行制度安排以控制通货膨胀，又准备在未来从固定汇率制度退出。到一定日期，政府宣布并且实行退出，此时信誉损失将会不存在。之后，产出逐渐恢复到目标水平，但是，通货膨胀水平取决于退出是否成功。笔者将退出成功的概率和劳动力市场的贬值预期联系起来，随着时间的延续，劳动力市场的信誉在增加，退出成功的概率也会增加。虽然推迟退出会减少退出失败的可能性，但是会在下一期使产出继续降低，使实际产出和目标产出之间的偏离加大，甚至可能招致货币危机。笔者认为，最佳的退出时间是在可信度达到100%以前，这样中，可以减少货币高估的产出损失。

二 影响固定汇率制度退出平稳性的因素

传统固定汇率制度的退出可能是平稳的，也可能是危机性质的，大量文献分析了影响退出后果的因素。对于投机冲击引起的被迫退出固定汇率，以克鲁格曼（1979）为代表的第一代货币危机模型认为，国内脆弱的基本面因素是货币危机的关键，包括过度扩张性的财政政策和货币政策、大额经常项目赤字、国际储备的流失和外部竞争力的下降。以奥布斯特费尔德（1994）为代表的第二代货币危机模型强调自我实现的投机冲击的多重均衡性，这种冲击因为对政府会采取扩张性的财政货币赤字的预测而触发，进而导致的危机又证实了这种预期。第三代货危机模型强调平衡表效应,由于金融部门的缺陷导致了投机冲击(Kaminsky and Reinhart,1999)。另一个重要原因是传染性,这会被全球性的冲击或投资者的"羊群行为"所触发(Calvo,1998)。

一些实证分析试图解释货币危机的决定因素,尤其是在冲击下或者退到不同汇率制度后导致的货币的显著贬值。克莱因和马里昂(1997)针对16个拉美国家和牙买加从20世纪50年代末到1991年的汇率制度变化,分析在固定汇率制度的瓦解概率中,国内的宏观经济和政治变量及在固定的美元盯住时间内的持续期所起的作用。发现贬值的概率随着国际储备的下降,实际汇率的升值而增加,随着在盯住时间内的持续时间增加和经济开放度增加而下降。Eichengreen、Rose和Wyplosz(1995)利用国际货币基金公布的工业国的名义汇率制度分析了在不同汇率制度之间转换的决定因素,发现过去的危机、货币扩张、以往的通货膨胀和经常账户的恶化是货币危机的重要决定因素。他们还发现,许多汇率制度的转换在很大程度上是由特定原因推动的,很难与没有市场压力的平静时期和没有制度转换的时期区分开来。

Asici和Wyplosz(2003)分析了影响固定汇率制度退出是否平稳的因素。结果表明,从宏观因素看,在经济处于趋势路径以上,通货膨胀率很低、储备在增加,以及在市场决定的汇率下降以前退出,会大大提高平稳退出的机会。Duttagupta和Otker–Robe(2003)使用1985—2002年34个新兴市场国家及其他发展中国家和工业发达国家的实际汇率制度,分析了从盯住汇率制度退出的决定因素。结果表明:在市场压力退出前一般会有经济状况的恶化;新兴市场变量更易于出现危机或者有序退出到更浮动的汇率制度,这些经济体经历了跨国资本的流动的波动,更难维持固定汇率制度;研究还发现,国际货币基金计划的存在对汇率制度的转型没有明显影响。

Detragiache、Mody和Okada(2005)使用RR分类法划分汇率制度,将转向自由下降的退出类型定义为无序退出,将其他向更具浮动的汇率制度的转换定义为有序退出。得出三个结论:在过去的20多年里,大部分退出伴随名义汇率贬值;大约一半的退出是有序的;使用多元Logit模型分析,发现宏观环境在没有退出、有序退出和无序退出三者之间没有显著区别。另外,分析发现,在国际利率高,而且盯住汇率制度的基础建立的不好的情况下更容易出现退出。

Masson 和 Ruge-Murcia（2005）使用马尔科夫链模型分析了汇率制度之间的转换。估计结果显示，通货膨胀增加了从固定汇率制度向中间汇率制度转换的可能，以及从中间汇率制度向浮动汇率制度转换的可能。不过，通货膨胀也增加了从中间汇率制度向固定汇率制度转换的可能。贸易开放度降低了从固定汇率制度到中间汇率制度、从中间汇率制度到浮动汇率制度的可能，低增长增加了这种可能，而国际储备相对GDP的水平降低了从中间汇率制度向浮动汇率制度转换的可能。笔者还对发展中国家和发达国家的汇率制度转换进行了比较分析，发现对发展中国家，通货膨胀、相对储备、贸易开放度对于汇率制度转换具有很强的解释力。

三 平稳的退出路径研究

许多实行传统盯住汇率制度的发展中国家基于金融稳定和本国经济发展的需要，已经或正在实施从传统盯住汇率制度退出的计划。大部分国家选择了退出后向更具灵活性的汇率安排转换，包括以色列、波兰、智利等国以及中国，对于这些国家来说，设计和选择一条相对平稳的退出路径非常必要。

1998年，国际货币基金组织对于"退出战略"的研究，列出了成功退出固定汇率制度所需要的条件（Eichengreen, 1998），得出了三个主要结论：①对于大部分新兴经济体，使用更具浮动性的汇率制度对它们更有利；②如果是在有充足资本流进的时候退出固定汇率制度，成功的可能性较大；③在退出固定汇率制度之前，一国应该加强财政和货币政策纪律。

爱德华兹（2000）的研究表明，退出固定汇率制度的时机选择快慢皆有，适合在平静的外汇市场以及有大量资本外流、货币有升值趋势的时候进行，选择主动退出，同时比较缓慢地进行，逐渐转变为有弹性的汇率制度。但是，如果是金融危机下的被迫退出就需要加快速度，避免危机造成的巨大损失，同时需要实施其他相配合的货币政策措施，才能确保市场的稳定。

Duttagupta、Fernandez 和 Karacadag（2004）研究了向浮动汇率制度转轨过程中的制度和操作要求。尤其是揭示了决定有序退出的关键因素，包括发展一个具有深度和流动性的外汇市场，建立与新制度相一致的干预政策，建立新的货币政策框架和新的名义锚，建立市场参与者的风险管理能力和监管当局的调节及监督能力。笔者把退出速度划分为逐渐退出和迅速退出，分析了影响退出速度的因素：如果一国的外汇市场发展较为落后，实行渐次的退出可能比较合适；考虑到对价格稳定的有力承诺，通货膨胀盯住的准备不充分会阻碍迅速的退出战略；市场的外汇风险暴露和监督管理外汇风险的能力也是决定退出速度的关键。

Otker-Robe Vavra 等（2007）根据智利、以色列、波兰、巴西、捷克和乌拉圭等国从固定汇率制度退出的经验和教训，总结了成功转向浮动汇率制度的操作层面的经验。一共包括13点，例如，在过渡阶段通过增加中间汇率制度的灵活性来逐步过渡，可以为有序退出提供一个准备时间，也可以减少制度反转的可能性；处理好谨慎与浮动性和能力建设之间的相互促进作用的关系非常重要；在资本流动背景下，宏观政策和金融政策的一致性很重要；退出策略和资本账户自由化之间的配合可以减轻宏观政策的压力，避免无序退出；在早期建立应对更灵活汇率的一些基础建设；提高货币和汇率政策的透明度和有效沟通等。

第二节　发展中国家实行浮动汇率制度存在的约束

实行浮动汇率制度意味着由微观经济主体掌握汇率的定价权，浮动汇率制度的均衡与否存在两个重要挑战：第一，从政府角度看，虽然实行浮动汇率制度是一种相对占优的选择，但是，还需要考虑可能给宏观经济和政府目标函数带来的不利冲击，如浮动汇率制度可能带来汇率波动对通货膨胀的高传递。而且汇率定价权转移给微观经济主体，但是，外汇作为一种关系金融安全的公众产品，政府必须具有对这种风险的控制能力。第二，从微观经济主体看，浮动汇率制度意味着微观经济主体掌握汇率主要定价权，汇率可以自由波动，这是对微观经济主体定价能力和风险管理能力提出的挑战，也必须有相应的微观的产权基础和金融市场的完善作为支撑。

许多转向实行浮动汇率制度的国家，在制度变迁过程中出现了大幅度的汇率贬值、高通货膨胀以及经济衰退现象。其中的一个重要原因在于发展中国家经济基础和制度基础比较落后，金融市场不发达，同时这些国家对于汇率制度的变迁和转型缺乏充分的准备，微观经济主体的汇率定价能力低下，一旦面临市场和外部的经济冲击，就容易出现经济和社会的混乱。发展中国家实行浮动汇率制度存在的约束主要表现在以下三个方面：

一 货币缺乏公信力，普遍存在"原罪"现象

豪斯曼（1999）提出的发展中国家普遍存在的"原罪"现象是制约发展中国家货币政策和汇率制度选择的根本原因。由于发展中国家经济发展水平较低，本国一般都有高通货膨胀的历史，价格、利率和汇率非常不稳定，而且发展中国家的法律、政治制度尚不成熟，无论是国内居民还是国外居民，对发展中国家的货币和经济发展缺乏长期稳定的信任。这导致在国际市场上国外居民不愿意接受和使用发展中国家货币，因此，国内居民也不可能在国际市场利用本币进行借贷，而且国内居民也不愿意用本币进行长期借贷。这使发展中国家不仅在对外贸易和融资中要大量使用外汇（主要是美元），而且在国内大量交易中也使用外汇，出现了实际的美元化现象，致使大量的国内企业、银行以及政府出现了资产负债表的"货币错配"现象。豪斯曼等（2001）比较了不同国家的本币借款能力，发现发展中国家的原罪指数几乎是美国、德国和日本3个发达国家的3倍多（见表7-1）。发展中国家的外债中，用本币计价的不到1%，除新兴经济体外的发展中国家用本币计价的外债只有约0.1%，而发达国家的比重超过12%，美国、日本等达到52%。从国际市场用本币计价的外债与本国在国际市场的外债比例看，新兴经济体约为10%，而其他发展中国家几乎为0，发达国家则高达57%，美国、日本则高达157%。Adam Honig（2005）分析了发展中国家国内债务美元化的情况，利用银行外币资产负债数据，发现发展中国家银行的美元化资产和负债的比例分别达到28.9%和16%，而银行的货币错配状况并不是很显著，中位数接近于0，但是，考虑到利用银行外汇贷款的企业只能创造本币收入，民间的整体美元化程度达到27.9%，而这些国家的美元化外债中，货币错配比例（净外汇负债）为约2%。

由于货币错配现象严重，如果允许汇率浮动，汇率波动（发展中国家波动会更大）会使拥有大量外债的企业和金融机构遭受巨大的风险和损失，并可能引发大量企业破产，银行挤兑，进而爆发金融危机和经济危机。正因如此，这些发展中国家坚持让本币汇率与主要的外债币种保持固定比价。豪斯曼（1999，2001）、卡尔沃和莱因哈特（2000）、

Lahiri 和 Vegh（2001）、Bleaney 和 Francisci（2007）、Bleaney 和 Ozkan（2008）等研究表明，由于原罪的存在和资产负债表效应，发展中国家往往倾向于选择固定汇率制度安排。

表7-1　　　　　　　　　　　不同国家的本币借款能力

国家类型	指标1	指标2	指标3	原罪指数
所有国家	0.07	0.12	0.30	0.87
G3	0.52	0.58	1.57	0.30
其他工业国	0.12	0.17	0.57	0.80
新兴经济体	0.01	0.08	0.10	0.95
其他发展中国家	0.001	0.02	0.00	0.99

资料来源：Ricardo Hausmann, Ugo Panizzab, Ernesto Stein, Why do countries float the way they float? *Journal of Development Economics*, Vol. 66, 2001, pp. 387-414. 指标1、指标2、指标3分别为用本国货币发行的外债/用所有货币发行的外债、银行部门的本币外债/银行部门所有币种外债、国际市场用本币发行的外债/本国在国际市场的外债。G3指美国、日本和德国。

对中国而言，虽然中国政府和人民币尚不存在"公信力"问题，中国的利率和汇率也未曾出现大的动荡，在国内无论是长期还是短期融资都基本用人民币进行。但是，由于中国的经济发展水平仍然较低，而且法律和政治制度也不成熟，而且人民币本身没有实现可自由兑换，所以，人民币在国际市场的计价和借贷能力仍然有限，根据中国人民银行1999—2000年的估算和调查，人民币存在跨境资金流动，仅限于边境贸易和游客跨境的消费支出。从数据看，当时周边国家沉寂的人民币总量为150亿—200亿元，这个数额只占人民币现金流通总量的1%。[1] 李靖、管涛和何帆（2004）也对人民币的跨境资金流动进行了估算，虽然人民币资金跨境流动在1994年以后有较大幅度上升，在2002年，估算的资金流动规模约为1200亿元人民币。

在中国的对外贸易和对外借贷活动中，主要使用外汇计价结算，这一方面汇率的波动会给经济当事人的损益带来巨大影响，另一方面如果

---

[1] 何建雄等：《关于广西、云南与越、缅、老经贸关系及人民币境外使用情况的考察报告》，中国人民银行2000年调查报告，第11—13页。中国人民银行乌鲁木齐中心支行调统处：《对新疆边境贸易和人民币境外流通的调查》，《新疆金融》1999年第7期。

微观经济主体以及货币当局的资产和负债币种使用不同或者不对称，就容易出现货币错配现象。戈德斯坦和特纳（Goldstein and Turner，2004）采用了国际金融组织和国际清算银行的数据，基于两人提出的货币错配测算公式，测算了我国1994—2002年的货币错配水平，从其测算的数值来看，1997—1999年，我国的货币错配程度比较高。裴平、孙兆斌（2006）使用同样的办法测算了1985—2004年我国的AECM指数，他们认为，我国存在非常严重的货币错配水平。唐宋元（2008）对1985—2006年中国的货币错配进行了估算，发现在1997年以前中国的货币错配程度均在10%以下，但是之后呈上升趋势，到2004年超过20%，2006年已经超过30%。这一现象意味着如果仓促实行人民币汇率浮动，会给微观经济主体以及宏观经济带来巨大的风险和损失。

二　金融市场不完善，缺乏必要的汇率风险保值手段

发展中国家不仅不能在国际贸易和国内外融资中广泛使用本币，而且对大量使用外汇进行的经济交易无法有效地规避其风险。艾肯格林和豪斯曼（1999）提出，"发展中国家银行和企业货币错配现象的出现不是因为它们不谨慎而不进行保值，问题在于那些外债只能使用外汇进行的国家无法进行保值"[①]，因为发展中国家的金融市场不完善。麦金农和施纳贝尔（Schnabl，2005）分析了发展中国家金融市场的不完善状况：首先，发展中国家缺乏固定利率债券市场。发展中国家企业小、会计制度不健全，企业无法用自己的名义发行长期债券，而且发展中国家政府金融历史动荡，通货膨胀和利率波动大，并且长期存在外汇管制，这不利于中长期政府债券的销售，因此，发展中国家缺乏稳定的长期基础利率。另外，在多数发展中国家，外汇远期市场不存在或者不活跃，这也和债券市场的不完善有关，因为在远期交易中外汇银行需要根据不同货币的不同期限利率来报出远期汇率的升贴水，在没有适当的利率指标的情况下，外汇银行或者不愿意进行远期交易，或者要收取很高的服务费。而在国际市场上，由于缺乏具有流动性的不同期限的各种金融工具，也很难和国际金融机构进行远期交易。由于有效的远期外汇市场的缺位，企业和银行无法在国内市场和国际市场有效地对本币和外汇的汇

---

① Eichgreen and Huasmann, "Exchange Rate and Financial Fragility", *NBER Working Paper* 7418, 1999, p. 3.

率风险进行保值,在国际交易和国内交易大量美元化的背景下,为了降低外汇风险,政府一般只有出面提供汇率稳定的保障。

中国自1994年实行市场经济以来,金融市场规模不断扩大,市场涵盖面和影响力不断增强;金融市场创新稳步推进,市场功能日趋深化;金融市场结构不断优化,多层次金融市场体系建设稳步推进。但是,从总体来看,中国的金融市场发展程度与发达国家相比,甚至与一些新兴市场国家相比,都还比较落后。例如,中国的直接融资和间接融资发展极不平衡,银行贷款在社会融资总量中仍占绝对比重,而债券市场的发展落后于股票市场,企业债券市场发展相对滞后。2002年,世界债券市场余额超过34万亿美元,七国集团合计近30万亿美元,占85%。若以债市相对规模(债券市值与本国GDP之比)衡量,中国为32%,远低于七国集团116%的平均规模。而且中国债券市场是一个典型的以低风险政府债券和金融债券为主体的结构,公司债券比重很低。金融产品的种类和层次不够丰富,市场的功能有待进一步提升,中国的股票市场尚缺乏非公开发行制度及场外交易市场,而且缺乏必要的金融衍生产品市场。其他问题还包括信息披露、信用评级等基本市场约束和激励机制尚未完全发挥作用等,金融市场发展滞后,不仅约束了企业和居民的投资融资渠道,也制约了中国的利率市场化进程以及外汇市场的发展。

1994年以来,我国注重加强了外汇市场自身建设,如逐步放宽市场准入限制,增加市场交易主体,非银行金融机构、大企业集团等可逐步直接进入银行间市场参与交易;实行了做市商制度,允许有实力的银行利用自身优势为市场提供充足的流动性,并大力进行外汇衍生产品创新,扩大银行远期结售汇业务,实行即期与远期、远期与远期相结合的人民币对外币掉期交易等衍生品交易,使市场能够满足向参与者提供套期保值、风险规避以及投资理财等一系列金融服务的需要。但是,中国的外汇市场仍然存在一系列问题,无法充分满足汇率浮动条件下对外汇避险工具的需求,虽然自2005年开始开办银行间远期外汇交易,并于2006年推出外汇掉期交易,2011年又推出人民币期权交易业务。但是,市场交易主体受到很多限制,零售市场客户的活动范围、外汇指定银行从事的业务范围都受到管理部门诸多限制。而且由于银行间市场会员资格的限制,批发市场和零售市场处于相互分离的状态。

三 微观经济体执行汇率定价权的产权基础不完善

浮动汇率意味着微观经济主体掌握汇率主要定价权，汇率可以自由波动，微观经济主体必须承担汇率波动带来的风险和收益。但是，对于大部分发展中国家，尤其是转轨经济国家来说，微观经济主体执行汇率定价权的产权基础并不完善。这表现在国内微观经济主体对经济资源的产权制度并不明晰，政府掌握着大量的和主要的经济资源，微观经济主体的经济权利受到很多限制和干预。作为市场主体的企业和银行受到政府多方面干预，无法明确地享受经济决策带来的收益和风险，也缺乏应对市场变化的经验和能力。在这种情况下，银行并不是外汇市场的真正报价者，企业也无法完全根据自身的利益来决定是否进行外汇交易和对外经济交易，也不承担交易带来的风险和损失，如果贸然实行浮动汇率，只会带来混乱和资源配置效率的降低。

从中国来看，长期以来，国有产权占绝对主导地位，虽然国有企业和国有控股企业的比重在逐步下降，但国有企业及国有控股企业仍然占据明显主导地位。在2008年的中国企业500强名单中，国有及国有控股企业共有331家，占全部企业总数的66.2%；实现营业收入18.2万亿元，占全部收入的83.1%；实现利润总额为1.2万亿元，占全部企业利润总额的86.6%。①2015年，中国社会科学院的一份研究结果显示，中国的公有制资产在社会总资产中占55.78%。②虽然党的十八届三中全会中国提出，要继续加强市场在资源配置中的决定性作用，但这也反映到目前市场价格不可能完全决定资源的配置及调节整个经济，因而也就不可能形成完善的市场机制。同时居中国经济主导地位的经济体缺乏内在的自我约束及激励机制，因为这类经济体长期以来并未真正拥有财产的所有权（"一物一权"的基本原则决定了这类经济体的财产的所有权只能属于国家），因而导致无人真正拥有这类经济体的剩余索取权，无人真正对这类经济体的亏损或破产承担财产责任，企业也好，银行也罢，都缺乏浮动汇率下必要的激励和风险约束机制。这种产权状况限制了中国金融市场和外汇市场的市场化，从而制约了中国浮动汇率制度的马上实施（江春，2008）。

---

① 新华网数据。
② https://finance.qq.com/a/20151225/027973.htm。

以上因素使发展中国家汇率制度选择面临两难选择：一方面国内的制度和经济基础引发了害怕汇率浮动，另一方面资本流动的日益国际化又可能导致对固定汇率的冲击引发货币危机，造成了发展中国家"害怕浮动"与"害怕固定"并存的现象。不过，从各国汇率制度实际安排看，20世纪90年代以后，许多国家从中间汇率制度安排转向实行更为固定或更为浮动的汇率制度安排，而其中多数选择了转向更具浮动的汇率制度。Bubula 和 Otker–Robe（2002）根据国际货币基金组织对成员国实际汇率制度的划分方法，发现1990—2001年国际货币基金组织的所有成员国中实行硬盯住汇率制度的比重从15.7%升至25.8%，实行浮动汇率制度的比重从15.1%升至35.5%。对于发展中国家，浮动汇率制度的比重从18.4%升至21.6%，固定汇率制度的比重从18.4%升至21.6%。对于选择浮动汇率制度作为均衡汇率制度选择的发展中国家，为了实现汇率制度的有序变迁，避免出现经济和社会的混乱与危机，应该结合本国的实际经济条件和基础，选择适当的汇率制度变迁的方式和路径，为汇率制度和经济的最终转型做好必要的政策和经济准备，力求平稳地转向浮动汇率制度。

第三节　向浮动汇率制度变迁的路径和条件：国际经验

相对于许多新兴市场国家汇率改革过程中发生的货币危机和面临的巨大货币压力，智利、波兰、以色列等国的汇率制度市场化过程是比较成功的。这些国家政府在汇率制度改革的前期准备、步骤安排、时机选择、政策协调等方面做了周密部署和明智的决断。[①] 而泰国、阿根廷等在市场压力下退出盯住汇率制度的国家，大都伴随危机和衰退。

一　智利——主动进行汇率制度变迁的典型

智利从20世纪60年代开始实行盯住汇率制度，到1999年开始实

---

① 智利、波兰、以色列的分析主要参考 Inci Otker–Robe、Dadid Vavra 等（2007）Moving to Greater Exchange Rate Flexibility Operational Aspects Based on Lessons from Detailed Country Experiences, *IMF Occasional Paper* 256。

行自由浮动汇率制度，智利在实现浮动汇率制度变迁过程中的制度变迁轨迹和相应的宏微观配套措施如下：

(一) 汇率制度的变迁过程

20世纪60年代初期，为了稳定国内价格水平，智利中央银行开始实行盯住汇率制度。到60年代中期，为了平衡国际收支，智利对汇率政策进行改革，1965年4月智利开始实行爬行盯住汇率制度，比索每月都有小幅度的贬值，以刺激出口。1978年2月，智利开始实行一种被称为"塔布利塔"(Tablita) 的做法，即事先确定并公布汇率的变化幅度，以达到削弱公众通货膨胀预期的目的，这仍然是一种爬行盯住汇率制度。

塔布利塔计划没有能够完全控制通货膨胀，反而使比索实际汇率上升，1981年经常项目逆差高达GDP的14.5%，失业率超过25%。为了维持外部经济的竞争力，在1982年智利比索大幅度贬值43%以后，于1984年8月正式确立起爬行盯住区间汇率制度，最初规定的波动区间是±0.5%，随后对区间幅度的规定逐渐放松，并对中心汇率进行多次调整（见表7-2）。

表7-2　　　　　　1984年以后智利汇率制度的变迁

时间	事件	时间	事件
1984年8月	确立±0.5%波动区间	1992年7月	波动区间变为±10%，中心汇率改为盯住篮子货币汇率制度
1984年9月	名义汇率贬值23.7%	1994年12月	汇率升值7%，调整货币篮子比重
1985年	汇率贬值17.6%，波动区间变为±2%	1997年1月	汇率升值4%，波动区间变为±12.5%
1989年	波动区间调整到±5%	1998年7月	区间变为2.5%和-10%
1991年	汇率升值两次，幅度达7%	1998年12月	波动区间变为±3.5%
1992年1月	汇率升值5%，波动区间到±10%	1999年9月	取消汇率区间，宣布实行浮动汇率制度

资料来源：Morande和Tapia (2002)；智利中央银行年度报告。

1997年亚洲金融危机以及随后的俄罗斯外债危机对智利的进出口和国际融资环境都产生了不利影响。为了维护国内经济的稳定和私人部门的信心，1998年6月，智利中央银行宣布将±12.5%波动幅度降低到中心汇率+3.0%和-2.5%的范围内。危机影响结束后，货币当局逐步放松了对汇率波动幅度的限制，1998年年底，波动区间已扩大到±8%。1999年9月，在比索既无升值压力也无贬值压力的情况下，智利政府宣布结束爬行盯住区间汇率制度，代之以自由浮动汇率制度。市场和私人部门对这一政策转变的反应相当平静，外汇市场上比索汇率也没有出现过度的波动。

（二）向浮动汇率制度转型中的配套措施

在汇率制度弹性逐渐增加的过程中，智利经济在以下四个方面做好了充分的准备：

（1）外汇市场的发展。智利在20世纪80年代开始开展远期外汇交易，到1999年实行浮动汇率制度，智利的在岸即期、远期和掉期市场以及离岸的NDF市场已经非常完善。衍生外汇市场的交易额在1993年占GDP的0.06%，到了2003年则达到了2.9%（Ahumada et al., 2006）。

（2）微观主体外汇风险的管理增强，私人部门逐渐适应了浮动汇率制度。微观外汇风险暴露的下降得益于两方面原因：一是在汇率制度浮动化过程中，政府对货币错配和风险进行了监管。例如，在90年代智利对所有国内企业的对外负债规定了最低信用评级标准，对银行资本充足率和美元化进行了严格监管，限制了银行的汇率错配比例，在早期的衍生工具市场要求有实际的外贸或对外投资基础。二是得益于外汇市场的发展和套期保值操作的便利。

（3）在汇率浮动性增加的同时，智利政府引入了通货膨胀目标制作为货币政策操作目标，1989年开始，智利同时实行通货膨胀目标制和爬行盯住区间，但是，在政策的实施中逐渐突出通货膨胀目标的首要地位。在1999年实行浮动汇率制度后，通货膨胀目标制成为唯一的名义锚。

（4）国内资本市场的完善，这主要是随着1990年后机构投机者的大量发展而发展起来的。

二 以色列——渐进汇率制度变迁的代表

（一）汇率制度变迁过程

从1948年以色列建国，以色列政府一直坚持固定汇率制度。1977

年10月，以色列开始实行谢克尔兑美元的浮动汇率制度。但是，1985年以色列政府实施"经济稳定工程"后，谢克尔又回到了固定汇率制度上，不过，这次时间非常短暂，从1985年起，以色列开始了向浮动汇率制度渐进的变迁过程。以色列完成从盯住汇率制度向浮动汇率制度的变迁用了将近20年（1985—2005年），其汇率制度变迁过程可以划分为以下四个阶段：

（1）由于固定汇率制度加大了谢克尔的有效汇率波动，随着以色列开放进程的加大，1986年8月1日，以色列开始实行"盯住一篮子货币"的汇率制度，"货币篮子"根据以色列主要贸易伙伴国的货币加权平均计算而成。

（2）由于以色列的通货膨胀水平比贸易伙伴国高，导致以色列谢克尔的实际汇率不断升值，削弱了以色列出口竞争力。1989年1月，以色列中央银行对"盯住一篮子货币"的汇率制度进行改革，允许谢克尔对"篮子货币"的汇率围绕平价或中间价浮动3%。1990年3月，又把浮动区间扩大到平价的±5%，这种安排被称为"水平区间制度"。

（3）1991年12月，面对国际投机资金的压力，以色列中央银行决定对汇率制度进行进一步改革，逐步扩大谢克尔的浮动区间，从"水平汇率制度"向"爬行区间制度"过渡，即不再固定平价，允许谢克尔每天对平价进行调整。1995年5月，以色列中央银行把谢克尔的浮动区间平价±7%。

（4）在国际投机资金的压力下，1997年6月以色列开始实行不对称爬行区间安排（Crawling Fan），在不同的投机冲击压力下，调整不同的区间上限和下限（见表7-3）。随着中心汇率的不断调整和汇率波动区间的不断扩大，区间的设置逐步变得无关紧要，在2005年6月，以色列政府正式宣布取消区间限制，而之前区间宽度已经达到中心平价的62.5%。

表7-3　　　　　　　以色列汇率制度的变迁（1985—2005）

时间	汇率制度	事件
1985年7月1日	盯住美元汇率制度	谢克尔贬值18.8%，盯住美元
1986年8月至1988年12月	盯住篮子货币汇率制度	1986年8月1日在1.49水平盯住篮子货币，之后贬值两次，幅度达15%

第七章 中国向浮动汇率制度变迁的方式与路径选择 | 221

续表

时间	汇率制度	事件
1989年1月至1991年9月	水平区间汇率制度	1989年1月3日中心汇率贬值8%，确立波动区间±3%，之后汇率贬值四次达28%，波动区间变为±5%
1989年9月至1997年6月	爬行区间汇率制度	多次调整中心汇率和爬行斜率，波动区间增为±7%
1997年6月至2005年6月	不对称爬行区间汇率制度	1997年6月波动区间增为±14%，爬行斜率下限为4%，上限为6%；1998年8月下限为2%，上限为6%；2001年12月下限为0，上限为6%
2005年6月9日	自由浮动汇率制度	取消波动区间

资料来源：以色列银行。

(二) 汇率制度变迁中的配套措施

以色列的汇率市场化基本上是与其经济和金融的市场化同步进行的。每一次提高汇率制度的灵活性，都伴随其他配套措施的完善，包括金融市场和银行的市场化，其中最显著的是其外汇市场的发展。直到1990年5月，以色列银行是外汇市场唯一的造市者，根据每天商业银行公布的净外汇需求和供给头寸状况，以色列银行报出中心平价。从1990年5月开始，在启动水平区间汇率制度后，以色列银行开始实行一种新的基于电子交易平台的交易机制，各交易主体将自己的净外汇头寸需求和供给报告给系统，以一种拍卖机制最终形成一个结清市场的汇率成为当天官方汇率。1994年7月，在爬行区间汇率制度实行一段时间后，以色列银行逐渐取消了多边交易系统，银行自行对交易对手实行双向报价。在外汇市场发展过程中，汇率的市场化程度逐渐提高，随着经纪人、国外金融机构的加入和电子交易系统、衍生工具的引入，以色列外汇市场得到迅速发展。在市场发展过程中，套期保值工具也逐步得到广泛应用。一方面，因为市场增加了对套期保值工具的需求；另一方面，以色列银行为了促进金融市场发展在1989年特意推出了新金融工具（外汇期货和期权）。为了防止衍生交易市场带来的投机压力，以色列银行对汇率政策与基本面之间的差异进行了及时调整，并在较长时间内要求衍生品交易具有基本面交易基础，渐进地延长远期交易的期限，对银行的远期交易头寸和资本金进行限定。

三 波兰——转轨经济体汇率制度成功变迁的典型

波兰作为转轨经济国家，与经济改革采取的"休克疗法"不同，波兰汇率制度改革选择了"渐进模式"。1990—2000年，兹罗提经历了单一盯住美元汇率制度、盯住一篮子货币汇率制度、爬行区间汇率制度和自由浮动汇率制度等几乎所有类型的制度安排，成为渐进改革的一个经典案例。

（一）汇率制度变迁过程

1989年12月，波兰议会通过了旨在建立市场经济制度的一篮子改革法案，决定快速完成由计划经济向市场经济的过渡。"休克疗法"对波兰经济造成较大冲击，主要表现为通货膨胀率居高不下，最高时曾达250%。波兰在1990年1月选择了单一盯住美元汇率制度，试图通过汇率名义锚来降低通货膨胀。

不过，在盯住汇率制度下，固定的名义汇率加上波兰与美国通货膨胀率的差异，导致兹罗提实际汇率上升，影响了出口增长。波兰政府1991年5月将兹罗提由单一盯住美元汇率制度改为盯住主要贸易伙伴国的一篮子货币汇率制度。1991年10月，又转变为爬行盯住一篮子货币汇率制度。

1994年，波兰出口恢复增长，经常账户由赤字转为盈余。1995年，波兰加入国际货币基金组织第八条款，实现了经常项目可兑换，进一步刺激外国资本流入。为了应对日益增大的兹罗提升值压力，波兰中央银行于1995年5月开始实施更加灵活的爬行浮动区间汇率制度，其间汇率浮动区间几次扩大（见表7-4）。

表7-4　　　　波兰汇率制度的变迁（1990—2000）

时间	汇率制度	事件
1990年1月至1991年5月	盯住美元汇率制度	兹罗提盯住美元，汇率为0.95
1991年5月至1991年10月	盯住篮子货币汇率制度	盯住篮子货币，货币篮子包括物种外汇：美元、马克、英镑、法国法郎和瑞士法郎
1991年10月至1995年5月	爬行盯住汇率制度	汇率爬行率1.8%，后调整四次；汇率浮动区间±2%；兹罗提中心汇率两次大幅度贬值，幅度共达20%

续表

时间	汇率制度	事件
1995年5月至1998年7月	爬行区间汇率制度	波动区间最初为±7%，1998年扩大到±10%；中心汇率1995年12月大幅升值6%；爬行率调整三次，逐步减小；1998年取消对市场直接干预
1998年8月至2000年4月	实际浮动汇率制度	波动区间1998年变为±12.5%，1999年扩大到±15%；MPC 1998年承诺在未来实现浮动汇率
2000年4月	自由浮动汇率制度	正式实行浮动汇率制度

资料来源：Polanski, 2004, Poland and the European Union: The Monetary Policy Dimension. Monetary Policy Before Poland's Accession to the European Union.

1996年，波兰成为OECD成员国，资本账户开放和金融自由化进程进一步加快，国际资本大量流入，国际收支平衡表现出了大量盈余。大量的资本流入使兹罗提面临巨大的升值压力。为了保持汇率基本稳定，波兰中央银行不得不买入外汇干预市场，随着资本流入增加，波兰中央银行对冲操作的难度越来越大，成本越来越高，货币政策的效果不断弱化。1998—1999年，尽管波兰名义上仍然是爬行区间汇率制度，但是，汇率波幅达到30%，而且中央银行停止了对市场干预，变成了实际的浮动汇率制度。波兰政府于2000年4月正式宣布放弃爬行盯住汇率制度，实行"没有浮动区间、没有中心平价、没有人为贬值、没有政府干预"的自由浮动汇率制度。

（二）其他配套措施改革

波兰的汇率制度变迁过程中的配套措施比较典型地表现在以下三个方面：①波兰从1990年开始着手建立金融市场以提高货币政策的有效性和降低外汇政策在控制通货膨胀中的作用，包括建立银行间存款市场、财政票据和中央银行市场、回购市场以及外汇市场，加大金融市场的流动性和货币政策工具的多样化。②1995年前，中央银行是市场的唯一造市者，在实行爬行区间后，波兰开始大力发展即期外汇市场，而对衍生品市场的发展则相对谨慎，1999年后，外汇远期交易迅速发展。中央银行同时加强了对银行部门的改革和监管，对银行实行私有化，引入国际投资，严格资本要求并引入现代风险管理技术，对银行的净外汇头寸进行严格监控。③1997年以前，波兰的货币政策是选择性的，当局使用利率和汇率两种工具来实现政策目标。1997年波兰成立专门的货币政策委员会（MPC），独立地制定货币政策，并决定使用通货膨胀目标作为政策目标。在波兰的每次货币政策和汇率政策调整之前，当局都保持了对公众的政策透明度，增加公众对政府的信心，也使市场对政策的变化有准备过程。

四 泰国和阿根廷——危机中的汇率制度变迁①

在典型的发生货币危机的实行中间汇率制度的国家，其汇率制度都经历了或短暂或持续地向浮动汇率制度的变迁。这些国家大都没有主动地为转向浮动汇率制度作安排和准备。1997年，泰国是从传统的盯住汇率制度中以危机的形式退出的代表；2001年，阿根廷是从被认为是绝对固定的货币局制度安排退出的典型。②

（一）泰国被动退出盯住汇率制度的过程和教训

从1984年开始，泰国实行盯住一篮子货币汇率制度。由于货币篮子中美元权重高达90%，汇率浮动区间仅为0.2%，所以，泰国实际实行的是盯住美元汇率制度，汇率水平为25泰铢兑1美元。

泰国一直存在巨大的经常账户赤字，由于美元1995年大幅升值而泰铢盯住美元，泰国经常账户进一步恶化，到1996年年底，经常项目赤字已经占GDP的8%。为了解决经常项目逆差问题，泰国政府选择了实行资本账户自由化，吸引外资流入，并通过高利率政策防止流入的资本流出。在超稳定汇率、高利率以及资本账户自由化政策的吸引下，国外投机资本大量涌入泰国。1995年，泰国对外债务已经占出口总额的114.2%，占GDP的49.3%。

在经常项目赤字不断扩大的情况下，泰铢面临越来越大的贬值压力，但泰国政府依然坚持泰铢和美元的固定汇率，国际投机资本从1997年年初开始对泰铢发起了连续攻击。1997年2月，泰国中央银行干预外汇市场平息了泰铢投机风波。同年5月，泰国联合东亚其他国家再次干

---

① 泰国和阿根廷的分析主要参考王宇《如何从盯住汇率制度中退出——五个典型案例分析》，《经济社会体制比较》2004年第4期。

② 阿根廷的例子说明，货币局制度并不是绝对固定的汇率安排。

预外汇市场，稳定泰铢汇率。但是，泰铢贬值的压力继续增加，市场出现了恐慌性抛售，泰国中央银行在外汇储备不断下降的情况下已无力维持泰铢汇价。1997年7月2日，泰国政府宣布放弃盯住汇率制度，实行有管理的浮动汇率制度。泰铢当日下跌了20%，到1998年7月，泰铢对美元贬值了60%左右。泰铢的大幅度贬值，不仅给泰国经济造成了严重损失，而且迅速波及其他周边国家，形成了亚洲金融风暴。

泰国的危机式汇率制度转型，证实了资本自由流动条件下政府的汇率定价能力的削弱，政府定价与经济基本面间出现较大偏离，而汇率目标和其他政策目标间存在矛盾，这诱发了投机资金的冲击。另外，泰国政府在政策的配合和选择上存在弊端，政府没能下定决心对汇率制度进行积极的调整，反而先实现了资本项目可兑换，而且在宣布退出时估计过于乐观，在泰铢仍然面临大幅度贬值压力的情况下，一步实现汇率浮动，使汇率出现大的波动。

(二) 阿根廷曲折的汇率制度变迁

20世纪70年代，阿根廷已经从传统的盯住汇率制度中退出，实行了"爬行盯住"的汇率制度安排。但是，1975年后，阿根廷比索升值，出口增长下降。为了避免出口下降带来的损失，阿根廷采取了大幅提高利率来吸引国际资金的做法，使外资大量流入，这进一步促进了比索的实际汇率升值，并使其出口继续恶化。市场对爬行盯住汇率制度的信心下降，80年代初大量外资撤出阿根廷，使阿根廷出现债务危机。

阿根廷政府面临着大量资本外逃、通货膨胀率上升、经济衰退等一系列经济困难，在80年代政府放弃了金融改革计划，恢复了外汇管制，部分地恢复了固定汇率制度，实行双重汇率制度，对贸易项目和资本项目实行不同的汇率安排。整个80年代，在沉重的债务危机压力下，阿根廷经历了严重的经济衰退，国际收支呈现双重逆差，阿根廷比索大幅度贬值，市场对阿根廷货币和政府的信心严重削弱，一度得到控制的恶性通货膨胀又出现了，1989年阿根廷通货膨胀率达到3000%。在这种背景下，为挽救比索和阿根廷政府的信誉，阿根廷在1991年启动"货币兑换计划"，实行货币局制度。

货币局制度有效地控制了国内通货膨胀，1994年，阿根廷通货膨胀水平降到4%。公众对经济的信心得到恢复，阿根廷的经济开始复苏，国际投资者也开始将资金投向阿根廷，阿根廷的债务危机和国际收支逆差得到很大缓解。不过，由于比索的汇率对美元保持固定，随着美元的走强和美国经济过热，比索对其他货币出现大幅升值，而且利率大幅攀升。这使阿根廷经常账户赤字迅速扩大，经济开始衰退，财政赤字迅速增加。阿根廷不得不在国际市场增加融资，而经济的衰退使这些外债的偿还再次面临危机。人们开始担心比索与美元的比价难以为继，2001年，阿根廷曾多次出现大规模挤提存款和兑换美元的金融风潮。而中央银行不能随意向商业银行提供资金援助，阿根廷的银行体系开始出现危机，大量资金流出银行，这些资金又形成了对美元外汇的强大需求。2001年12月，阿根廷政府不得不下令严格限制取款，阻止资金外流。这一限制措施激起了社会公众的抗议活动，并引发了严重的社会政治动荡。2002年1月，阿根廷议会通过了经济改革法案，决定放弃比索与美元1∶1的固定比价，实行经济比索化和浮动汇率。由此，阿根廷实行了11年之久的货币局制度终于宣告结束。而退出货币局制度后的阿根廷，仍然面临着一系列的国内经济和政治问题。

五 成功地向浮动汇率制度转型需要具备的条件

比较不同发展中国家向浮动汇率制度的变迁过程，综合已有研究的结论，我们可以发现，那些成功地实现汇率制度变迁的国家有相似的特点，而失败退出的国家也有相似的经历，这些都是中国和其他国家在汇率制度变迁中值得借鉴的经验教训。总结起来，成功地实现向浮动汇率制度的变迁都是主动的、渐进的变迁，在变迁过程中，都具备了以下三个方面的条件：

（一）在变迁过程中保持经济基本面的健康发展

艾肯格林等（1998）对发展中国家的汇率制度变化的分析得出结论，退出传统固定汇率制度的国家应该在经济情况较好时引进浮动汇率制度，即在资本流进和汇率升值的背景下退出盯住汇率制度。因为在一国经济保持正常增长、通货膨胀率较低、国际收支基本平衡的条件下，政府维持汇率的能力强，宏观和微观抵抗经济冲击的能力也比较强。这种情况下实行浮动汇率制度，本币高估的可能性低，遭受投机冲击的可能性小。Duttagupta 和 Otker–Robe（2003）使用1985—2002年34个新兴市场国家及其他发展中国家和工业国的实际汇率制度，分析了从盯住汇率制度退出的情况。结果表明，在市场压力引起的无序退出前一般都会有经济状况的恶化，比如出口增长和官方储备的下降，实际汇率升值。而 Asici 和 Wyplosz（2003）的分析也表明，当经济处于较高增长，通货膨胀水平很低，储备在增加，以及在市场决定的汇率下降之前退出，会大大提高平稳退出盯住汇率制度的机会。从表 7-5 中可以看出，在那些经历过浮动汇率制度变迁的国家中，能够成功平稳地转向浮动汇率制度的国家的经济表现，基本上在各方面都比在危机和混乱中失败转型的国家好。

表 7-5　　　　　　　　浮动汇率制度变迁中的经济条件比较

经济指标	平稳退出	无序退出
产出缺口（%趋势）	-3.5	-6.5
通货膨胀水平	9.5	14.6
国际储备变化（%）	-4.5	-43.0
经常账户占 GDP 比重（%）	-3.1	-6.9
短期公共债务占 GDP 比重（%）	4.4	10.2
外债占 GDP 比重（%）	31.1	46.6

资料来源：Asici 和 Wyplosz，2003，"The Art of Gracefully Exiting a Peg"。时间跨度为 1975—2001 年，一共有 55 次转向浮动汇率制度的变迁，其中 27 次是平稳的，28 次是混乱的。

（二）微观定价能力和外汇市场的建设

浮动汇率制度的微观基础就是由市场各微观主体参与，共同掌握汇率的定价权。微观主体要能够掌握定价权，制定出使市场出清的汇率，并能够承担由此带来的风险，首先需要有明晰确定的产权制度作基础，强化微观主体风险意识和管理能力，在此基础上建立和发展一个有效的外汇市场。

1. 完善微观产权制度，强化微观主体风险意识

浮动汇率制度的建立需要健全的外汇市场，外汇市场发展的前提之一是必须有按照市场运行规律进行经济活动的微观市场主体，微观经济主体必须具有可供自主支配的经济资源，充分享受自身经济决策带来的收益和承担损失与风险，这样，市场化汇率才能起到真正调节经济的杠杆作用，市场主体才会有防范和规避风险的意识及动机。袁鹰（2001）、刘海虹（2001）等指出，通过市场交易确定汇率水平需要以下产权制度支持：①作为市场交易运动内容的产权必须是单纯或纯粹经

济性质的权利,必须是可交易的法权,而不能是超经济性质的特权;②外汇资产分散于多元化的交易主体,并且这些交易主体之间有明确的产权界区,在市场中,外汇资产的价格最终要由交易主体在市场平等交易过程中的势力收敛于均衡点来形成,那么多元化产权主体的存在就是最基本的前提。①

2. 深化外汇市场以及其他金融市场发展

在浮动汇率制度下需要一个具有充分流动性的外汇市场以实现价格发现功能,这要求外汇市场具有相当的密度、深度、广度、弹性以及高速便利的清算体系(Sarr and Lybek,2002)。在向浮动汇率制度变迁过程中,要主动积极发展外汇市场,这首先要求引进汇率的灵活性,比如在以色列和智利,外汇市场的发展是在汇率波动区间达到±5%后开始的,而波兰则在汇率波动区间到±7%后。在所有的国家外汇即期交易市场的建立是第一步,而衍生品市场则是随着汇率浮动性的逐渐增加而发展起来的。中央银行在外汇市场的启动中起着重要的作用,包括基础制度和机构的建立以及对一些外汇管制的取消。在外汇市场逐步发展起来后,中央银行应该逐步降低自己在外汇交易中的作用,并且从价格制造者向价格接受者转型。要建立和深化外汇市场,尤其是衍生品市场,其他支持性市场的发展是必不可少的,如银行间信贷市场和政府债券市场。

(三) 宏观政策的配套和调控能力的加强

转向浮动汇率制度后,发展中国家在宏观经济稳定面临两个方面的挑战:一是如何实行一种新的可信的货币政策,保证政策的可信性与对经济调控的有效性;二是如何对浮动汇率制度下潜在的汇率风险进行监管。成功地转向浮动汇率制度的国家的经验表明,必须在以下四个方面为汇率浮动制度后的宏观调控能力做好准备:

1. 政府对外汇市场干预策略的转变

在盯住汇率制度下,货币当局必须为了维持汇率的稳定而对市场进行干预。不过,这种干预比较简单,只需要将市场最终的净外汇需求和供给补平。如果要转向浮动汇率制度,一方面要放弃为了维持某种汇率

---

① 袁鹰:《论汇率制度选择中的产权制衡作用》,《南开经济研究》2001 年第 2 期;王明华、刘海虹:《从产权角度分析汇率制度的选择》,《世界经济》2001 年第 8 期。

水平而进行的干预,保证政策的可信性;另一方面为了防止汇率过大波动给贸易、通货膨胀以及市场流动性带来冲击,又必须对市场的不稳定进行相机的干预。从成功地实现汇率制度转型的国家来看,当局在逐步加大汇率浮动性的过程中,可以适应地掌握如何对市场进行灵活干预。另外,当局要保证政策的透明度,以增强市场信心和给市场一定的适应性准备。

2. 构建新的货币政策框架和名义锚

大多数国家在退出盯住汇率制度后采用了通货膨胀名义锚(Inflation Target,IT),包括发达国家,这反映了 IT 相对货币量、利率等目标更具有可靠性和有效性(Khan,2003)。新名义锚和货币政策规则的建立需要货币当局有充分的能力和可信性,因此,渐进的退出可以为当局留出时间做充分的准备,在智利,从宣布通货膨胀目标到正式实行 IT 用了 10 年时间,以色列用了 8 年,波兰相对仓促,用了两年。在巴西、捷克等危机中实行浮动汇率制度的国家,也使用了 IT 作为名义锚,但是,由于准备不足,对通货膨胀的预测能力和可信度存在困难。

3. 加强对外汇风险的审慎监管

实行浮动汇率制度意味着外汇风险暴露从货币当局转移到私人部门,这除了对私人部门的风险管理能力提出了更高要求,也对宏观的风险监管能力提出了挑战。因为私人部门的外汇风险尤其是银行的风险最终也会影响宏观金融稳定。在智利,到实行爬行区间制度时,银行和公司部门的货币错配规模已经非常小,而银行部门的风险 90%—100% 都被套期保值,公司部门的套期保值比率也达到 40%。在汇率浮动加大以后,当局需要建立对外汇风险的监控信息体系,及时可靠地掌握银行等部门的风险状况,帮助和督促银行等机构使用科学的风险计量手段、建立科学的内部风险管理程序。同时要对风险进行审慎监管,包括限制净敞口头寸、外币贷款比例、海外借款和发行债券等,对外汇银行的准入限制、对外汇风险的资本要求等。

4. 谨慎放开资本项目可兑换

那些在市场压力下退出盯住汇率制度的国家基本上都在退出前实现了资本账户自由化,而渐进地实行浮动汇率制度的国家,资本账户的开放和汇率的浮动很好地结合在一起。波兰在实行爬行区间汇率制度前放开了大部分资本流入项目,但在放开后大量资本流入的背景下及时引入了浮动区间汇率制度。在以色列,短期资本流入的开放是在实行爬行区间以后。也就是说,这些国家在资本完全开放之前已经实现了浮动汇率制度,而且在完全实现浮动汇率制度之前逐步取消了对远期交易和其他衍生品交易的限制。图7-1综合反映了实现浮动汇率制度过程中几种必要的准备之间的时间关系。

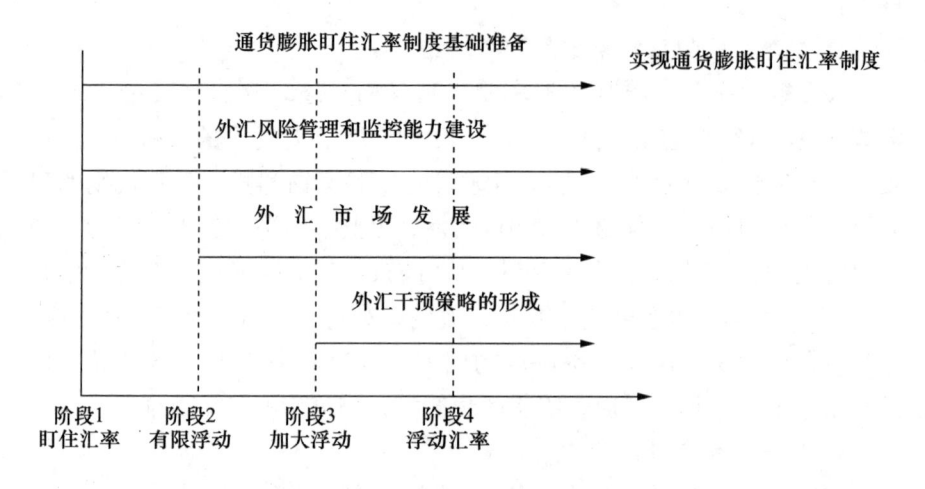

图7-1 有序汇率制度变迁的必要准备

第四节 中国向浮动汇率制度变迁的方式选择

一 汇率制度变迁的不同方式

制度变迁有着不同的方式,从发生汇率制度变迁的国家的实践来看,汇率制度变迁的方式可以划分为以下三种类型:

(一)供给推动型汇率制度变迁与需求引致型汇率制度变迁

制度作为市场的一种产品,它也有自己的供给方和需求方。在汇率制度市场上,供给方就是国家或代表国家的政府机构如货币管理当局,而需求方为受汇率制度调节和规制的其他外汇市场参与者。

供给推动型汇率制变迁表现为政府在微观经济主体在意识到或者表现出对某种新的汇率制度的需求之前,出于国家宏观管理的需要或政府利益的需要确立的汇率制度的变更。或者即使微观经济主体也存在对新汇率制度的需求，但是，与政府愿意提供的新汇率制度并不一致，结果政府实施了代表政府利益的新汇率制度。需求引致型汇率制度变迁则是指由于经济环境发生变化或经济主体的偏好发生变化，市场上的微观经济主体由于利益驱动或者风险规避需求等产生了对新的汇率制度的需求，当这种需求成了大部分经济主体的利益反映，相关利益集团或者代表会游说政府部门采取一种新的汇率制度安排。当新的汇率制度的利益足够大，并且与国家的利益不冲突时，政府在市场需求的压力下采取的汇率制度的变迁。

（二）主动式汇率制度变迁和被动式汇率制度变迁

这是根据汇率制度的供给者是否出于自愿的角度对汇率制度变迁方式的划分。主动式汇率制度变迁是指制度供给者对汇率制度进行的主动性变迁，而被动式汇率制度变迁则是指制度供给者并不愿意，但是，受到一定的冲击不得不退出旧的汇率制度而采用其他制度安排形式。主动式汇率制度变迁往往是有计划、有目的的，从而是有准备的制度变迁。无论是对于政府还是微观经济主体，在思想上以及在具体措施上都会针对汇率制度变迁可能带来的不利影响做好准备。而被动式汇率制度变迁往往是突然发生的，政府不愿意放弃原来的汇率制度，所以，不会做好充分的准备，甚至会采取一些政策措施尽可能地维持旧汇率制度但最终失败。

（三）渐进式汇率制度变迁与激进式汇率制度变迁

渐进式变迁，就是变迁过程相对平稳、没有引起较大的社会震荡、新旧制度之间的轨迹平滑、衔接较好的变迁方式。这种变迁方式的特征决定了从旧汇率制度的退出到新制度的建立，完成变迁需要较长时间。在向浮动汇率制度变迁过程中，渐进式汇率制度变迁通过逐步提高汇率的灵活性，一步步最终实现汇率的完全浮动，例如，智利、以色列、波兰等国的浮动汇率制度的建立，其中智利转向浮动汇率制度花费了 15 年，以色列用了 20 年，波兰用了 10 年时间。激进式变迁，也可以称为革命式变迁，还被比喻为"休克疗法"，是指在短时间内、不顾及各种关系的协调、采取果断措施进行汇率制度变革的方式。在向浮动汇率制度变迁过程中，激进式变迁往往是在市场压力下进行的，迅速地从先前的不同形式的盯住汇率制度一步迈向完全浮动，典型的是巴西（1999）、捷克（1997）和乌拉圭（2002），它们在市场压力下 6 个月内完成退出，实现汇率的完全浮动。

供给推动型汇率制度变迁往往是主动式的，而被动式汇率制度变迁只可能出现在需求引致型变迁中。被动式汇率制度变迁过程中，市场其他经济利益集团具有了某种利益吸引，而汇率制度供给者不愿意放弃旧的制度，市场上对利益的诱惑会使这些利益集团对旧汇率制度发起巨大的冲击，在政府力量不能与这些冲击力量相抗衡或政府不愿意遭受太大的损失时，政府就会被迫退出旧的汇率制度。当然，并不是所有的需求引致型汇率制度变迁都是被动的，在制度需求者和供给者之间的博弈中，只要新的汇率制度的需求者能够说服或者"收买"政府，即使政府不是出于供给者自身的利益要求，也会主动地进行汇率制度变迁。

渐进式汇率制度变迁往往是主动式的，汇率制度变迁的过程比较平稳有序，各经济主体有较好的准备。激进式汇率制度变迁可能是政府主动选择的，如苏联、东欧国家进行的一系列经济制度的整体休克疗法，但是，大部分激进式汇率制度变迁都发生在被迫式的制度变迁里。以上几种关于汇率制度的不同变迁方式及其关系如图7-2所示。

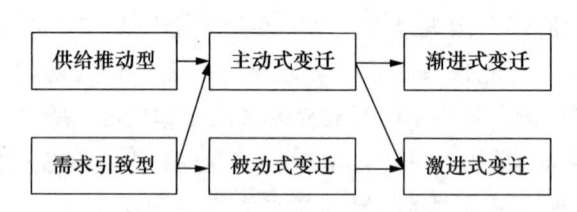

图7-2 汇率制度变迁的不同方式及其关系

二 人民币汇率制度变迁方式的选择

（一）不同制度变迁方式的优点和缺点

在供给推动汇率制度变迁过程中，由于作为制度供给方的国家具有强制性权力，而且国家对于整个汇率制度的变迁一般有较为全面和长远的计划及安排，所以，汇率制度变迁会更具主动性，而且比较迅速，各方面配套条件和措施比较完善，制度变迁过程中出现的矛盾也可以得到认真对待和及时处理。不过，供给推动型汇率制度变迁很大程度上受到人为主观性判断的约束，其方式、目标和路径可能与实际市场需求不一致，这样的汇率制度变迁则可能是失败的和不可持续的。相反，需求引致型汇率制度的变迁很大程度与宏观和微观经济的需求与市场运行的要求是一致的，因此具有可持续性和稳定性，但是，其缺陷在于完全由需求引致型汇率制度变迁没有计划性和准备，很可能带来经济的混乱，而且需要较长时间。

从汇率制度型变迁效果看，主动式变迁和渐进式变迁往往是缓慢的、有序的，被动式和激进式变迁往往是迅速而无序的。在被动式汇率制度变迁中，由于遭受冲击，旧的汇率制度被打破，但是，政府并没有准备也不会很快确定，究竟应该确定一种什么样的新汇率制度，微观主体也很难建立一种稳定的对政策和汇率的预期。所以，如果是同样的一种汇率制度变迁，其他条件不变，主动式汇率制度变迁，会比被动式汇率制度变迁更有序，带来的损失和风险也更小。激进性变迁，虽然可能短时间解决关键性问题，但是风险大，不成功就是失败，就会造成大的社会震动，如果缺乏较强的社会承受力，就会引发社会动乱。

但是，主动式变迁和渐进式变迁也有缺陷，如虽然主动式汇率制度变迁比被动式汇率制度变迁更有序，成本更小，但是成功地主动进行汇率制度变迁要求政府必须对以下事项有正确的判断：是否需要退出旧的汇率制度？什么时机退出最佳？应该采用一种什么样的新汇率制度？如何进行过渡？这一切决定都是不容易的，如果决策错误，就可能由于政府决策的原因而带来混乱或损失。设计汇率制度变迁需要的高成本以及害怕承担决策错误带来的混乱、失去公众对政府的信任，可能使很多国家政府不愿意进行主动式汇率制度变革。而渐进式变迁所需时间长，新旧制度对峙、摩擦大，而且本来为了缓和或不激化矛盾，协调好各方关系，也可能使矛盾悬而未决，甚至会增加新矛盾。

(二) 人民币浮动汇率制度变迁方式的选择

不同的国家使用不同的方式退出固定汇率制度，建立浮动汇率制度，结果是不一样的，一个国家必须选择适合自己国情的汇率制度变迁方式，以成功地实现汇率制度变迁。从向浮动汇率制变迁的发展中国家的经济表现看，一些国家的汇率制度转型是平稳而有序的，但也有很多汇率制度变迁导致了政府对经济和社会状况的失控，储备资产的大量流失，公众对经济前景信心丧失，产出大幅下降，甚至经济危机。例如，乌拉圭2002年向浮动汇率制度变迁，同时伴随比索的大幅度贬值（到2002年9月，比索贬值达80%），通货膨胀的攀升（2002年第三季度的通货膨胀率达到71.5%），以及许多企业、银行和政府破产。

Asici 和 Wyplosz（2003）对 1975—2001 年发生的中间汇率制度退出进行比较，发现几乎一半国家的退出为无序的（27/55），其中 20 世纪 90 年代一共发生退出 25 起，而无序退出的有 13 起。Rupa Duttagupta、Gilda Fernandez 和 Cem Karacadag（2004）根据国际货币基金组织对会员国 1990—2002 年汇率制度的实际分类，分析了从传统固定汇率制度向浮动汇率制度变迁的规律，发现在一共发生的 139 起向浮动汇率制度变迁中，大多数度变迁是无序的（见图 7-3）。

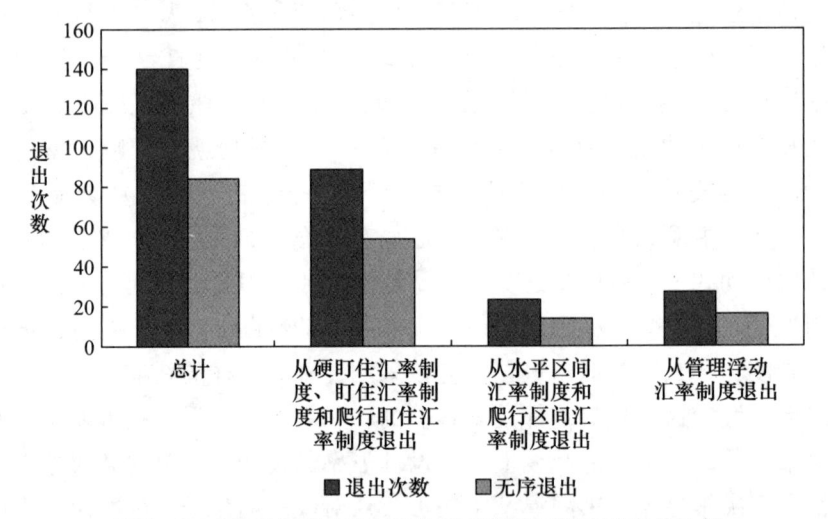

图 7-3　汇率制度向浮动汇率制度变迁和无序退出的比例
资料来源：Rupa Duttagupta，Gilda Fernandez and Cem Karacadag，2004，From Fixed to Float：Operational Aspects of Moving Toward Exchange Rate Flexibility。

如何才能进行成功的汇率制度转型？这首先需要界定汇率制度变迁成功的标准，大量的研究使用本国货币的贬值幅度来确定无序和有序的汇率制度变迁，并潜在地将其作为成功变迁的标准（例如，Asici and Wyplosz，2003；Rupa Duttagupta，Gilda Fernandez and CemKaracadag，2004；Enrica Detragiache et al.，2005）。[①] 结合许多国家汇率制度变迁

---

① Asici 和 Wyplosz（2003）将有序的固定汇率制度退出定义为：在放弃盯住前六个月到放弃后六个月的时间里，市场决定的汇率贬值幅度不超过 25%。Rupa Duttagupta、Gilda Fernandez 和 Cem Karacadag（2004）将无序退出定义为：退出后一个月时间内，名义汇率的贬值幅度不低于前六个月的贬值幅度加上两个单位的标准差。Enrica Detragiache 等（2005）使用 RR 汇率制度划分方法，将无序退出定义为：汇率制度在退出后一年内变为了"自由落体"（freely falling）类型。

以及带来的经济影响，笔者认为，人民币要成功地实现浮动汇率制度变迁，从退出原有的固定汇率制度到建立新的浮动汇率制度，应该满足以下几个条件：不出现大幅度汇率波动，没有出现银行危机，没有出现高通货膨胀，以及建立的浮动汇率制度具有可持续性。

从不同国家汇率制度变迁的经验来看，笔者认为，人民币汇率制度变迁应该采取需求引致型和供给推动型结合、主动式、渐进式汇率制度变迁方式的组合。汇率制度是国家宏观经济制度，离不开供给层面的推动，而需求引致强调汇率制度变迁不仅要符合政府宏观经济利益，同时要考虑微观经济主体和市场要求。作为发展中国家和转轨国家，中国在短期内实现浮动汇率制度存在的客观约束，成功的汇率制度变迁必然也是渐进的，并且在渐进式汇率制度变迁过程中，要求宏观和微观经济主体积极地、主动地为汇率制度转型做好准备，增强微观经济主体的定价能力与政府的宏观监控能力，保证汇率制度变迁的成功。

第五节 中国向浮动汇率制度变迁的路径安排

在人民币自由兑换的约束条件下，从政府和国际投机者利益博弈及宏观绩效角度考虑，从微观产权主体福利角度考虑，实行浮动汇率制度是一种相对均衡的选择。借鉴国际经验，结合中国的具体国情，中国需要继续完善国内产权基础，加强配套条件的建设，根据经济发展和市场的需求，由政府权力推动，主动、渐进地实现人民币汇率浮动。

一 进一步完善中国的基础产权制度

（一）明确和保护微观经济主体对经济资源的各项权能，完善企业和银行的市场主体地位

浮动汇率制度的建立需要科学的产权制度，需要按照市场运行规律进行经济活动的企业和银行，经济资源的具体权能主要由明确的人格化的微观经济主体自主支配，并且充分享受自身经济决策带来的收益，承担损失与风险。而目前中国微观经济主体对经济资源的产权制度并不明晰，政府掌握着大量的和主要的经济资源，微观经济主体的经济权利受

到很多限制和干预。作为市场主体的企业和银行受到政府多方面干预，无法明确地享受经济决策带来的收益和风险。银行并不是外汇市场的真正报价者，大部分银行和企业无法完全根据自身利益来决定是否进行外汇交易和对外经济交易，也不承担交易带来的风险和损失。在这种背景下，不可能迅速实现人民币汇率市场化，为了渐进稳步地实现人民币浮动汇率制度，必须要进一步完善中国的基础产权制度，真正确立银行和企业的市场主体地位。

结合中国目前的产权制度现状，应该从以下三个方面入手来完善产权制度：

1. 健全中国的民主政治体制是保证产权改革顺利进行的重要条件

中国的国有企业改革和产权制度改革已经进行了30多年，但是，政府部门对企业的干预现象仍然非常严重，而且产权多元化和市场化过程中国有资产流失、全民的财产被官僚个人化、私有化的情形很严重，一个重要原因就在于政治制度改革的滞后制约了产权制度改革。没有来自政权集团之外的独立集团的监督和舆论监督，承认个人利益和个人财产必然导致以权谋私和腐败的泛滥，这种矛盾在既存的政治结构中是无法解决的（刘海虹，2001）。有学者指出，"通过公司改制，产权多元化的格局已经开始形成。但是……资产不断莫名其妙地向少数人手里集中，而在企业干了几十年的工人则以低价'买断工龄'的方式被迫'扫地出门'，丧失就业机会"[1]，因此，对中国的产权改革提出异议。诚然，中国在产权改革过程中确实存在这些弊病，但是，产生这些弊病的原因并不在于公司改制或者国有资产民营化本身，而在于中国的政治体制的落后与配套措施的滞后。在政治权力高度集中、缺乏有效监督和制约的背景下，国有企业改革必然不可能是公正、公开、有效的，国有资产和经济资源的权力必然会或明或暗地向政治权力拥有者手中集中，而不是向出价最高或使用效益最大的地方流动。因此，要真正实现市场经济，提高资源使用效益，实现汇率市场化和有效使用外汇资源，要成功施行产权改革，必须完善健全中国的政治民主体制建设。

2. 进一步推进国有企业产权制度改革

国有企业产权制度改革是制约我国外汇体制和人民币汇率制度进一

---

[1] 王振中：《对产权理论若干问题的全新探讨》，《经济学动态》2005年第3期。

步改革的关键。笔者认为，除有关危及民生的企业由国家控股投资外，应鼓励效益良好的民营企业兼并或收购效益低下的国有企业，进一步降低国有资产在经济资源中所占比重。对于没有必要由国家控股的部门和企业，要通过公正、公开、公正的渠道，通过不同的方式实现民营化甚至产权转让。张晖（2008）分析了开放程度、经济调控手段和跨国企业的投资策略等对转轨国家国有企业民营化进程以及竞争力的影响。研究表明，转轨国家在经济开放的条件下，对国有企业完全民营化并不是改革的最优方案，对国有企业的部分民营化效果反而会更好，也符合社会福利最大化原则。因此，对于一般竞争性领域和行业，应当下大决心、有计划地采取退出战略，渐次退出，尽快实现国有经济布局和结构的战略性调整。对于国家控股的国有企业，要保证企业对法人资产或经济资源的自主控制权，减少并杜绝政府部门对企业的干预和行政控制。对国有控股的企业，也要采取规范上市、中外合资、相互参股、兼并收购等多种途径进行产权制度改革，以实现投资主体多元化。

3. 大力推进银行产权制度改革

商业银行作为外汇市场的主体，其产权制度改革对汇率市场化能否实现以及实现的效果具有极为重要的影响。浮动汇率制度的建立，要求经营外汇的商业银行能够根据市场供求和自身收益与风险状况及时灵活地调整价格，代理外汇买卖，并承担由此带来的收益和风险。这要求商业银行有明晰的、自主的产权，实现产权主体多元化，并降低政府对银行经营的干预尤其是行政性干预。应该允许业绩优秀的大企业参股商业银行，以产权为纽带，实现产融结合，协调银企关系；个人投资入股不仅能够实现私人资本社会化，而且有利于产权的分散和产权边界的明晰，从而强化所有权的约束力；引进外资战略投资者，能起到促进和补充作用，便于商业银行的国际化发展。李耘（2008）以我国的商业银行为研究样本，对比分析了国有商业银行股份制改造以前和以后与股份制银行的绩效关系，发现股权结构的确对商业银行的绩效有关系，股权的相对分散、公司治理结构的完善，是有利于提高商业银行的绩效水平的。吴栋、周建平（2008）考察了我国 14 家商业银行 1998—2005 年银行股权结构与银行效率的关系，探讨了我国商业银行股权结构的选择问题。研究表明，国家在战略性地调整商业银行股权结构时应采用国有法人股的方式，而不是国家直接持股的方式，并允许具备一定条件的外国战略投资者充当商业银行的第二大和（或）第三大股东；在减持国有股过程中，国家对四大国有商业银行仍应绝对控股，控股比例最好在58%—74%，对其他商业银行持股比例最好不要在10%—12%。

（二）建立企业和银行内部科学的治理机制

国有企业和银行产权制度改革的目的是要建立充分有效的企业内部治理机制，最大限度地保护和实现各方所有者的经济利益，这样，才能实现浮动汇率制度的初衷。中国国有企业和银行在从完全行政化的治理模式逐步转变为所有权和经营权相互分离，股东会、董事会、监事会相互制约的现代企业公司治理模式的进程中取得了突破性的进展。但是，由于历史、体制及市场环境等多方面的原因，国有企业公司治理尚存在不少问题，主要有以下三个方面：

（1）委托—代理链条冗长，所有者很难对经营者进行有效监督，股东利益最大化的目标难以实现。

（2）国有股"一股独大"，公司治理结构失衡。国有股在现有董事会中高度垄断而形成了董事小团体利益一致、口径一致的现象，而集团公司通过采用管理者兼职、业务关联、公共设施交叉、财务资金互通等手段牢牢控制上市公司的股东会、董事会以及管理层，出现了国有企业中"内部人控制"和"大股东控制"并存的局面，使国有企业内部治理结构失衡。这使国有企业在科学决策、对经营管理者的监督、中小股东利益保护等公司治理方面的措施都得不到落实。

（3）所有者缺位。公司治理的目标是股东利益最大化，股东为了自身利益的实现就有动力对企业经营状况进行监督。但是，对于中国国有企业而言，国家作为名义上的持股者却没有监督的动力，大股东所有者缺位使西方所谓股权相对集中的"有效监督假说"在中国国有企业不能成立。而小股东由于手持的权益有限，他们无能力也无动力对管理者进行监督。而且小股东大部分是为了投机而购买股票，不会太留意管理者的长期经营方向和企业盈利的可能。大股东虚置、小股东投机最终造成了中国国有企业的所有者缺位。

应该从以下三个方面改进国有企业和银行的内部治理机制：

（1）完善国有资产管理体制，优化委托—代理链条。国资委作为国有资产所有者代表应既享有出资人的资产收益、重大决策和选择管理者的权利，又要履行出资人义务，维护企业的经营自主权。为了既保证国有产权主体的到位，又避免对企业行政性干预，应该加强国有资产管理的立法工作，做到资产运营、管理有法可依，国有企业的监管机构和出资人（机构）只是在法律框架内管理国有资产和行使国有股东权利。国有资产的监管是依照相关法律条文进行的，监管机构只是监督国有资产的运营是否超越了法律规定。中国国有资产监督与管理委员会的监管手段应该是法律手段，其监管依据是与国有资产相关的法律体系。

（2）促进产权流通，促使所有者到位。通过资本市场的有效调节和相关制度安排，促进国有股、个人股、法人股以及外资股等以一定的比例进入国有公司制企业，这不仅有利于国有资本的扩张，更有利于形成多元主体的制衡机制，促进国有企业所有者到位。

（3）完善以董事会为中心的法人治理结构。公司从社会契约角度看应当为所有利益相关者共有，而董事会正是公司真正"归属"所有利益相关者的代表。近几十年来，西方各国公司治理经历了从管理层中心主义到股东大会中心主义，再到董事会中心主义的转变过程，发展到现在，董事会已在各国公司治理中居于核心地位。要确定合理的董事会成员构成及相应的选任机制，建立适宜的董事会治理机构，落实董事会职权，规范董事会的运行机制，确立董事会的激励与约束机制，确定董事会的评价主体和评价内容（史忠良、刘劲松等，2007）。

（三）逐渐扩大微观主体对外汇的控制权和汇率定价权

在企业和银行基本产权制度及内部治理机制完善过程中，还应该逐步扩大微观经济主体对外汇资源的权力，并逐步转让汇率定价权给微观主体。中国目前对经常项目已经实现可兑换并于2007年实现了经常项目下的意愿结售汇制度，资本项目的可兑换性也在逐步提高，国内居民和机构对外汇的自主权大大提高，这是非常有利于人民币汇率的市场化的。但是，即使在经常项目下，微观经济主体对外汇的产权尤其是定价权还需要逐步增加：

1. 扩大银行外汇头寸区间，实行正负区间管理

银行等金融机构外汇业务实行综合头寸管理，长期结售汇综合头寸限额的管理区间下限为零、上限为国家外汇管理局核定的限额，也就是说，外汇指定银行必须始终持有限额内的正的结售汇头寸。这就使外汇银行不能如愿地持有外汇，也很难根据本、外币资产的合理组合来规避外汇风险，实现收益最大化。2012年，国家外汇管理局开始

对银行结售汇综合头寸实行正负区间管理,将下限下调至零以下,但 2013 年 5 月又规范了结售汇头寸的下限。为活跃银行间外汇市场,增强银行规避汇率风险的意识和能力,提高商业银行外汇定价能力,应该对银行外汇头寸实行区间管理,允许银行持有负的外汇头寸,并逐步扩大头寸区间。

2. 进一步开放银行间外汇市场,增加市场交易主体

尽管 2005 年 8 月 10 日发布的《关于加快发展外汇市场有关问题的通知》,允许符合条件的保险公司、证券公司、信托公司、财务公司和基金管理公司等非银行金融机构和一些非金融企业进入银行间即期外汇市场,但符合严格的准入条件的主体数量十分有限。到 2008 年 1 月,中国外汇交易中心的会员仅 265 个,其中绝大部分是银行机构,非银行机构只有 4 个(见表 7-6)。2014 年,国家外汇管理局又发出调整金融机构进入银行间外汇市场有关管理政策的通知,规定中国境内金融机构只要经国家外汇管理局批准,取得即期结售汇业务资格和衍生产品交易业务资格后,在满足银行间外汇市场相关业务技术规范条件下,就可以成为银行间外汇市场会员,不再实施银行间外汇市场事前入市资格许可。到 2017 年,银行间外汇市场的开放性和竞争性不足得以改善,外汇即期交易的会员增至 615 家,但中国仍需进一步开放银行间外汇市场,允许更多的、合格的机构参与外汇市场交易和报价。

表 7-6   中国外汇交易中心会员构成

机构性质	数量		机构性质	数量	
	2006 年	2008 年 1 月		2006 年	2008 年 1 月
国有独资公司	4	5	外资银行	150	134
股份制商业银行	13	12	信托投资公司	1	0
政策性银行	3	3	农村信用社	30	44
城市商业银行	45	51	非银行金融机构	0	3
商业银行授权分行	15	12	非金融机构	1	1
			合计	262	265

资料来源:《中国货币市场》2008 年第 2 期。

3. 逐步加大商业银行汇率报价权,扩大汇率浮动区间

目前,国内市场外汇银行对汇率的报价权十分有限,根据中国人民

银行2005年的规定，银行间即期外汇市场非美元货币兑人民币的交易价在中国人民银行公布的该货币当日交易中间价上下3%的幅度内浮动。2014年7月，银行间即期外汇市场人民币兑美元的交易价可在中国外汇交易中心对外公布的当日人民币兑美元汇率中间价上下2%的幅度内浮动，银行对客户的报价可基于市场需求和定价能力自主挂牌，取消了现汇、现钞挂牌买卖价的限制。2015年8月，人民币汇率报价开始实行做市商报价，这都意味着商业银行定价权逐步加大，人民币汇率市场化幅度加大。但是，在人民币中心汇率形成中，仍然强调了篮子货币的作用，并且在2017年在中心汇率的报价中加入"逆周期因子"，被认为是人民币汇率市场化的倒退。这导致金融机构不足以满足浮动汇率要求下的定价能力和风险管理能力，为进一步培养企业的抗风险能力和竞争力，培育金融机构自主定价和风险管理的能力，笔者认为，应推进人民币中心汇率形成的市场化，并加大银行间市场报价汇率的浮动区间。

二　加强人民币汇率浮动配套条件的建设

除了要完善产权制度，在向人民币浮动汇率制度变迁过程中还必须加强以下五个方面的配套条件建设：

（一）建立一个有深度的流动性的外汇市场

浮动汇率制度需要一个具有充分流动性的外汇市场以实现价格发现功能，在中国要建立一个有充分的密度、深度、广度的中国外汇市场，除了要有大量的具有清晰产权的市场主体，还需要有以下两个条件。

1. 扩大和完善外汇即期交易市场，积极建设外汇衍生品市场

首先，要进一步推动人民币远期、掉期外汇业务，尽早开展期权业务。这一阶段的目标是：分流即期市场来支持远期、掉期和期权交易的发展，推动外汇市场向纵深发展，同时不增加中央银行干预外汇市场的难度。为了防范投机，遵守真实交易背景的要求，应优先发展场外交易，在外汇市场可以承受投机交易压力的情况下，放宽真实经济背景的限制。

其次，要积极筹备与设计场内人民币外汇交易工具和市场，与场外交易相比，场内交易具有以下五个方面的特点和优势：一是场内交易具有较高流动性；二是有利于投资者保守商业秘密；三是有利于控制信用风险；四是交易信息透明度高；五是交易成本低。而且推出场内交易，

符合目前中国整体经济的战略需要，场内交易具有更好的价格发现功能，符合国家宏观调控的需要，强大的场内交易还有助于我国掌握人民币汇率的定价权（韩立岩、刘姗、郑葵方，2008）。

2. 中央银行积极推进基础制度和机构建设，逐步转换在外汇市场功能

由于中国外汇市场的基础很薄弱，在建立发展外汇市场的过程中，中央银行需要稳步推进外汇市场基础建设，建设健全的金融服务系统和完善的金融管理体系。包括认真落实"两非企业"参与银行间外汇市场的政策，逐步淡化结售汇市场和银行间外汇市场的界限；继续推行和巩固做市商、询价交易制度，促进银行间外汇市场向无形市场转变；在适当时机引入外汇经纪人制度，为中小银行和"两非"企业提供便利的交易渠道；赋予银行更大的头寸限额等。在市场逐渐完善过程中，中央银行还要适时转换在外汇市场的角色定位和功能，从价格制造者向价格接受者转型，从被动的外汇市场干预转为主动的干预，并及时向公众公布政策目标和相关信息，获取市场对变迁中的货币当局和货币政策的可信度。

值得注意的是，逐步加大汇率的灵活性本身就是加快外汇市场发展的一条有效途径，因为汇率变化会激励市场主体对汇率变化趋势进行分析，较频繁调整持有头寸，并因为对风险的规避而增加市场交易。在大多数情况下，外汇市场的发展只有在引入了汇率的灵活性以后才会开始。Rupa Duttagupta 等（2004）利用国际清算银行关于42个国家外汇市场交易量数据分析了外汇市场流动性和汇率弹性之间的关系，发现两者之间呈正相关关系，在发达国家这种正相关更显著。1998—2001年，采用更具灵活性的浮动汇率制度的新兴经济体，外汇交易量呈上升趋势，而那些实行了不变或者坚持固定汇率制度的新兴经济的外汇交易规模却在下降（见图7-4）。

（二）逐步调整中央银行对外汇市场的管理政策及干预方法

在浮动汇率制度下，要求货币当局既要放弃为了维持某种汇率水平而进行的干预，保证政策的可信性，又要为了防止汇率过大波动给贸易、通货膨胀以及市场流动性带来冲击，对市场的不稳定进行相机干预。这对货币当局的市场调控能力提出了很高的要求。而中国的货币当局长期以来对外汇市场的管理和调控基本实行行政控制措施，即使在当

图 7-4　新兴市场经济体的外汇交易规模

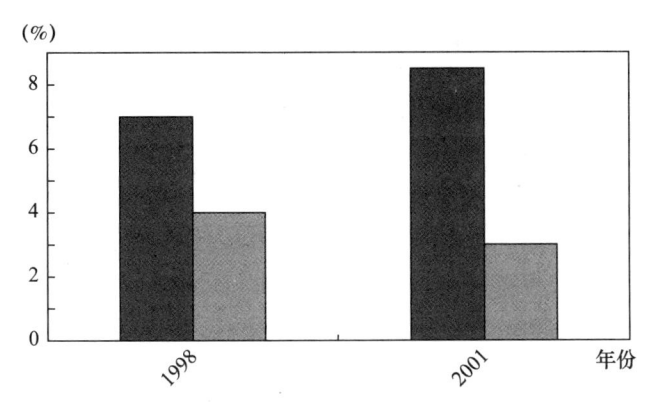

■ 实行更为浮动汇率制度的新兴经济体　　■ 实行不变或坚持固定的汇率制度的新兴经济体

资料来源：Rupa Duttagupta, Gilda Fernandez, and Cem Karacadag（2004）。

注：纵轴以经常账户和资本账户流量的百分比表示。

前的"以市场为基础的，参考篮子货币的管理浮动"的人民币汇率制度安排下，中央银行并不是按照管理浮动的要求来调节市场。人民币汇率是中央银行公布的，中央银行只规定各金融机构持有头寸的上下限，中央银行只被动地与各商业银行进行外汇交易，中央银行无论是在汇率走势和波动的判断还是在如何相机进行公开市场操作方面都没有经验，这无疑会极大地制约人民币汇率浮动的进程。

中国货币当局应该逐步培养并增强对外汇市场的经济调控能力，笔者认为，中国货币当局在向浮动汇率制度变迁过程中，与其他国家相比，一个很大的区别在于：中国的货币当局从来就没有真正地对外汇市场进行过干预，所以，必须先加强对外汇市场的干预——确切地说，是先变行政干预为市场干预，然后逐步削减。而这种能力的提高和微观市场主体的风险管理能力、定价能力一样，主要是在汇率灵活性增大中逐渐培养成的。逐步扩大汇率的波动区间，提高外汇银行持有正的和负的头寸限额，必然会提高汇率的波动性和市场的交易量，在转轨初期，汇率稳定目标的重要性必然提升货币当局对汇率变化和头寸变化的敏感性，并逐渐提高货币当局市场干预的能力。在汇率波动区间足够大之后，货币当局可以降低对市场的干预频率。智利中央银行在实行汇率浮动变迁过程中，20 世纪 90 年代，在爬行区间的汇率安排下经常相机地对汇率进行干预,即使汇率并没有达到区间边界。在波动区间取消后,智利中央银行宣布只有在汇率出现大幅度波动时,为避免国内外经济不稳定和防止本币大幅贬值才会对市场进行干预。

在货币当局逐步改变对外汇市场管理和干预措施过程中,要保持政策目标的公开性和透明度,以保证市场对实行更为浮动汇率制度安排的信心以及货币当局有能力干预市场的信心。例如,波兰在转向浮动汇率制度以前,1997年,货币政策委员会向公众宣布转向使用通货膨胀目标作为政策目标,并且承诺在未来实现汇率浮动。菲律宾和土耳其在退出固定汇率制度后,定期向公众发布声明和出版政策报告,表明对市场汇率的承诺。一些发达国家在汇率制度转型中采取了类似做法,如澳大利亚和瑞典。中国货币当局在初期改变对外汇市场干预方法,加大对汇率市场干预的目的是增强中央银行干预市场的能力而并非维持汇率目标;在后期降低对市场干预程度后,其干预目标应该是为了避免汇率的剧烈波动和汇率的长期错位以及由此带来的经济不稳定。

(三)加强支持性市场建设,推进市场利率化进程,提高中央银行货币政策运作能力

要实行浮动汇率制度,除了发展外汇市场,其他支持性市场的发展是必不可少的,比如银行间信贷市场和政府债券市场,由此建立起的市场化利率对于远期汇率、期货、期权的定价和交易是至关重要的。不仅如此,浮动汇率制度安排下,不仅对货币当局干预外汇市场的能力提出了更高的要求,也对货币当局调控短期利率的能力提出了高要求,因为在退出固定汇率制度以后,对于市场流动性的管理主要依靠有效的货币政策工具,这种能力的建立应该是在汇率灵活性提高以前就开始的。智利在实行浮动汇率制度以前就开始实施"利率走廊"以实现其利率目标。货币当局对货币政策工具的运作能力还会影响退出固定汇率制度后新的名义锚政策目标的建立。在智利、以色列和波兰,货币当局对货币政策工具的充分掌握使他们顺利地开始采用通货膨胀目标制。即使在市场压力下退出固定汇率制度的巴西和捷克,由于货币当局对货币政策工具的操作能力较强,在短暂地退出固定汇率制度安排的混乱后,其国内货币很快得以稳定。

对于中国来说,当前要积极推进货币市场建设和债券市场建设,进一步完善银行间信贷市场,放松对利率的管制,提高银行管理流动性和

影响关键利率的能力,培育有效的市场传导机制。中央银行要积极培育市场发展,降低不可交易的证券发行,利用中央银行票据和其他可交易债券进行市场操作,积极加强基础建设如支付体系、证券登记体系、统一的银行账户等,并逐步降低对市场的管制。

(四) 加强对外汇风险的管理和监督

国际经验表明,为了保证汇率制度变迁的平稳性和成功,金融系统的稳定、外汇风险暴露的控制是非常关键的。在向浮动汇率制度变迁过程中,需要对金融和非金融部门的外汇风险暴露进行统计、评估和管理,以避免在大量的货币错配背景下实行浮动。

首先,要对中国各个经济部门的外汇风险状况进行统计和评估,包括公共部门、金融部门和非金融部门,编制和掌握各部门的资产负债表状况(Allen et al., 2002)。要了解外汇风险暴露,需要详细分析各部门资产负债表的货币构成状况,以及外汇资产和负债的期限、流动性和信用质量。国家外汇管理局 2005 年 9 月开始要求各外汇银行每天上报结售汇综合头寸报表,2009 年 1 月才开始正式要求中资金融机构每月报告各自的外汇资产负债统计报表,但是,至今尚没有对国民经济各部门的外汇资产负债进行统一的详细的统计和分析。不仅金融机构的外汇资产负债问题会导致金融系统的不稳定和危机,企业的外汇资产负债问题同样会导致金融机构出现不稳定。东南亚金融危机说明,那些企业部门的未抵补的外汇负债头寸最终给银行部门带来了巨大的损失和对外汇需求的大量增加。因为即使银行自身的外币资产负债能得以配平,但是,用短期外汇来源向没有对自身外币资产负债进行配平管理的企业和私人发放外汇贷款,这会使借款人的外汇风险转化为银行的巨大的信用风险。

其次,要加强对外汇风险的审慎管理。包括建立风险监督的信息系统,要求金融机构除了正式提供自身资产负债表,还要报告对外汇风险的管理方法,要了解和监督外汇借款人的风险头寸状况,要确立能及时准确地反映资产负债价值的会计规则。使用和设计测度外汇风险的计量和分析工具,除了传统的会计报表,还要使用更现代的奉献测量工具,如 VaR 方法、压力测试法等。加强金融机构和企业内部的风险管理和控制制度,以及货币当局对外汇风险的监管。

最后,和外汇市场的发展一样,汇率浮动性提高本身可以促使微观经济主体,尤其是银行加强风险管理意识和风险管理能力。因此,中国应该在加强对外汇风险统计和监管的同时,逐渐增大汇率的弹性空间。

(五)尽早设计和准备货币政策的新名义锚——通货膨胀目标制

在盯住汇率制度退出后,必须建立一种新的、可靠的货币政策规则和名义锚,因为在新的浮动汇率制度下对汇率水平和汇率波动的不确定性会影响对稳定的预期,使市场主体对波动变得敏感(Duttagupta et al.,2004),致使发生大规模抢购外汇,造成流动性不足问题,以及高通货膨胀。而新名义锚和货币政策框架的运作能力及可信度是需要在渐进式变迁过程中逐渐积累的。许多发达国家如新西兰、加拿大、英国和瑞典,以及成功地从传统的固定汇率制度转向浮动汇率制度的国家大多选择了通货膨胀目标制(IT)作为货币政策的名义锚。IT相对其他货币政策目标有诸多优势:它不像货币供应量目标需要依赖于货币量与价格之间的稳定关系,而是可以利用所有可得的信息来决定政策工具的利用,而且可测性、透明性与相关性很强,被称为"受约束的相机抉择"性政策。

许多国家的经验和大量研究表明,IT的实行需要满足以下必要的制度和宏观经济条件:①中央银行明确、公开地宣布将通货膨胀目标作为货币政策首要目标;②中央银行具有独立性和可靠性;③货币政策的操作和评估的透明性以及可靠性;④可靠的预测通货膨胀的技术;⑤执行前瞻性的操作程序,其中,将通货膨胀预测系统反映在政策措施中,对目标的偏离有相应对策;⑥配套的财政政策和健全的、有效监管的金融部门(Eichengreen et al.,1999;Mishkin,2003;Carare et al.,2002;Fraga et al.,2003)。对中国来说,国内一些学者分析认为,要实行IT还存在一些约束,比如,我国中央银行的独立性还远远不够,在相当程度上受政府的权力约束;中央银行的货币政策透明度和可信度不高,缺乏与公众沟通的长效机制;通货膨胀指标选取和目标定位存在技术上的困难等。因此,在当前中国应该尽早为实行通货膨胀目标进行准备,突出价格稳定而不是经济增长在货币政策目标中的优先地位,并增加中央银行政策透明度,以引导市场对价格等变量形成有效的一致性预期,并增加对中央银行政策的可信度。在现期汇率灵活性仍然较低的情况下,货币政策必然会受到较大约束,因此,加大对财政的约束,加大工资弹性对于中间汇率制度下货币政策的可信性是非常重要的。

三　渐进实现人民币自由浮动

在产权制度的逐步完善和配套条件的建设过程中，人民币汇率安排应该逐步渐进地增大弹性，而这种汇率弹性的增加和产权改革、配套条件的建设是一个相辅相成的过程。具体来说，笔者认为，人民币汇率的变迁应该大体按照以下步骤来安排：

（一）近前人民币汇率制度安排：不对称爬行汇率目标区

前面分析表明，人民币当前的汇率制度的灵活性介于爬行盯住与爬行区间之间，而现时条件决定要实现人民币汇率的自由浮动不可能一蹴而就，而必须依赖于当前的汇率安排逐步地向自由浮动过渡。笔者认为，当前应该在统计和估计国民经济各部门外汇风险敞口基础上，在风险可控范围内，扩大汇率的波动区间，实行爬行区间的汇率安排。一方面，中国人民银行短期仍然可以参考篮子货币公布人民币兑关键货币的基准汇率；另一方面，增大外汇银行对汇率的报价权，允许汇率在更大范围内波动。至于汇率允许波动的区间范围，即使在"布雷顿森林体系"固定汇率制度下的汇率波动浮动为上下1%，欧洲货币体系当初的汇率波动也在±1.125%范围波动，所以，无论是参考篮子货币还是爬行区间，人民币的波动区间应该逐步扩大，而智利、波兰等国在汇率浮动初期的区间都超过2%，因此，笔者认为，当前人民币兑美元汇率波动区间应该至少达到2%的水平。汇率波动区间的加宽，伴随外汇银行持有头寸限额的放松，现阶段中央银行仍然可以公布基准汇率，这样，既增加了汇率的灵活性，又增大了市场主体的定价权和对外汇的主动控制权，同时增加微观主体对市场的应变能力和风险管理能力，以及中央银行的市场调节能力。

在人民币有单边升值或贬值预期的情况下，可以实行不对称的汇率目标区间，即在有单边升值预期时，扩大人民币兑美元汇率贬值一侧的区间范围；在有单边贬值预期时，则相反。这样，既可以在不加大汇率波动的情况下，增加汇率的灵活性，同时可以通过增加单边投机的风险，在一定程度上抑制对人民币的单边投机。应该说，在2007年美国次贷危机爆发以前，国际国内经济形势比较平稳，而人民币面临单边升值预期，扩大人民币汇率浮动区间并实行不对称区间是比较理想的时期。在当前国际金融危机的影响还没有结束前，人民币维持较稳定的汇率有利于国内国际经济稳定。不过，汇率的波动区间仍然可以逐渐扩大。

（二）中期目标：扩大爬行区间到管理浮动

随着外汇市场的逐步发展，市场微观主体的定价能力和风险管理的能力的提高，在经济健康发展的条件下，人民币汇率的浮动区间可以逐步扩大。随着汇率波动区间的扩大，中央银行应该逐步降低在汇率形成中的作用，增加外汇银行的报价功能，并最终由外汇银行担当市场报价主体。随着波动区间的扩大，中间汇率和区间界限的作用会越来越小，最终可以取消区间限制，允许汇率完全浮动。从智利、波兰等国的实践看，这些国家基本在汇率区间达到±15%后，就已经放开了区间限制。不过，在汇率允许完全浮动之前，要建立远期交易、期权期货交易等规避外汇风险的衍生产品市场，并逐步取消对这些交易的限制。

在取消汇率波动区间限制后，人民币应该实行较长时间的管理浮动，因为管理浮动可以根据国内经济的需要自主地干预汇率的走势，在中国的金融市场仍然较为落后和经济竞争力仍比较弱的情况下，防范汇率的过度波动给经济金融带来冲击是非常必要的。中央银行应该继续对市场进行严格的监控，防止汇率的过度波动，加强对市场风险的监管，并在汇率波动过于剧烈时对市场进行公开调控。

（三）在实现人民币资本账户可兑换前实现汇率的完全浮动

人民币的可兑换进程是影响人民币汇率弹性的一个关键因素，应该在人民币资本项目宣布可兑换之前完成人民币汇率的市场化与完全浮动。从国外经验看，那些在完全实现汇率浮动与市场化之前就完全放开资本账户的国家，大都出现了投机冲击和金融混乱与汇率的剧烈波动。有人认为，中国的资本账户还未放开，所以，汇率浮动不具备条件，这是颠倒了资本账户开放和汇率浮动之间的制约关系。在资本账户尚未开放的条件下，只要有经常账户的自由交易，就有大量外汇的供求存在，因而就存在汇率浮动的前提。不仅如此，在资本账户放开前实现汇率的完全浮动，可以在国际资本大量流进流出之前，培育国内市场的发展，增加市场主体的市场应变能力和宏微观经济主体对风险的敏感与管理能力。这样，在资本账户放开后，国内市场与宏微观经济主体已经比较成熟，才有能力应对大规模的国际资金流动的冲击，而不致出现大的价格冲击与混乱。相反，如果在资本账户开放以后再实现汇率浮动，必然意味着在资本自由流动时人民币汇率仍然是固定的或有浮动区间限制的，这是最容易招致国际投机资金冲击的危险境况。而且国内市场发展尚不成熟，国内经济主体对汇率变化的管理较低，一旦出现大规模投机资金的流入流出，对中国金融经济的负面影响是不难想象的。所以，笔者认为，人民币的完全浮动应该在资本账户放开以前就实现，中国应该在管理浮动实行一定时期，货币当局对外汇市场的经济调控能力培育起来之后，在经济和外汇市场相对稳定时再放开资本账户尤其是短期资本账户，实现人民币的自由兑换。

参考文献

1. 卜永祥、秦宛顺：《人民币内外均衡论》，北京大学出版社 2006 年版。
2. 曹勇：《国际贸易计价货币的选择——兼论人民币国际化》，《对外经济贸易大学学报》2007 年第 6 期。
3. 陈浪南、柳阳：《不同汇率制下我国货币政策的净出口需求非线性效应的实证研究》，《国际金融研究》2012 年第 12 期。
4. 储幼阳：《贬值的收缩性与人民币汇率制度》，《金融研究》2004 年第 6 期。
5. 储幼阳：《论汇率制度转换》，社会科学文献出版社 2006 年版。
6. 戴金平、黎艳、刘东坡：《汇率波动对世界经济的影响》，《国际金融研究》2017 年第 5 期。
7. 丁剑平、沈根祥：《2000—2005 年主要区域货币汇率波动特征的研究》，《世界经济》2006 年第 3 期。
8. 窦祥胜、杨斤：《人民币均衡汇率估计——不同方法的比较》，《数量经济技术经济研究》2004 年第 4 期。
9. 杜晓蓉：《发展中国家偏好盯住汇率制度的新理论分析》，《安徽大学学报》（哲学社会科学版）2006 年第 5 期。
10. ［法］让·梯诺尔：《金融危机、流动性与国际货币体制》，中国人民大学出版社 2003 年版。
11. 范小云、陈雷、祝哲：《三元悖论还是二元悖论——基于货币政策独立性的最优汇率制度选择》，《经济学动态》2015 年第 1 期。
12. 方洁：《当前人民币汇率制度的可持续性分析》，《中州学刊》2007 年第 2 期。
13. 冯用富：《浮动汇率制度的缺陷及其对中国进一步开放的启示》，《世界经济》2000 年第 4 期。

14. 富鲁布顿：《产权与经济理论：近代文献概览》，《经济社会体制比较》1991 年第 1 期。
15. 高海红：《开放中国的资本项目》，工作论文，中国社会科学院世界经济与政治研究所，2000 年。
16. 关欣：《汇率制度选择与反通胀绩效研究——基于发达经济体的考察分析》，硕士学位论文，山西财经大学，2016 年。
17. 管涛：《资本项目可兑换的定义》，《经济社会体制比较》2001 年第 1 期。
18. 胡磊：《人民币现行汇率制度的实际归类法研究——基于修正的 LYS 分类法的聚类分析》，《世界经济研究》2007 年第 8 期。
19. 胡列曲：《汇率制度与宏观经济关系研究述评》，《经济学动态》2008 年第 1 期。
20. 胡援成、曾超：《中国汇率制度的现实选择及调控》，《金融研究》2004 年第 12 期。
21. 胡再勇：《均衡实际汇率及错位程度的测算研究：1960—2005》，《数量经济技术经济研究》2008 年第 3 期。
22. 胡祖六：《资本流动、经济过热和中国名义汇率制度》，《国际金融研究》2004 年第 7 期。
23. 黄少安：《产权经济学导论》，经济科学出版社 2004 年版。
24. 黄少安：《产权、人权、制度》，中国经济出版社 1998 年版。
25. 黄志刚、陈晓杰：《人民币汇率波动弹性空间评估》，《经济研究》2010 年第 5 期。
26. 黄志龙：《智利汇率制度市场化的进程及其启示》，《中国金融》2005 年第 15 期。
27. J. I. 阿巴尔金：《转型经济和产权形式的新视角》，《经济学动态》2005 年第 2 期。
28. 江春：《产权、货币自由兑换与经济发展》，武汉大学出版社 2003 年版。
29. 江春：《人民币浮动汇率：制度变革与经济转型》，《财经问题研究》2008 年第 4 期。
30. 姜凌、韩璐：《汇率目标区理论与人民币汇率机制的改革思路》，《经济评论》2003 年第 7 期。

31. 金洪飞：《新兴市场货币危机机理研究》，上海财经大学出版社 2004 年版。

32. 金永军、陈柳钦：《人民币汇率制度改革评述》，《国际金融研究》2006 年第 1 期。

33. 康芒斯：《制度经济学》，商务印书馆 1962 年中译本。

34. 李剑峰、蓝发钦：《发展中国家的资本账户开放与货币危机实证研究》，《财经问题研究》2007 年第 7 期。

35. 李婧：《人民币汇率制度的改革取向及退出战略》，《国际经济评论》2003 年第 1 期。

36. 李婧：《资本账户自由化与汇率制度选择》，中国经济出版社 2006 年版。

37. 李祺：《汇率制度转型：效率、均衡与信誉——基于均衡汇率理论的视角》，经济科学出版社 2007 年版。

38. 李晓：《东亚货币合作为何遭遇挫折？——兼论人民币国际化及其对未来东亚货币合作的影响》，《国际经济评论》2011 年第 1 期。

39. 林伯强：《人民币均衡实际汇率的估计与实际汇率错位的测算》，《经济研究》2002 年第 12 期。

40. 刘海虹：《人民币汇率制度安排的产权经济学分析》，中国经济出版社 2001 年版。

41. 刘晓辉、索彦峰：《汇率制度演变与宏观经济绩效：文献回顾》，《南方经济》2009 年第 4 期。

42. 刘晓辉、范从来：《汇率制度选择及其标准的演变》，《世界经济》2007 年第 3 期。

43. 刘晓辉、张璟、甘顺利：《资本账户自由化、实际资本控制与汇率制度选择——基于 88 个发展中国家的经验证据》，《国际金融研究》2015 年第 7 期。

44. 刘晓辉：《人民币汇率制度选择与转型：基于社会福利视角的分析》，人民出版社 2008 年版。

45. 龙远朋、敖翔：《基于最优货币区理论的东亚货币一体化可行性分析》，《商业时代》2014 年第 7 期。

46. 陆前进：《人民币汇率增加弹性和参考一篮子货币汇率形成机制研究》，《数量经济技术经济》2011 年第 11 期。

47. 路妍、陈宇：《美国公共债务的可持续性及对中国经济的影响研究》，《宏观经济研究》2013 年第 1 期。

48. 吕剑：《人民币汇率制度与金融危机发生概率——基于 Probit 和 Logit 模型的实证分析》，《国际金融研究》2007 年第 9 期。

49. 吕中楼：《新制度经济学研究》，中国经济出版社 2005 年版。

50. 马正兵：《汇率制度的福利分析：述评与展望》，《国际经贸探索》2008 年第 6 期。

51. 梅冬州、龚六堂：《新兴市场经济国家的汇率制度选择》，《经济研究》2011 年第 11 期。

52. ［美］古扎拉蒂：《计量经济学基础》（上、下），中国人民大学出版社 2007 年版。

53. 诺斯、托马斯：《西方世界的兴起》，华夏出版社 1999 年版。

54. 诺斯：《经济史中的结构与变迁》，上海三联书店、上海人民出版社 1994 年中译本。

55. 齐琦部：《论中国汇率制度的选择》，《金融研究》2004 年第 2 期。

56. 秦宛顺、靳云汇、卜永祥：《资本流动、定价行为与汇率制度的福利分析》，《金融研究》2003 年第 1 期。

57. 阙澄宇、马斌：《人民币在岸与离岸市场汇率的非对称溢出效应——基于 VAR - GJR - MGARCH - BEKK 模型的经验证据》，《国际金融研究》2015 年第 7 期。

58. R. 科斯、A. 阿尔钦、D. 诺斯等：《财产权利与制度变迁——产权学派与新制度学派译文集》，上海三联书店、上海人民出版社 1994 年版。

59. 沈国兵、史晋川：《汇率制度的选择：不可能三角及其扩展》，《世界经济》2002 年第 10 期。

60. 盛洪：《现代制度经济学》，北京大学出版社 2003 年版。

61. 史晋川、沈国兵：《制度变迁理论与制度变迁方式划分标准》，《经济学家》2002 年第 1 期。

62. 汪茂昌：《盯住汇率制度不可维持性与退出策略的研究》，博士学位论文，复旦大学，2006 年。

63. 王爱俭、沈庆颉：《购买力平价与均衡汇率：人民币汇率错位测算理论的比较》，《经济学动态》2007 年第 2 期。

64. 王慧:《盯住货币篮子与人民币汇率制度改革》,《经济评论》2007年第1期。
65. 王明华、刘海虹:《从产权角度分析汇率制度的选择》,《世界经济》2001年第8期。
66. 王全新、任山庆:《人民币汇率制度选择与改进》,《当代经济科学》2006年第11期。
67. 王仁言:《近中期中国汇率制度的选择》,《国际经济评论》2004年第4期。
68. 王小雪:《东亚货币联盟构建成本的经济学分析及其前景》,《中央财经大学学报》2012年第3期。
69. 王勇:《从行为金融学的角度看人民币汇率制度改革》,《当代财经》2004年第6期。
70. 王宇:《如何从"盯住汇率制度"中退出——五个典型案例分析》,《经济社会体制比较》2004年第4期。
71. 王元龙:《人民币资本项目可兑换与国际化的战略及进程》,《中国金融》2008年第10期。
72. 王振中:《对产权理论若干问题的全新探讨》,《经济学动态》2005年第3期。
73. 温建东:《人民币购买力平价研究》,《金融研究》2005年第4期。
74. 吴倩:《金融发展进程中的汇率制度变迁与选择》,博士学位论文,山东大学,2007年。
75. 邢毓静:《放松资本管制的进程》,中国金融出版社2004年版。
76. 徐光东、欧阳日辉:《制度变迁:从产权理论到中国经验》,《经济学动态》2005年第3期。
77. 徐璋勇:《对"角点汇率制度"在中国的不适应性分析》,《当代财经》2004年第7期。
78. 许少强、李天栋:《均衡汇率与人民币汇率政策》,复旦大学出版社2006年版。
79. 杨柳、黄婷:《我国汇率制度弹性、货币政策有效性与货币政策独立性研究——基于SFAVAR模型的实证分析》,《管理评论》2015年第7期。
80. 杨胜刚等:《开放经济背景下中国资本的外逃渠道》,《财经科学》

2003 年第 4 期。

81. 杨艳红：《人民币汇率制度改革的绩效与走向》，《中南财经政法大学学报》2007 年第 1 期。
82. 姚斌：《国家规模、对外开放度与汇率制度的选择——基于福利的数量分析》，《数量经济技术经济研究》2006 年第 9 期。
83. 姚斌：《基于福利分析的人民币汇率制度选择研究》，博士学位论文，复旦大学，2007 年。
84. 姚余栋、李连发、辛晓岱：《货币政策规则、资本流动与汇率稳定》，《经济研究》2014 年第 1 期。
85. 易丹辉：《数据分析与 Eviews 应用》，中国统计出版社 2002 年版。
86. 易纲、范敏：《人民币汇率的决定因素及走势分析》，《经济研究》1997 年第 10 期。
87. 易纲、汤弦：《汇率制度"角点解假设"的一个理论基础》，《金融研究》2001 年第 8 期。
88. 余永定：《人民币汇率制度改革的历史性一步》，《世界经济与政治》2005 年第 10 期。
89. 袁申国、陈平、刘兰凤：《汇率制度、金融加速器和经济波动》，《经济研究》2011 年第 1 期。
90. 袁鹰：《论汇率制度选择中的产权制衡作用》，《南开经济研究》2001 年第 2 期。
91. 詹小颖：《人民币汇率、通货膨胀与新汇制的货币政策绩效——基于汇改前后两个时期数据的实证研究》，《国际贸易问题》2012 年第 11 期。
92. 张斌、何帆：《如何调整人民币汇率政策：目标、方案和时机》，《国际经济评论》2005 年第 2 期。
93. 张静、汪寿阳：《汇率制度的研究》，《国际技术经济研究》2004 年第 1 期。
94. 张礼卿：《人民币汇率制度：现状、改革方向和近期选择》，《国际金融研究》2004 年第 10 期。
95. 张礼卿：《资本账户开放与金融不稳定》，北京大学出版社 2004 年版。
96. 张明、徐以升：《全口径测算中国当前的热钱规模》，《当代亚太》

2008 年第 4 期。

97. 张曙光：《论制度均衡和制度变革》，《经济研究》1992 年第 6 期。
98. 张晓朴：《人民币均衡汇率的理论与模型》，《经济研究》1999 年第 12 期。
99. 张学友、刘本：《中国资本外逃的测算与防范》，《中央财经大学学报》2002 年第 10 期。
100. 张志超：《汇率制度理论的新发展：文献综述》，《世界经济》2002 年第 1 期。
101. 赵蓓文：《从"蒙代尔三角"看人民币汇率制度的选择》，《世界经济研究》2004 年第 7 期。
102. 赵永亮、赵阑：《人民币汇率制度选择与转型》，《经济管理》2006 年第 4 期。
103. 朱孟楠、余玉平：《新兴市场国家货币汇率"害怕浮动"现象分析——以新制度经济学为视角》，《厦门大学学报》（哲学社会科学版）2006 年第 3 期。
104. Aasim M. Husaina, Ashoka Modya and Kenneth S. Rogoff, "Exchange rate regime durability and performance in developing versus advanced economies", *Journal of Monetary Economics*, Vol. 52, Issue 1, January 2005, pp. 35 – 64.
105. Adam Honig, "Fear of floating and domestic liability dollarization", *Emerging Markets Review*, 6 (2005), 3 (September), pp. 289 – 307.
106. Adeniran, J. O., Yusuf, S. A. and Adeyemi, O. A., "The Impact of Exchange Rate Fluctuation on the Nigerian Economic Growth: An Empirical Investigation", *International Journal of Academic Research in Business & Social Sciences*, 2014, 4 (8), pp. 224 – 233.
107. Agnieszka Markiewicz, "Choice of exchange rate regime in transition economies: An empirical analysis", *Journal of Comparative Economics*, 34 (2006), pp. 484 – 498.
108. Ahmet Atil Asisi and Charles Wyplosz, "The Art of Gracefully Exiting a Peg", *The Economic and Social Review*, 2003, 3 (34), pp. 211 – 228.
109. Aizenman Joshua and Frenkel Jacob, "Aspects of the Optimal Management of Exchange Rates", *Journal of International Economics*, Novem-

ber 1982, pp. 231 – 256.

110. Aizenman Joshua, "Monetary and Real Shocks, Productive Capacity and Exchange Rate Regimes", *Economica*, New Series, Vol. 61, No. 244, November 1994, pp. 407 – 434.

111. Alberto Alesina and Alexander F. Wagner, "Choosing (and Reneging on) Exchange Rate Regimes", *Journal of the European Economic Association*, Vol. 4, No. 4, June 2006, pp. 770 – 799.

112. Amartya Lahiri and Carlos A. Vegh, "Living with the Fear of Floating: An Optimal Policy Perspective", *NBER Working Paper*, No. 8391, July 2001.

113. Amartya Lahiria, Rajesh Singhb and Carlos Végh, "Segmented asset markets and optimal exchange rate regimes", *Journal of International Economics*, Vol. 72, Issue 1, May 2007, pp. 1 – 21.

114. Amit Ghosh and Ramkishen S. Rajan, "A Comparative Analysis of Export Price Pass – through in Three Open Asian Economies: Korea, Singapore and Thailand", *Global Economic Review*, 2007, 36 (3), pp. 287 – 299.

115. An, L. and Wang, J., "Exchange rate pass – through: Evidence based on vector autoregression with sign restrictions", *Open Economies Review*, 2012, 23 (2), pp. 359 – 380.

116. Andrea Bubula and Inci Otker – Robe, "Are Pegged and Intermediate Exchange Rate Regimes More Crisis Prone?", *IMF Working Paper*, WP/03/223.

117. Andrea Bubula and Inci Otker – Robe, "The Evolution of Exchange Rate Regimes Since 1990: Evidence from De Facto Policies", *IMF Working Paper*, WP/02/155.

118. Asici Ahmet and Wyplosz Charles, "The Art of Gracefully Exiting a Peg", *The Economic and Social Review*, 3 34 (2003), pp. 211 – 228.

119. Asonuma, T., "Sovereign Defaults, External Debt and Real Exchange Rate Dynamics", *Social Science Electronic Publishing*, 2016.

120. Atish R. Ghosh, Anne – Marie Gulde, Jonathan D. Ostry and Holger C. Wolf, "Does The Nominal Exchange Rate Regime Matter", *Working*

Papers, 1997.

121. Barry Eichengreen and Ricardo Hausmann, *Exchange Rates and Financial Fragility*, NBER Working Paper Series, No. 7418, November 1999.

122. Barry Eichengreen, "International Financial Crises: Is the Problem Growing?", August 2001, Unpublished, Personal Homepage, University of California, Berkeley.

123. Bleaney, M. and Francisco, M., "The Performance of Exchange Rate Regimes in Developing Countries – Does the Classifications Scheme Matter?", *Discussion Papers*, 2007.

124. Bordo, Michael D., "Exchange Rate Regime Choice in Historical Perspective", *NBER Working Paper*, No. W9654, April 2003.

125. Bubula, A. and Otkerrobe, I., "Are Pegged and Intermediate Exchange Rate Regimes More Crisis Prone?" *IMF Working Papers*, 2003, 3 (223).

126. Calvo Guillermo A. and Carmen M. Reinhart, "Fixing for Your Life", *Brookings Trade Forum*, No. 1, 2000, pp. 1 – 58.

127. Calvo, Guillermo A. and Mishkin, Frederic S., "The Mirage of Exchange Rate Regimes for Emerging Market Countries", *NBER Working Paper*, No. W9808, June 2003.

128. Calvo, Guillermo A. and Renhart, Carmen M., *Fear of Floating*, NBER Working Paper Series, No. 7993, November 2000.

129. Carmen, Reinhart M. and Kenneth, Rogoff S., "The Modern History of Exchange Rate Arrangements: A Reinterpretation", *NBER Working Paper*, No. W8963, May 2002.

130. Chang, R. and A. Velasco, "Financial Crises in Emerging Markets: A Canonical Model", *Federal Reserve Bank of Atlanta Working Paper*, July 1998.

131. Chang Robert and Andres Velasco, "Financial Fragility and the Exchange Rate Regime", *Journal of Economic Theory*, Vol. 92, No. 1, 2000, pp. 1 – 34.

132. Christian Bauer, Paul De Grauwe and Stefan Reitz, "Exchange rate dynamics in a target zone – A heterogeneous expectations approach", *Deut-*

sche Bundesbank Discussion Paper Series 1: Economic Studies, No. 11, 2007.

133. Christian Broda, "Terms of trade and exchange rate regimes in developing countries", *Journal of International Economics*, Vol. 63, Issue 1, May 2004, pp. 31 –58.

134. Christopher M. Cornell, "Target Zones, Reserve Crises, and Inverted S-curves", Int. Fin. Markets, Inst. and Money, 13 (2003), pp. 313 –323.

135. Coudert, V. and Dubert, M., "Does Exchange Rate Regime Explain Differences in Economic Results for Asian countries?", *Journal of Asian Economics*, 2004, 16 (5), pp. 874 –895.

136. Daniel M. Chin and Preston J. Miller, "Fixed vs. Floating Exchange Rates: A Dynamic General Equilibrium Analysis", *European Economic Review*, Vol. 42, Issue 7, July 1998, pp. 1221 –1249.

137. Dash, A. K. and Narasimhan, V., "Exchange Rate Pass –through", *South Asia Economic Journal*, 2014, 12 (1), pp. 1 –23.

138. David Cook, "Monetary Policy in Emerging Markets: Can Liability Dollarization Explain Contractionary Devaluations?", *Journal of Monetary Economics*, 51 (2004), pp. 1155 –1181.

139. Devereux, M. B. and Yetman, J., "Monetary Policy and Exchange Rate Pass –through", *International Journal of Finance & Economics*, 2010, 9 (4), pp. 315 –338.

140. Devereux, Michael B. and Engel, Charles M., " Fixed vs. Floating Exchange Rates: How Price Setting Affects the Optimal Choice of Exchange –Rate Regime (December 1998)", Available at SSRN: http://ssrn.com/abstract = 144912 or DOI: 10. 2139/ssrn. 144912.

141. Dornbusch Ridiger, 1997, "The Folly, the Crash, and Beyond: Economic Policies and the Crisis", in S. Edwards and N. Naim, Mexico 1994, Washington D. C. : Carnegie Endowment.

142. Dubas, J. M., Lee, B. J. and Mark, N. C., " A Multinomial Logit Approach to Exchange Rate Policy Classification with an Application to Growth", *Journal of International Money & Finance*, 2010, 29 (7), pp. 1438 –1462.

143. Eduard Hochreiter, "Exchange Rate Regimes and Capital Mobility: Issues and some Lessons from Central and Eastern European Applicant Countries", *North American Journal of Economics and Finance*, 11 (2000), pp. 155 – 171.

144. Eduardo Levy – Yeyati and Federico Sturzenegger, "Classifying Exchange rate Regimes: Deeds vs. Words", *European Economic Review*, 49 (2005), pp. 1603 – 1635.

145. Eduardo Levy – Yeyati and Federico Sturzenegger, "Fear of Floating in Reverse: Exchange Rate Policy in the 2000s", www. Bank of england. co. uk/publications/events/ccbs_cornell2007/paper_5 levy_yeyati. pdf.

146. Edwards, S., "Determinants of the Choice Between Fixed and Flexible Exchange – rate Regimes", *Social Science Electronic Publishing*, 1996.

147. Edwards S. Dollarization, "Myths and Realities", *Journal of Policy Modeling*, 2001, 23 (3), pp. 249 – 265.

148. Eichengreen, B. J., Masson, P. R. and Bredenkamp, H., "Exit Strategies: Policy Options for Countries Seeking Greater Exchange Rate Flexibility", *IMF Occasional Papers*, 1998.

149. Eichengreen, Barry J. and Ricaro Hausmann, *Exchange Rates and Financial Fragility*, Federal Reserve Bank of Kansas City's Conference on Issues in Monetary Policy, Jackson Hole, Wyoming, 27 – 29, August 1999.

150. Eichengreen, Barry J., Paul Masson, Miguel Savastano and Sunil Sharma, *Transition Strategies and Nominal Anchors on the Road to Greater Exchange – Rate Flexibility*, Essays in International Finance, No. 213, Princeton University Press, 1999.

151. Eichengreen, Barry, J., "China's Exchange Rate Regime: The Long and Short of It", Revision of a Paper for Columbia University's Conference on Chinese Money and Finance Held in New York on February 2 – 3, 2006.

152. Eichengreen, Barry J. and A. Rose, "Staying A float When the Wind Shifts: External Factors and Emerging Market Banking Crisis", *NBER Working Paper*, 6370, 1998.

153. Eichengreen, Barry J. and Paul Masson, "Exit Strategies: Policy Options for Countries Seeking Greater Exchange Rate Flexibility", *International Monetary Fund Occasional Paper*, No. 168, 1998.
154. Elhanan Helpman and Assaf Razin, "A Comparison of Exchange Rate Regimes in the Presence of Imperfect Capital Markets", *International Economic Review*, Vol. 23, No. 2, June 1982, pp. 365 – 388.
155. Elhanan Helpman and Assaf Razin, "Towards a Consistent Comparison of Alternative Exchange Rate Systems", *The Canadian Journal of Economics/Revue Canadienne d' Economique*, Vol. 12, No. 3, August 1979, pp. 394 – 409.
156. Elhanan Helpman, "An Exploration in the Theory of Exchange – Rate Regimes", *The Journal of Political Economy*, Vol. 89, No. 5, October 1981, pp. 865 – 890.
157. Enrica Detragiache, Ashoka Mody and Eisuke Okada, "Exits from Heavily Managed Exchange Rate Regimes", *IMF Working Paper* WP/05/39, February 2005.
158. Esaka, T., "Exchange rate Regimes, Capital Controls, and Currency Crises: Does the Bipolar View Hold?", *Journal of International Financial Markets Institutions & Money*, 2010, 20 (1), pp. 91 – 108.
159. F. Gulcin Ozkan and Alan Sutherland, "A Model of the ERM Crisis", *CREP Working Papers*, DP879, January 1994.
160. Fabrice Pansard, "Interest Rate, Speculative Attacks and Target Zones", *Economics Letters*, 62 (1999), pp. 81 – 83.
161. Fahrettin Yagci, *Choice of Exchange Rate Regimes For Developing Countries*, Africa Region Working Paper Series, No. 16, April 2001.
162. Fischer Stanley, "Exchange Rate Regimes: Is the Bipolar View Correct?", *Journal of Economic Perspectives*, Vol. 15, No. 2, 2001, pp. 3 – 24.
163. Fischer Stanley, "Stability and Exchange Rate Systems in a Monetarist Model of the Balance of Payments", In The Political Economy of Monetary Reform, Edited by Robert A. Aliber, pp. 59 – 73. Montclair, NJ: Allanheld, Osmun and Co., 1977.
164. Forum, A. P., Institute, A. D. B., *Policy Recommendations for Pre-*

venting Another Capital Account Crisis, Asian Development Bank Institute, 2000.

165. Friedman, M., *The Case for Flexible Exchange Rates*, In Essays in Positive Economics, Chicago: University of Chicago Press, 1953, pp. 157 – 203.

166. Fuentes, M., "Pass – Through to Import Prices: Evidence from Developing Countries", *Documentos De Trabaj*, 2004.

167. Ghosh, A. R., Ostry, J. D., Qureshi, M. S., "Exchange Rate Management and Crisis Susceptibility: A Reassessment", *Imf Economic Review*, 2015, Vol. 61, No. 1, pp. 238 – 276.

168. Giuseppe Bertol, Lars E. O. Svensson, "Stochastic Devaluation Risk and the Empirical Fit of Target – Zone Models", *The Review of Economic Studies*, Vol. 60, No. 3, July 1993, pp. 689 – 712.

169. Guillermo A. Calvo, Carmen M. Reinhart, *Fixing for Your Life*, Nber Workeng Paper Series, *Working Paper* 8006, November 2000.

170. Guillermo A. Calvo, Frederic S. Mishkin, *The Mirage of Exchange Rate Regimes For Emerging Market Countries*, Nber Working Paper Series, Working Paper 9808, June 2003.

171. H. Robert Heller, "Determinants of Exchange Rate Practices", *Journal of Money, Credit and Banking*, Vol. 10, No. 3, Aug. 1978, pp. 308 – 321.

172. Helmut Wagner, "Which Exchange Rate Regimes in an era of High Capital Mobility?", *North American Journal of Economics and Finance*, Nov. 2000, pp. 191 – 203.

173. Holger Wolf, GWU, NBER, *Exchange Rate Regime Choice and Consequences*, October 2001, www. ifk – cfs. de/papers/Wolf. pdf.

174. Inci Otker – Robe, David Vavra, "A Team of Economists, Moving to Greater Exchange Rate Flexibility: Operational Aspects Based on Lessons from Detailed Country Experiences", *IMF Occasional Paper* 256, 2007.

175. Jeffrey A. Frankel, Shang – Jin Wei, "Assessing China's Exchange Rate Regime", *Working Paper* 13100, May 2007.

176. Jeffrey A. Frankel, "Contractionary Currency Crashes in Developing

Countries", Nber Working Paper Series, *Working Paper* 11508, June 2005.

177. Jeffrey A. Frankel, *No Single Currency Regime is Right for All Countries or At All Times*, Nber Working Paper No. 7338, September 1999.

178. Jeffrey Sachs, Aaron Tornell, Andres Velasco, *Financial Crises in Emerging Markets the Lessons from* 1995, Nber Working Paper Series, 5576, May 1996.

179. Jose M. Carrera, "Speculative Attacks to Currency Target Zones: A Market Microstructure Approach", *Journal of Empirical Finance*, June 1999, pp. 555 – 582.

180. Joshua Aizenman, Ricardo Hausmann, *Exchange Rate Regimes and Financial – market Imperfections*, UCSC Dept. of Economics Working Paper No. 493, March 2001.

181. Joshua Aizenman, "On the Optimal Combination of Commercial and Exchange Rate Policies", *Southern Economic Journal*, Vol. 50, No. 1, Jul., 1983, pp. 185 – 194.

182. Jui – Chuan Chang, Ching – Chuan Tsong, "Exchange Rate Pass – Through and Monetary Policy: A Cross – Commodity Analysis", *Emerging Markets Finance & Trade*, 2010, Vol. 46, No. 6, pp. 106 – 120.

183. Kaminsky, G., Reinhart, C., "The Twin Crises: The Causes of Banking and Balance – of – Payments Problems", *American Economic Review*, 1999, Vol. 89, pp. 473 – 500.

184. Kenen, P. B., "The Optimum Currency Area: An Eclectic View", In R. A. Mundell and A. Swoboda (eds.), *Problems of the International Economy*, Chicago: University of Chicago Press. 1969.

185. Klein, M. W., Shambaugh, J., "Rounding the Corners of the Policy Trilemma: Sources of Monetary Policy Autonomy", *Imes Discussion Paper*, 2013, Vol. 7, No. 4, pp. 33 – 66.

186. Klein, M., Marion, N., "Explaining the Duration of Exchange – rate Pegs", *Journal of Development Economics*, 1997, Vol. 54, No. 2, pp. 387 – 404.

187. Kurihara, Y., "Effects of Exchange Rate Fluctuations and Financial

Development on International Trade: Recent Experience", *International Journal of Business Management & Economic Research*, 2013.

188. Lawrence H. Summers, "International Financial Crises: Causes, Prevention and Cures", *The American Economic Review*, Vol. 90, No. 2, Papers and Proceedings of the One Hundred Twelfth Annual Meeting of the American Economic Association, May 2000, pp. 1 – 16.

189. Leonardo Bartolini, Alessandro Prati, Giuseppe Bertola, Barry Eichengreen, "Soft versus Hard Targets for Exchange Rate Intervention", *Economic Policy*, Vol. 12, No. 24, Apr., 1997, pp. 15 – 52.

190. Levy Yeyati, Eduardo and Federico Sturzenegger, *Classifying Exchange Rate Regimes: Deeds vs. Words*, Working Paper 2, Universidad Torcuato Di Tella, 2000.

191. Levy – Yeyati, E., Sturzenegger, F., *Fear of Floating in Reverse: Exchange Rate Policy in the 2000s 1*, Yeyati, 2007.

192. Li, H., Ma, H., Xu, Y., "How do Exchange Rate Movements Affect Chinese exports? – A firm – level Investigation", *Journal of International Economics*, 2015, Vol. 97, No. 1, pp. 148 – 161.

193. Luisa Corrado, Sean Holly, "A Currency Crisis Model With a Misaligned Central Parity: A Stochastic Analysis", *Economics Letters* 67, 2000, pp. 61 – 68.

194. Mallick, S., Marques, H., "Pricing to Market with Trade Liberalization: The Role of Market Heterogeneity and Product Differentiation in India's Exports", *Journal of International Money & Finance*, 2012, Vol. 31, No. 2, pp. 310 – 336.

195. Maurice Obstfeld, "Models of Currency Crises with Self – fulfilling Features", *European Economic Review*, Vol. 40, Issues 3 – 5, April 1996, pp. 1037 – 1047.

196. Maurice Obstfeld, "Rational and Self – Fulfilling Balance of Payments Crises", *Nber Working Paper* No. 1486, Nov., 1984.

197. Maurice Obstfeld, *The Logic of Currency Crises*, Nber Working Paper No. W4640, February 1994.

198. Michael B. Connolly, Dean Taylor, "The Exact Timing of the Collapse

of an Exchange Rate Regime and Its Impact on the Relative price of traded goods", *Journal of Money, Credit and Banking*, May 1984, Vol. 16, No. 2, pp. 194 – 207.

199. Michael B. Devereux, *Fix, Float, or Single Currency? The Choice of Exchange Rate Regime*, www. crde. umontreal. ca/cahiers/04 – 2000 – cah. pdf.

200. Michael B. Devereux, Charles Engel, "Fixed vs. Floating Exchange Rates: How Price Setting Affects the Optimal Choice of Exchange – Rate Regime", *NBER Working Paper* 6867, December, 1998.

201. Michael, Bleaney F., Gulcin Ozkan, *Foreign Debt and Fear of Floating: A Theoretical Exploration*, Discussion Papers in Economics, University of York, No. 2008/10.

202. Michael Bleaney, Manuela Francisco, "Balance Sheet Effects and the Choice of Exchange Rate Regime in Developing Countries", *Journal of International Trade & Economic Development*, 2008, Vol. 17, Issue 2, pp. 297 – 310.

203. Michael Melvin, "The Choice of an Exchange Rate System and Macroeconomic Stability", *Journal of Money, Credit and Banking*, Vol. 17, No. 4, Part 1, Nov. 1985, pp. 467 – 478.

204. Monzur Hossain, *Exchange Rate Regime Transition Dynamics in East Asian*, AIUB Bus Econ Working Paper Series, Mar 2008.

205. Obstfeld, Maurice and Taylor, Alan M., "The Great Depression as a Watershed: International Capital Mobility over the Long Run", *Nber Working Papers* 5960, 1999.

206. Obstfeld, Maurice and Kenneth Rogoff, "The Mirage of Fixed Exchange Rates", *The Journal of Economic Perspectives*, Vol. 9, No. 4, Autumn 1995, pp. 73 – 96.

207. Obstfeld, Maurice and Kenneth Rogoff, "New Directions for Stochastic Open Economy Models", *Journal of International Economics*, Vol. 50, 2000, pp. 1037 – 1048.

208. Ostry, J. D., Ghosh, A. R., Chamon, M. et al., "Tools for Managing Financial – stability Risks From Capital Inflows", *Journal of Inter-*

national Economics, Vol. 88, No. 2, 2012, pp. 407 – 421.
209. Pan A. Yotopoulos, Yasuyuki Sawada, *Exchange Rate Misalignment: A New Test of Long – Run PPP Based on Cross – Country Data*, CIRJE Discussion Papers, CIRJE – F – 318, 2005.
210. Paul Krugman, "A Theory of Balance of Payments Crises", *Journal of Money, Credit and Banking*, Vol. 11, No. 3, August 1979.
211. Paul Krugman, "Balance Sheets, the Transfer Problem, and Financial Crises", *International Tax and Public Finance*, Vol. 6, No. 4, Dec. 1999, pp. 459 – 472.
212. Paul Masson, Francisco J. Ruge – Murcia, "Explaining the Transition between Exchange Rate Regimes Scandinavian", *Journal of Economics*, Vol. 107, No. 2, 2005, pp. 261 – 278.
213. Paul R. Bergina, Hyung – Cheol Shinc and Ivan Tchakarov, "Does Exchange rate Variability Matter for Welfare? A Quantitative Investigation of Stabilization Policies", *European Economic Review*, Vol. 51, Issue 4, May 2007, pp. 1041 – 1058.
214. Paul R. Krugman, "Target Zones and Exchange Rate Dynamics", *The Quarterly Journal of Economics*, Vol. 106, No. 3, Aug. 1991, pp. 669 – 682.
215. Poirson, H., "How do Countries Choose Their Exchange Rate Regime", *IMF Working Paper*, No. 46, April 2001, pp. 1 – 30.
216. Reinhart, C., "The Mirage of Floating Exchange Rates", *American Economic Review*, May 2000.
217. Ricardo Hausmann, Ugo Panizza, Ernesto Stein, "Why do Countries Float the Way they Float?", *Journal of Development Economics*, Vol. 66, 2001, pp. 387 – 414.
218. Ricardo Hausmann, Ugo Panizza and Ernesto Stein, "*Original Sin, Pass through, and Fear of Floating*", Ksghome. Harvard. edu/ ~ rhausma/paper/OSpassthrufearoffloating. pdf, 1999.
219. Ricardo Hausmann, "Should There be Five Currencies or One Hundred and Five?", *Foreign Policy*, No. 116, Autumn, 1999, pp. 65 – 79.
220. Robert A. Mundell, "A Theory of Optimum Currency Areas", *The American Economic Review*, Vol. 51, No. 4, September 1961, pp. 657 – 665.

221. Robert E. Cumby, Sweder van Wijnbergen, Financial Policy and Speculative Runs With A Crawling Peg: Argentina 1979 – 1981, Nber Working Paper Series, *Working Paper* No. 2376, 1978.
222. Robert Flood and Nancy Marionb, "Perspectives on the Recent Currency Crisis Literature", *International Journal of Finance and Economics*, No. 4, 1999, pp. 1 – 26.
223. Robert Kollmann, "Macroeconomic Effects of Nominal Exchange Rate Regimes: New Insights into the Role of Price Dynamics", *Journal of International Money and Finance*, Volume 24, Issue 2, March 2005, pp. 275 – 292.
224. Robert P. Flood and Peter M. Garber, "The Linkage between Speculative Attack and Target Zone Models of Exchange Rates", *The Quarterly Journal of Economics*, Vol. 106, No. 4, Nov. 1991, pp. 1367 – 1372.
225. Robert P. Flood, "Capital Mobility and the Choice of Exchange Rate System", *International Economic Review*, Vol. 20, No. 2 (Jun., 1979), pp. 405 – 416, Published by: Blackwell Publishing for the Economics Department of the University of Pennsylvania and Institute of Social and Economic Research – Osaka University.
226. Roberto Chang, "Financial Fragility and the Exchange Rate Regime", *Journal of Economic Theory*, Vol. 92, 2000, p. 134.
227. Roberto Chang, Andrés Velasco, "Exchange – Rate Policy for Developing Countries", *The American Economic Review*, Vol. 90, No. 2, Papers and Proceedings of the One Hundred Twelfth Annual Meeting of the American Economic Association (May, 2000), pp. 71 – 75.
228. Roberts, I. and R. Tyers, "China's Exchange Rate Policy: The Case for Greater Flexibility", *Asian Economic Journal*, Vol. 17, No. 2, 2003, pp. 157 – 186.
229. Rogoff, Husain, Mody, Brooks and Oomes, Evolution and Performance of Exchange Rate Regimes, *IMF Working Paper*, WP/03/243, December 2003.
230. Ronald Coase, "The New Institutional Economics", *The American Economic Review*, Vol. 88, No. 2, Papers and Proceedings of the Hundred

and Tenth Annual Meeting of the American Economic Association (May, 1998), pp. 72 – 74.
231. Ronald I. McKinnon, "Optimum Currency Areas", *The American Economic Review*, Vol. 53, No. 4, September 1963, pp. 717 – 725.
232. Ronald McKinnon and Gunther Schnabl, "The East Asian Dollar Standard, Fear of Floating, and Original Sin", *Review of Development Economics*, Vol. 8, No. 3, 2004, pp. 331 – 360.
233. Rupa Duttagupta and Inci Otker – Robe, Exits from Pegged Regimes: An Empirical Analysis, *IMF Working Paper* 147, July 2003.
234. Rupa Duttagupta, Gilda Fernandez, and Cem Karacadag, From Fixed to Float: Operational Aspects of Moving Toward Exchange Rate Flexibility, *IMF Working Paper*, WP/04/126, July 2004.
235. Sachs, Jeffrey, Aaron Tornell and Andres Velasco, "Financial Crises in Emerging Markets: The Lessons of 1995", *Brooking Papers on Economic Activity*, No. 1, 1996, pp. 147 – 217.
236. Salins, V., Benassy – Quere, A., "A Case for Intermediate Exchange – Rate Regimes", Working Papers, 2010 (2010 – 14).
237. Schultz, T. T., "Institutions and the Rising Economic Value of Man", *American Journal of Agricultural Economics*, Vol. 50, Dec. 1968, pp. 1113 – 1122.
238. Sebastian Edwards, "Exchange Rate Misalignment in Developing Countries", *Research Observer* 4, No. 1, January 1989.
239. Sebastian Edwards, *Exchange Rate Regimes, Capital Flows and Crisis Prevention*, Nber Working Paper 8529, 9, 2001.
240. Sergio Rebelo, Carlos A. Vegh, "When is it Optimal to Abandon a Fixed Exchange Rate?", *Review of Economic Studies*, Vol. 75, 2008, pp. 929 – 955.
241. Shah, Ajay, Zeileis, Achim, Patnaik, Ila, *What is the New Chinese Currency Regime?* Research Report Series/Department of Statistics and Mathematics, Nr. 23, November 2005.
242. Stephen J. Turnovsky, "The Relative Stability of Alternative Exchange Rate Systems in the Presence of Random Disturbances", *Journal of Money*,

Credit and Banking, Vol. 8, No. 1, Feb., 1976, pp. 29 – 50.
243. Steven Dunaway and Xiangming Li, *Estimating China's "Equilibrium" Real Exchange Rate*, IMF Working Paper, WP/05/202.
244. Tornell, A., Velasco, A., "The Tragedy of the Commons and Economic Growth: Why Does Capital Flow from Poor to Rich Countries?", *Journal of Political Economy*, Vol. 100, No. 6, 2000, pp. 1208 – 1231.
245. Toulaboe, D., Terry, R., "Exchange Rate Regime: Does it Matter for Inflation?", *Journal of Applied Business & Economics*, Vol. 14, No. 1, 2013, pp. 56 – 71.
246. Towbin, P., Weber, S., "Limits of Floating Exchange Rates: The Role of Foreign Currency Debt and Import Structure", *Journal of Development of Economics*, Vol. 101, No. 1, 2013, pp. 179 – 194.
247. Virginie Coudert and Marc Dubert, "Does Exchange rate Regime Explain Differences in Economic Results for Asian Countries?", *Journal of Asian Economics*, Vol. 16, Issue 5, October 2005, pp. 874 – 895.
248. Virginie Coudert, Cécile Couharde, *Currency Misalignments and Exchange Rate Regimes in Emerging and Developing Countries*, Working Papers Released by CEPII, No. 2008 – 07, April.
249. Von Hagen, Jurgen and Zhou, Jizhong, "The Choice of Exchange Rate Regime: An Empirical Analysis for Transition Economies", *Economics of Transition*, Vol. 13, No. 4, October 2005, pp. 679 – 703.
250. W. Max Cordon, "Exchange Rate Policies for Developing Countries", *The Economic Journal*, Vol. 103, January 1993, pp. 198 – 207.

后 记

本书是在我的博士学位论文基础上修改而成的。论文的选题受到笔者的博士导师江春老师学术思想的极大影响，论文的写作和完成自始至终都得到了江老师和其他老师以及同事、家人的帮助与支持，在此，对江老师和所有帮助过我的人表示深深的感谢。

将近十年过去了，我准备将自己的博士学位论文修改后出版。十年间，人民币汇率已经从单边升值通道进入双向波动周期，人民币汇率政策经过几次调整，世界经济环境和中国的宏观经济表现也出现了极大的变化。因此，在书稿出版之前，不仅需要将论文的结构布局根据专著的要求进行调整，更需要对原论文中相关部分的内容进行更新。在本书的最后完成过程中，我的学生对书稿的修订提供了极大的支持和帮助，他们是孙钰雯（各部分文献综述的更新）、周值光（第二章数据与该章第四节实证结果的更新）、郭蓉（第三章第三节数据和实证结果的更新）、张志翔和王思元（第四章第二节数据和实证结果的更新）、曾启（第六章第二节数据和实证结果的更新）。对我的学生所做的工作和提供的帮助，在此也表示深深的感谢。我经常说，导师就是学生研究生阶段的摆渡人，但是，在摆渡过程中，摆渡人自身也得到了帮助和提升。祝福我所有的学生学业成功、生活快乐幸福！

最后，感谢中国社会科学出版社卢小生编审和其他工作人员，有了他们及时细致的沟通和辛勤付出，才使本书最终得以付梓出版。

李艳丽
2018 年 10 月 16 日于珞珈山